KB263092

청소년을 위한 헌법 에세이

청소년을 위한 헌법 에세이

일상 속 헌법 문제를 발견하고 해결하기 위한 안내서

청소년을 위한 헌법 에세이

정필운 지음

한국교원대학교 일반사회교육과 교수

일러두기

본문에서 괄호 안에 있는 조항 번호는 모두 헌법입니다. 헌법 이외의 법을 설명할 경우, 조항 앞에 법명을 명기했습니다.

헌법이라는 바다에 풍덩!

'청소년이 왜 헌법을 읽어야 할까?'

이 원고의 집필을 의뢰 받은 후, 제가 원고를 구상하고 집필을 끝마칠 때까지 스스로에게 끊임없이 물은 질문입니다. 이 책을 펼쳐 든 여러분도 저와 같은 생각일지 모르겠습니다. 그렇다면 우선 다음의 사례를 한번 살펴볼까요?

첫 번째 사례

상윤은 고등학교에 입학한 후, 학교가 미션 스쿨이라서 교과 과정에 채플이 포함된 걸 알게 되었다. 학교 규정에 의하면, 재학생이라면 누구나 일주일에 한 번 예배에 참석해야 한다. 독실한 불교 신자인 상윤은 예배에 참석하고 싶지 않지만, 학교를 졸업하려면 채플을 이수해야 하기에 고민에 빠졌다. 상윤은 어떻게 해야 할까?[1]

두 번째 사례

공립 고등학교의 3학년 학생인 치국은 체육 시간이 너무 싫다. 체육이라는 과목은 좋아하지만 체육복에 이름표가 붙어 있어 아이들이 자기 이름을 보고 놀릴까 봐 부담스럽기 때문이다. 체육복 상의의 가슴 부분에 바느질된 이름표는 교복과 달리 뗄 수도 없다. 성이 '김'이라서 이름에 콤플렉스가 있는 치국은 체육복의 이름표도 교복처럼 붙였다 떼었다 할 수 있기를 바랐지만, 학교에서는 분실 위험이 있는 데다 체육 과목의 특성상 부상 위험도 간과할 수 없다며 교체를 거부하였다. 치국은 어떻게 해야 할까?[2]

세 번째 사례

2018년 문재인 행정부 당시 교육부가 발표한 '중학교 역사·고등학교 한국사 교육과정 및 집필 기준 시안'은 우리 사회를 시끄럽게 만들었다. 여기에는 "대한민국 임시 정부 수립을 비롯한 일제 강점기 민족 운동이 민주 공화주의에 입각한 국민 국가 건설을 지향하였으며, 이러한 지향이 제헌 헌법으로 구체화되었음을 서술한다. 또한 정부 수립 이후 민주주의의 시련 속에서 시민의 희생과 노력을 통해 민주주의가 발전했음을 보여준다"라고 서술되어 있다.

이에 대해 비판적인 견해는 자유 민주주의가 아니라 민주주의라는 용어를 사용한 시안을 헌법에 합치하도록 자유 민주주의로 변경해야 한다고 주장한 반면, 이를 옹호하는 견해는 민주주의가 자유 민주주의의 상위 개념이고 대한민국의 정체성을 자유 민주주의로 표현하는 것은 적절하지 않으므로 위 시안이 헌법에 합치하는 것이라고 주장했다. 우리는 어느 쪽의 주장을 지지해야 할까?[3]

네 번째 사례

2020년 자회사 경영진의 부정행위를 감시하기 위해 모회사의 소액 주주가 소송을 제기할 수 있도록 하고, 감사 위원 선임에 대주주의 영향력을 제한하는 등 기업을 감독하는 이른바 기업 규제 3법의 제·개정을 둘러싸고 논란이 뜨거웠다. 행정부와 여당은 공정 경쟁을 구현할 수 있으므로 추진하겠다고 하면서, 헌법 제119조 제2항 '경제 민주화'를 근거로 주장했다. 반면 야당과 재계는 국내 기업이 외국 투기 자본의 먹잇감이 되는 길을 열어 준다고 비판하며 철회를 주장하면서 헌법 제119조 제1항 '시장 경제 질서'를 근거로 제시했다. 우리는 어느 쪽의 주장을 지지해야 할까?[4]

잘 읽어 보았나요? 알 듯도 모를 듯도 하다고요? 네, 아직은 그럴 겁니다. 하지만 이 책을 읽다 보면 자연스럽게 이 사례에 대해 자기 생각을 제시할 수 있을 것입니다.

앞서 언급한 네 가지 사례에 답하려면 우리는 우선 헌법을 이해해야 합니다. 내 인권을 보호하려면 헌법에서 보호하는 인권이 무엇인지 알아야 하고, 공동체를 좀더 멋지게 디자인하려면 헌법의 기본 원리와 함께 헌법의 제도나 질서를 알아야 하니까요.

저는 이것이 우리 공동체의 현재이자 미래인 청소년 여러분이 헌법을 읽어야 하는 이유라고 생각합니다. '헌법을 지키려는 의지를 가진 시민'이 되기 위해서도 헌법을 읽어야 하겠지요!

여러분과 저는 헌법이라는 망망대해 앞에 서 있습니다. 이제부터 우리 함께 헌법의 바다에 풍덩 빠져 봅시다.[5]

2025년 6월

정필운

1장　헌법의 정체를 알고 싶다고?

4장 헌법을 보면 나라가 보인다

5장 헌법과 기본권이 침해되었다면? 헌법재판소로!

6장 우리가 참여하고 만들어 갈 헌법

1장

헌법의 정체를 알고 싶다고?

○○ 고등학교에서는 새 학년을 맞아 학생회가 새로 구성되면 회의를 통해 '올해의 약속'을 만듭니다. 회의에는 각 학급의 학생회장과 부회장이 참석하며, 회의에 참석한 모든 사람은 누구든 1년 동안 학교생활에서 꼭 지켜야 할 사항을 제안할 수 있지요.

제안된 내용은 투표에 의해 채택 여부가 결정되고, 채택되면 '올해의 약속'이 되어 학교의 모든 학생이 지켜야 하는 구속력을 가집니다. 그런데 '올해의 약속' 중·학교 교칙과 어긋나는 부분이 있으면 그 '약속'은 곧바로 효력이 있는 것이 아니라 교칙이 개정된 이후에야 비로소 효력을 발휘합니다.

교감 선생님께서 이러한 내용을 설명하자 1학년 학생인 유리가 이의를 제기했습니다.

"교감 선생님, 학생 대표가 다수결에 의해 결정한 사항이 교칙과 충돌한다면, 투표로 얻은 결과가 당연히 교칙에 우선해야 하는 것 아닌가요?"

그러자 유리의 말을 들은 상윤이 반론을 폈습니다.

"저는 좀 다르게 생각합니다. 교칙은 학교에서 최고의 효력을 가진 규범입니다. 그런 규범과 충돌하는 내용이 채택되었다면 교칙을 개정하는 과정에서 약속과 상반된 내용의 교칙이 왜 그동안 규범으로서 효력이 있었는지, 그러한 상반된 약속이 이번에 채택된 이유는 무엇인지 꼼꼼하게 따져 보아야 하는 것 아닐까요? 학생회 다수의 뜻에 따라 최고 규범의 효력이 없어지는 것은 큰 문제라고 생각합니다."

여러분이 이 학교의 학생이라면 어떻게 하겠습니까? 교칙과 '올해의 약속'의 관계를 유리와 상윤 중 누구의 말에 따라야 할까요? 이에 대한 실마리를 찾기 위해 1장에서는 헌법의 의미와 특징, 역사에 관해 살펴보겠습니다.

우리가 헌법이라고 부르는 것은

헌법이란 무엇일까요? 결론부터 말하면, 헌법이란 시민의 기본권을 규정하고 이렇게 규정된 시민의 기본권을 보장하기 위해 국가 기관을 어떻게 구성하고 운영할 것인가를 규정한 국가의 최고법을 일컫습니다. 이제 이 개념을 세 부분으로 나누어 설명해 보겠습니다.

⚖ 시민의 기본권을 규정하다

우선 헌법은 시민의 인권을 정하는 법입니다. 근대 헌법이 탄생하는 데 지대한 영향을 미친 것은 1215년에 작성된 마그나 카르타●입니다. 마그나 카르타는 당시 영국의 존 왕이 자신의 권리를 일부 포기하고 귀족의 권리를 정한 문서입니다. 헌법사에서 이를 근대 헌법의 근원 중 하나로 인정하는 것을 보면 헌법은 시민의 자유와 권리, 즉 '인권을 기술한 법'임을 명확하게 알 수 있습니다. 전 세계 대부분의 헌법은 시민의 자유와 권리를 명시하고 있지요.

대한민국 헌법은 제2장 '국민의 권리와 의무'에서 시민의 자유와 권리를 정하고 있습니다. 구체적으로는 우리 헌법 제10조부터 제36조에서 시민이 갖는 기본적인 자유와 권리를 나열하고 있어요. 인간의 존엄과 가치, 신체의 자유, 거주·이전의 자유, 직업의 자유 등이 그것입니다. 이렇게 시민이 가진 인권 중 헌법이 규정하고 있는 권리를 '기본권'이라고 합니다.

우리 헌법은 기본권을 국가 기관이 제한하려면 어떠한 요건을 갖추어야 하는지 규정하고 그 제한의 한계를 명시함으로써 국가가 시민의 기본권을 함부로 제한하는 것을 막고 있습니다(제37조 제2항). 따라서 이 조항은 헌법 공부에서 매우 중요하지요.

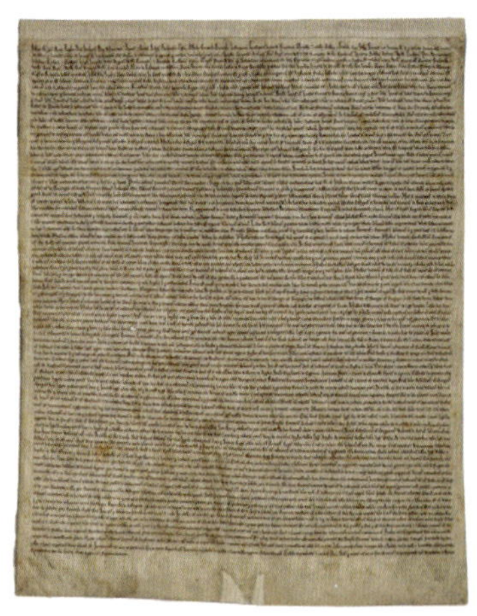

마그나 카르타

⚖ 국가의 구조를 정하다

헌법이란 영어의 '콘스티튜션(Constitution)' 또는 프랑스어의

'콩스티튜시옹(Constitution)'을 번역한 말입니다. 이 두 단어는 라틴어의 '콘스티튜에레(Constituere)'에서 유래하였는데, 모양이 제대로 갖추어지지 않은 것을 구체화하여 그 모양을 갖추어 나가는 것을 의미합니다. 모양이 제대로 갖추어지지 않은 상태에서 나라(국가)를 만드는 법이라는 의미에서 아주 적절한 표현이지요.

위대한 근대 헌법으로 일컬어지는 1789년 미국 연방 헌법이 의회, 행정부, 법원, 연방과 주의 관계, 헌법 제·개정 절차를 규정하고 있는 것을 보면 헌법이 국가의 구조를 정하는 법이라는 점을 분명하게 알 수 있습니다. 현재 세계 대부분의 헌법이 국가의 구조를 정하고 있지요.

우리 헌법에서는 제3장 이하에서 국민의 뜻에 따라 국가의 의사를 결정하고 집행하는 대의 기관인 국회, 대통령을 수반으로 하는 행정부, 법원, 헌법재판소 등을 규정하고 있습니다.

헌법은 한 나라의 사람들이 국가 기관을 구성하고 운영하기 위해 합의한 내용을 정리한 계약서입니다. 이러한 계약서에 근거해 국가 기관이 비로소 구성·운영되지요. 우리나라에서는 1948년 7월 17일에 대한민국 헌법이 공포되고 시행되었고, 이에 따라 그해 8월 15일에 대한민국 정부(Government)가 수립되었습니다.

헌법의 두 축인 기본권의 보장과 국가 기관의 구성·운영은 병렬적인 관계가 아닌 목적과 수단의 관계입니다. 즉, 기본권의 보장은

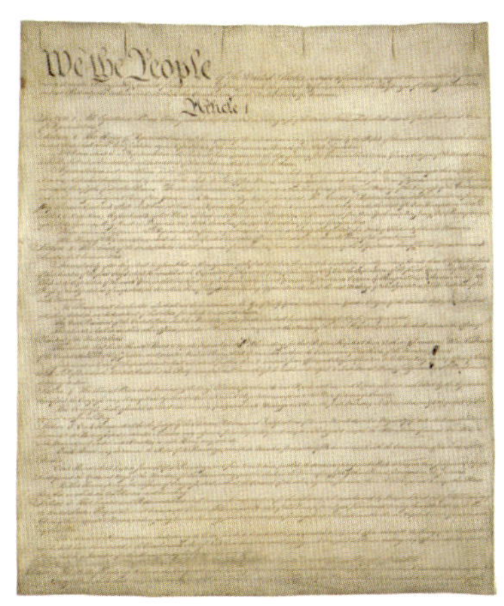

미국 헌법 필사본

목적이고, 국가 기관의 구성·운영은 수단이지요. 독일 연방 공화국 헌법의 "인간의 존엄성은 침해할 수 없다. 이 존엄성을 존중하고 보호하는 것이 모든 국가 권력의 의무이다(제1조 제1항)"라는 규정은 이를 잘 표현하고 있습니다.

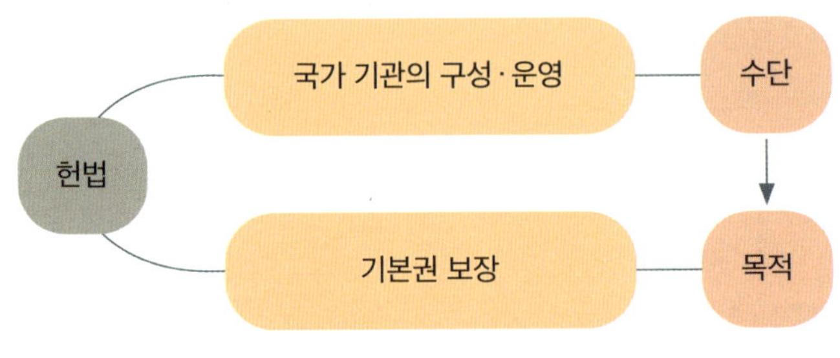

기본권과 국가기관 구성·운영의 관계

⚖️ 법 중의 최고법으로 자리하다

법에는 여러 종류가 있습니다. 여러분이 일상생활에서 많이 들어 본 헌법, 법률, 대통령령, 총리령, 부령, 조례, 규칙 등이 그것입니다.

우리 헌법에 따르면, 법은 단계적 구조를 이루고 있습니다. 가장 상위에는 '헌법'이 있지요. 그 아래에는 국회가 제정하는 '법률'이 있습니다(제40조 등). 그리고 그 아래에는 법률을 집행하기 위해 행정부의 대통령이 제정하는 '명령('대통령령'이라 하고 법제 실무에서는 대부분 '○○법 시행령')', 국무총리나 행정 각부의 장이 제정하는 '명령(전자를 '총리령', 후자를 '부령'이라 하고 법제 실무에서는 대부분 '○○법 시행 규칙')'이 있습니다.

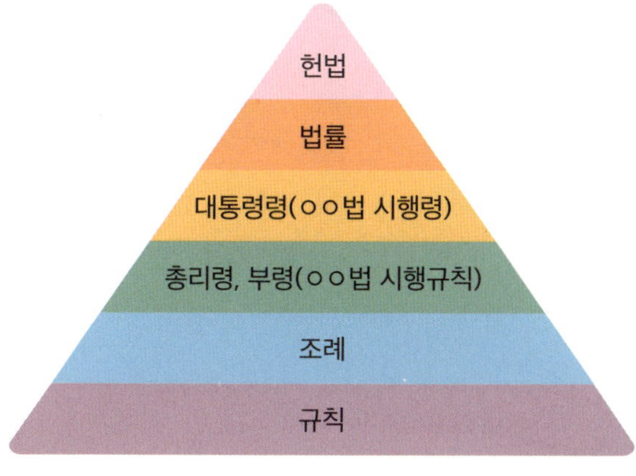

법의 단계적 구조

이와 같이 국가가 제정하여 전국적으로 효력이 있는 법과 달리, 지방 자치 단체가 제정하여 그 지방에만 효력이 있는 법이 그 하위에 있습니다. 지방 의회가 제정하는 '조례', 지방 자치 단체장이 제정하는 '규칙'이 바로 그것입니다.

법은 단계적 구조를 가지고 있으므로 다음의 두 가지가 지켜져야 합니다. 첫째, 하위법은 상위법에 근거하여 제정되고 개정되어야 합니다. 둘째, 하위법은 상위법을 위반해서는 안 됩니다. 예를 들어, 대통령령은 헌법과 법률에 근거하여 제정되고 개정되어야 하고, 대통령령은 헌법과 법률을 위반해서는 안 되는 것이지요.

이를 헌법을 중심으로 적용해 보면, 법률 이하 법은 헌법에 근거하여 제정되고 개정되어야 합니다. 그리고 법률 이하의 법은 헌법을 위반해서는 안 됩니다.

헌법은 국가의 최고법이므로 모든 국가 기관이 헌법에 따라 구성되고 운영되어야 하는 것을 입헌주의 또는 헌법주의라고 합니다. 입헌주의는 근대에 들어 확립된 원칙으로, 우리 헌법은 이를 관철하기 위하여 헌법에 위반된 국가 기관의 구성과 운영은 위헌 법률 심판, 헌법 소원과 같은 헌법 재판을 통하여 통제하도록 규정하고 있습니다. 특히 최고 법규성을 위반하여 제정된 법률은 위헌 법률 심판을 통하여 이를 무효로 합니다(5장 참고).

이와 같은 헌법의 최고성 때문에 헌법은 일반적인 법률보다 개정하기 어렵게 만듭니다. 이러한 특성을 아울러 '경성 헌법(硬性憲法)'이라고 하지요(3장 참고).

'정부'의 두 가지 쓰임

헌법학에서 정부(Government)란 입법·사법·행정부를 통칭하는 용어입니다. 그런데 우리는 이를 행정부(Administrative Branch)를 지칭하는 용어로 사용하곤 합니다. 특히 언론에서 그러는데, 현행 헌법에 그렇게 명시되어 있기 때문입니다.

즉 우리 헌법은 '정부'와 '행정부'를 구분하고 있습니다. 즉, 제4장의 제목을 '정부'라고 하고 제1절 '대통령', 제2절 '행정부'라고 하며, 이 행정부 내에서 국무총리와 국무 위원, 국무 회의, 행정 각부, 감사원을 규정하고 있습니다. 헌법학에서 말하는 '행정부'라는 용어를 현행 헌법에서는 '정부'라고 표현하고 있지요. 이에 따라 현행 행정부는 스스로를 '대한민국 정부'라고 칭하며, 언론에서도 정부라고 흔히 말합니다.

입법·사법·행정부를 통칭하는 용어인 정부가 행정부를 일컫는 용어로 사용되다 보니 "정부가 무엇을 하였다" "정부의 ○○ 정책이 실패했다"라고 하면 그 정부가 입법·사법·행정부를 통칭하는 것인지, 행정부를 일컫는 것인지 모호할 때가 있습니다. 이런 혼란은 국가 작용이 잘못 행해졌을 때 책임 소재를 불명확하게 만드는 결과를 가져올 수 있습니다.

그렇기 때문에 앞으로 헌법을 개정할 경우 이런 잘못된 표현을 바로잡는 것이 좋겠습니다. 이 책에서는 원칙적으로 정부는 입법·사법·행정부를 통칭하는 용어로 썼고, 행정부는 그중 집행을 담당하는 기관을 지칭하는 데 사용하였습니다.

만약 일상생활에서 정부라는 용어를 만난다면, 그것이 정부인지 행정부인지 꼭 문맥을 잘 읽어 구별해 봅시다.

함께 이야기해 봅시다

1. 일상생활에서 헌법의 존재를 경험해 본 적이 있나요?

2. 헌법이 가장 오래되었을까요, 민법이나 형법이 더 오래되었을까요?

3. 헌법을 만든 이유를 단 하나만 든다면 무엇일까요?

헌법이 다른 법과 다른 점

이제 여러분도 헌법이 한 나라의 최고법이라는 사실은 잘 알게 되었습니다. 이제부터는 헌법이 민법이나 형법 등 다른 법률과 비교해 어떤 점에서 차이가 나는지 그 기능과 특징을 살펴보도록 하겠습니다.

 국가 기관이 지키는 법

헌법을 지켜야 하는 주체, 즉 '수범자'는 누구일까요? 예를 들어 우리 헌법에는 다음과 같은 조문이 있습니다.

국가는 전통 문화의 계승·발전과 민족 문화의 창달에 노력하여야 한다(제9조).

국회의원은 국가 이익을 우선하여 양심에 따라 직무를 행한다(제46조 제2항).

대통령은 국가의 독립·영토의 보전·국가의 계속성과 헌법을 수호할 책무를 진다(제66조 제2항).

이러한 조문의 주체는 국가 또는 국가 기관인 경우가 많으며, 주체가 국가 또는 국가 기관이 아니더라도 헌법 조문은 국가를 1차적 수범자로 예정하고 있습니다.

반면, 법률의 수범자는 시민입니다. "사람을 살해한 자는 사형, 무기 또는 5년 이상의 징역에 처한다(형법 제250조 제1항)"라는 규정은 일반 시민에게 '누구든지 다른 사람을 살해하면 안 된다'라는 금지 명령이며, 만약 이를 위반하는 시민이 있으면 법에서 정한 절차를 거쳐 "사형, 무기 또는 5년 이상의 징역에 처한다"라고 규정합니다. 즉, 법률은 시민에게 일정한 명령을 하고 이를 따르지 않으면 제재●를 합니다. 법률의 규범력은 헌법에 의하여 만들어진 국가 기관에 의하여 보장됩니다.

⚖ 헌법을 위반했을 때 제재 방법

헌법의 수범자인 국가 기관이 헌법의 명령을 따르지 않으면 어떻게 제재해야 할까요? 1차적으로는 헌법 재판이 있습니다. 국가 기관이 기본권을 침해하면 시민은 헌법재판소에 헌법 소원을 청구할 수

> **제재**
> ....
> 법을 위반한 사람에게 국가가 가하는 모든 불이익을 일컫는다. 민법에서 불법 행위에 의한 손해 배상과 채무 불이행에 의한 손해 배상, 행정법에서 징계, 헌법에서 탄핵, 형법에서 형벌 등이 이에 속한다. 이중 형벌이 가장 강한 제재이다.

있고, 이때 그것이 사실이면 헌법재판소는 당해 공권력이 기본권을 침해하였다고 결정하고 이를 취소할 수 있습니다('헌법 소원'에 대해서는 5장 참고).

법률이 헌법에 위반되는지 여부가 재판의 전제가 되면, 그 사건을 담당하는 법원이 헌법재판소에 위헌 여부를 심판해 달라고 청구할 수 있습니다. 이때 그 법률이 헌법에 위반되면 헌법재판소는 위헌 결정을 할 수 있지요. 이렇게 위헌으로 결정되면 그 법률은 결정이 있는 날부터 효력을 잃습니다('위헌 법률 심판'에 대해서는 5장 참고).

헌법재판소가 기본권을 침해했다고 결정하거나('인용 결정'에 대해서는 5장 참고) 헌법에 위배되었다고 결정할 경우, 해당 국가 기관이 결정을 존중해 그에 따르면 좋겠지만, 그렇지 않은 경우에는 이를 강제할 방법이 없습니다.

예를 들어 2014년에 헌법재판소가 재외국민●에게 국민투표권을 제대로 보장하지 않는 국민투표법 조항을 헌법에 합치하지 않는다고 결정('헌법 불합치 결정')을 하면서 2015년 12월 31일까지 개정하라고 국회에 촉구한 바 있습니다.[1] 그런데 국회는 아직도 이 조항을 개정하지 않고 있지요. 이와 같은 일은 지금도 종종 일어나고 있습니다. 시민이 법률을 위반하였을 때 국가 기관이 제재를 할 수 있는 것과 비교하면, 헌법 재판은 규범력이 약한 것이지요.

헌법의 규범력을 높이는 방법은 국가 기관에 대한 시민의 감시와 항의, 선거에서 시민이 투표로 심판하는 행위가 있습니다. 헌법재판소가 인용 결정이나 위헌 결정을 하였는데 그 국가 기관이 이를 존중하지 않는 경우, 시민은 국가 기관을 압박하고 표현의 자유를 통해 항의하여 국가 기관이 이를 존중하도록 만들 수 있습니다. 만약 그 국가 기관이 대통령이나 국회의원과 같이 선거에 의해 뽑힌 경우라면 다음 선거에서 떨어뜨려서 다시는 그런 일이 발생하지 않도록 할 수 있지요.

2016년 박근혜 대통령의 탄핵 결정을 이끌어 낸 이른바 '촛불 집회'는 시민이 행동으로 '헌법에 대한 의지'를 보여준 사례 중 하나라고 평가할 수 있습니다.

그러므로 헌법의 규범력은 사법부에만 있는 것이 아니라 시민의 '헌법에 대한 의지'에도 있습니다. 이런 의미에서 '시민은 헌법의 최후의 보루'이지요. 이것이 헌법이 시민의 교육 기본권을 보호하고 학교

교육에서 민주 시민 교육을 중요하게 다루는 이유입니다.

이와 같이 헌법은 시민이 국가 기관을 비판하고 참여하도록 독려하는 기능을 수행하기도 합니다. 이를 헌법의 교육적 기능이라고 하지요.[2]

⚖ 헌법의 정치 규범성

헌법은 정치 영역을 규율하는 규범이에요. 여기에는 두 가지 의미가 있습니다. 우선 헌법은 정치 영역에서 활동하는 여러 정치 세력을 규율합니다. 국회와 국회를 구성하는 국회의원, 대통령, 정치인, 정당, 노동조합, 시민 단체 등 다양한 정치 세력에게 무엇을 어떤 절차에 따라야 하는지, 무엇을 할 수 있는지, 또 무엇을 하면 안 되는지 등의 기준을 제공합니다.

우리 헌법은 "국무총리는 국회의 동의를 얻어 대통령이 임명한다(제86조)"라고 규정하고 있습니다. 대통령이 국무총리를 잘 수행할 수 있는 능력이 있는 사람이라고 판단하면, 그가 정치 경험이나 일정 학력을 가지고 있지 않더라도 국무총리로 지명할 수 있습니다. 다만, 임명 전에는 반드시 국회의 동의를 얻어야 하지요. 국회의 동의 없이 임명하면 헌법을 위반하게 됩니다.

헌법이 정치 규범이라고 하는 것은 정치가 헌법에 영향을 미친다는 것을 의미하기도 합니다. 헌법과 정치의 관계가 첫 번째 의미와는 반대 방향으로 영향을 미치는 것이지요. 즉 헌법은 정치 세력의 타협으로 제정되거나 개정됩니다. 따라서 헌법이 제정되거나 개정될 때는 그 당시의 정치적 현실이 반영되는 것이지요.

현행 헌법에는 전두환 행정부의 '호헌 조치'와 6월 민주화 운동, 집권당 대통령 후보의 직선제 수용 선언, 여야 합의에 기초한 헌법 개정안 마련, 국민 투표에 의한 확정이라는 1987년 대한민국의 정치 현실이 반영되어 있습니다. 지금의 정치 체제를 '1987년 체제'라고 부르는 이유입니다.

정치가 헌법에 영향을 미친다는 의미는, 헌법이 정치적 목적이나 동기에 따라 해석·적용될 수 있다거나 정치적 이해관계에 따라 헌법 재판의 결론이 달라질 수 있다는 것이 결코 아닙니다. 헌법도 법 중 하나이므로 법이 가진 일반적 속성을 가지고 있습니다. 따라서 헌법을 해석·적용하는 데는 그동안 체계화한 헌법 이론에 따라야 하지요. 정치 현실을 고려할 수 있지만 그것에 따라 결론을 내는 것은 용납되지 않습니다. 그렇게 되면 더 이상 법이라 불릴 수 없는, 정치 그 자체가 되기 때문입니다(6장 참고).

헌법의 개방성[3]

헌법이 정치 영역에서 규범성을 잃지 않으면서도 지속 가능하려면, 법률과는 구별되는 특유한 입법 기술이 있어야 합니다. 그 결과 다른 법과는 구별되는 개방성, 추상성, 미완성성 등을 가지고 있습니다.

우선 헌법은 개방적입니다. 헌법이 사회의 장기 계획이라면, 법률은 단기 계획입니다. 헌법은 사회의 근본 가치와 기본적인 사항에 대한 시민의 합의를 담는 그릇이며, 스스로 정하지 않은 사항은 시민의 대표로 구성된 국회에서 결정하도록 합니다. 국회는 그때그때 발생하는 다양한 사회 문제에 대한 처방을 '법률'이라는 그릇에 담지요.

헌법이 구체적인 사항에 대한 처방을 담는다면 규범력은 높아지겠지만, 시간의 흐름에 따른 적응력을 잃게 되지요. 그러면 현재 세대가 과거 세대의 결정에 얽매여 사회 발전이 저해되는 부정적인 결과가 발생합니다. 나아가 시민의 '헌법에 대한 의지'에 자기 존립을 의존하는 헌법이 자신의 우호 세력을 잃을 염려도 있습니다. 그 결과 헌법은 현실의 변화에 따라 자주 개정되어야 하는 운명에 처해집니다. 매우 바람직하지 않은 상황이지요. 그런 까닭에 헌법에는 사회의 근본 가치와 기본적인 사항에 대한 시민의 합의를 담고, 구체적인 것은 입법자에게 맡기도록 합니다.

우리 헌법은 "모든 국민은 법률이 정하는 바에 의하여 선거권을 가진다(제24조)"라고 규정하고 있습니다. 따라서 국회는 그 시대 청소년의 발달 수준 등을 고려하여 어느 나이에 이르러야 선거권을 줄 것인지 논의하여 결정할 수 있습니다. 그 결과 제헌 의회 선거부터 오랫동안 20세부터 선거권을 부여하다가 2005년부터는 19세, 2019년부터는 18세로 낮아졌습니다. 청소년의 정신적 발달이 더욱 빨라지고 그에 따라 연령 하향 여론이 형성되면 이보다 더 낮아질 것입니다.

만약 우리 헌법이 지금과 같이 규정하지 않고 "20세에 달한 모든 국민은 선거권을 가진다"라고 하였다면 어떻게 되었을까요? 헌법을 만들 당시 대부분의 공감대를 얻은 사항이었다면 그 뜻은 법률보다 바꾸기 어려운 헌법의 특성으로 인해 더욱 잘 보호되겠지만, 이를 반대하는 시민들에게는 그 규정으로 인하여 '개정해야 할 헌법'으로 인식될 것입니다. 결국 시간이 흐를수록 부정적인 여론이 더 거세져 헌법은 우호 세력을 잃고 결국 개정되었을 것입니다.

⚖ 헌법의 추상성

헌법의 구조적 개방성을 헌법에 사용하는 언어의 측면에서 포착한 것이 추상성입니다. 헌법은 사회의 근본 가치와 기본적인 사항에 대한 시민의 합의를 담기 때문에 거기에 사용되는 언어는 추상적입니다.

우리 헌법은 "모든 국민은 인간으로서의 존엄과 가치를 가지며, 행복을 추구할 권리를 가진다(제10조)" "모든 국민은 법 앞에 평등하다(제11조 제1항)" "국회의원은 국가 이익을 우선하여 양심에 따라 직무를 행한다(제46조 제2항)" "대한민국의 경제 질서는 개인과 기업의 경제상의 자유와 창의를 존중함을 기본으로 한다(제119조 제1항)"라고 규정하고 있습니다.

여러분은 여기에 사용한 '인간으로서의 존엄' '행복' '평등' '국가 이익' '자유' '존중'이라는 용어를 설명할 수 있나요? 국가가 시민을 어떻게 대우하면 '인간으로서의 존엄'을 가진 존재로 대우하는 것일까요? 교도소에서 수형자에게 1인당 4평의 공간을 마련해 주면 '인간으로서의 존엄'을 가진 존재로 대우하는 것이고, 3평이라면 그렇지 않은 걸까요?

⚖ 헌법의 미완성성[4]

만약 헌법에 "수형자에게는 4평 이상의 공간을 마련해 주어야 한다"라고 규정하려 하였다면 어떻게 되었을까요? 아마도 어떤 사람은 5평 이상이어야 한다고 주장하고, 어떤 사람은 3평 이하여야 한다고 주장해서 헌법 제정 자체가 불가능했을 것입니다. 그와 같은 구체적인 사항을 정하려면 지금보다 10배, 100배는 많은 양의 조문이 필요했을 것이고요. 시간이 지나 수형자에 대한 인식이 바뀌면 그 조항이 적절한지가 논란이 되어 어쩌면 개정되어야 할지도 모릅니다.

헌법의 이러한 특성을 포착한 것이 바로 미완성성입니다. 헌법에 정하지 않은 사항은 국회에서 결정하게 하니까요. 따라서 정태적으로 보면 헌법은 미완성적인 것이 자연스럽지요. 이렇게 헌법은 개방성과 추상성, 미완성성을 갖는 규범입니다.[5]

이 장의 시작 부분에서는 고등학교에서 '올해의 약속'을 정하는 회의가 사례로 제시되었습니다. 유리와 상윤의 말 중 누구의 말을 따르는 것이 더 나을까는 방금 살펴본 다른 법률과 비교했을 때 헌법이 어떤 특성을 가지는지와 관련 있습니다.

유리는 전교 학생의 대표가 모여 다수결에 의해 결정한 사항이 교칙과 충돌한다면 교칙이 아닌 대표의 투표 결과가 우선해야 한다고 말했지요. 그러나 상윤은 교칙은 학교에서 최고 효력을 가진 규범이므로 대의원 다수가 교칙에 반하는 약속을 정하더라도 그것이 효력을 발휘하기 위해서는 교칙을 개정하는 것이 타당하다고 했습니다.

이것이 우리나라 국가 기관의 구성과 운영에 관한 문제라면 유리보다는 상윤의 말이 더 타당합니다. 왜냐하면 교칙은 대한민국 헌법과 같은 것이라서 국회가 다수결에 따라 바로 그 효력을 부인할 수 있는 것이 아닙니다. 시민의 대표는 다수결로 법률을 제정할 수 있지만, 법률이 헌법에 위반되면 효력을 가질 수 없습니다. 만약 국회가 헌법과 충돌되는 내용을 결정하고 싶다면 우선 헌법에 정한 절차에 따라 헌법을 개정한 후에야 비로소 그 법률을 제정할 수 있습니다.

학교가 곧 국가는 아니기 때문에 학교에서 하는 의사결정에 위 논리가 그대로 적용되지는 않지요. 그러나 기존 규범과 학생의 뜻이 조화되는 학교를 만드는 것이 중요하다고 판단한다면 유리보다는 상윤의 말이 좀더 설득력이 있다고 할 수 있습니다.

함께 이야기해 봅시다

1. 법률이 아닌 헌법에서 정할 사항은 어떤 것일까요?

2. 헌법에 규정되어야 할 사항이 명시적으로 정해져 있지 않다면 이것은 누가 결정해야 할까요?

헌법이 탄생한 세계사의 한 순간[6]

"신은 세상에 두 개의 칼을 내려 주셨으니, 하나는 교황에게, 하나는 왕에게 내려 주셨다."

헌법이 발명되기 전, 사람들은 오랫동안 기독교 중심의 세계관을 가진 '중세'라는 시대를 살고 있었습니다. 당시에 세상의 중심은 하느님이었지요. 사람은 하느님의 피조물이었고, 그 사람의 신분은 하느님의 소명(召命), 즉 하느님이 불러서 명령한 것에 의해 정해졌습니다. 권력도 하느님에 의해 정당화되었지요. 이중 가장 설득력 있는 이론 중 하나가 이검 이론(Theory of Two Swords), 즉 '두 개의 칼 이론'입니다.

서기 494년, 교황 젤라시오 1세는 동로마 제국의 황제 아나스타시우스 1세에게 편지를 보냅니다. 이 편지에서 교황은 이 세상은 교황의 권력과 왕의 권력에 의해 다스려지는 것으로, 교황은 인간의 영혼을 왕은 인간의 육체를 다스리는 것이라고 주장하였지요.

그러나 그와 같은 중세도 영원하지 않았습니다. 14세기에 유럽에는 기근과 흑사병의 대유행으로 사람들의 삶이 어려워졌습니다. 이에 따라 '자크리의 난●'이나 '와트 타일러의 난●' 같은 민중의 저항이 일어났지요. 지배층인 교황을 정점으로 한 사제 집단의 부패와 분열도 중세의 몰락을 재촉하는 계기가 되었습니다. 1309년에는 교황 보니파키우스 8세가 프랑스 왕 필리프 4세의 요청에 따라 프랑스 남부의 아비뇽으로 교황청을 옮기는 일도 생겼지요.

⚖️ 르네상스와 종교 개혁

교황의 권력이 약화되자, 그동안 금서(禁書)에 의해 차단되었던 유럽의 과거인 그리스와 로마의 문화를 발견하여 근대에 되살리는 르네상스(Renaissance) 운동이 전개됩니다. 대체로 14세기부터 16세기의 일이지요. 르네상스란 '재생(再生)'이라는 용어에서 비롯된 것으로, 프랑스의 역사가 쥘 미슐레가 1833년에 출간한 『프랑스사』에서 처음 사용한 용어입니다.

르네상스는 기독교와 중세 봉건 제도의 속박에서 벗어나 그리스, 로마 문화의 정수인 개인의 자유와 개성을 강조한 혁신 사조로서 미술, 음악, 문학, 철학 등 문화 분야에서 시작하여 경제적·사회적으로도 커다란 변화를 가져왔지요.

이 운동은 부패한 가톨릭을 개혁하고 참다운 신앙을 다시 세우는 운동인 종교 개혁을 촉발하는 사상적 기반이 되었습니다. 독일의 가톨릭 사제였던 마르틴 루터(Martin Luther)는 1517년 교황을 정점으로 한 가톨릭의 면죄부 판매 등을 신학적 근거로 비판한 '95개조 반박문'을 비텐베르크성 교회 문에 붙이고, 하느님과 신자 사이를 사제 집단이 매개하는 것이 아니라 오직 『성경』을 통한 신앙을 강조하였습니다. 이것은 많은 사람들의 공감을 얻었지요. 그 후 스위스에서 울리히 츠빙글리, 장 칼뱅, 잉글랜드에서 토머스 크랜머, 스코틀랜드에서 존 녹스 등이 이에 동참하였습니다.

그 결과 유럽의 기독교는 북독일, 덴마크, 노르웨이 등의 개신교(프로테스탄티즘)와 이탈리아, 스페인, 프랑스 등의 가톨릭으로 나뉘었고, 개혁의 대상이었던 교황을 중심으로 한 가톨릭 세력이 약해지고, 종교 개혁을 지지한 왕권이 강화되었습니다.

내가 곧 국가이다

교황과 권력을 나눠 가지던 왕은 마침내 교황을 정점으로 한 사제 집단을 배제하고 권력을 독점하였습니다. 이는 왕이 절대적인 권력을 행사하는 정치 체계라는 의미에서 '절대주의'라고 불립니다. 태양왕으로 불린 프랑스의 루이 14세가 "짐이 곧 국가"라고 말한 것은 이러한 절대주의의 특성을 상징적으로 말해 주는 것이지요. 대체로 16세기에서 18세기에 걸쳐 유럽에서 나타난 양상입니다.

절대주의는 몰락하는 봉건 세력과 떠오르는 상업 자본가(부르주아) 세력의 대립을 배경으로, 경제적인 이유로 중앙 집권을 바라는 상업 자본가가 정치적인 이유로 중앙 집권을 추진하는 왕과 합세하여 만든 근대 초기의 과도기적 정치 체제입니다.

정치적으로는 왕이 정치·경제·군사적으로 절대적인 권력을 행사하였습니다. 관료제와 상비군, 이를 유지하기 위한 조세 제도, 통치 기구 등이 갖추어진 중앙 집권적인 성격을 가지고 있었지요. 사상적으로는 "왕권은 신이 부여한 신성한 것이어서 절대 침해할 수 없다"라는 왕권신수설에 의하여 지지되었습니다. 경제적으로는 국가의 간섭과 통제가 경제 전반을 지배하는 중상주의●에 기반하였지요.

겉으로 보기에는 국민 국가의 모습을 갖추고 있으나, 아직 봉건적인 성격이 남아 있고 왕의 왕조적 이해와 자의적인 왕권 행사를 제한하지 못하였다는 측면에서 '과도기적 정치 체제'라고 볼 수 있습니다. 공화제●였던 스위스나, 공화제적인 왕정이었던 네덜란드를 제외한 유럽 대부분이 절대주의를 거쳐 근대 국민 국가로 발전하였습니다.

⚖ 마침내 혁명이 일어나다[7]

절대주의는 경제적인 이유로 중앙 집권을 바라는 상업 자본가가 정치적인 이유로 중앙 집권을 추진하는 왕과 합세하여 만든 근대 초기의 과도기적 정치 체제였습니다. 겉으로 보기에는 근대 국가의 모습을 갖추고 있으나 여전히 봉건적인 성격이 남아 있었고, 왕의 왕조적 이해와 자의적인 왕권 행사를 제한하지 못하였지요.

프랑스에서는 국가 재정 위기와 함께 신분 제도의 문제점이 적나라하게 드러났습니다. 루이 14세 때 시작되어 루이 15세를 거치며 악화된 국가 재정은, 루이 16세 때 미국의 독립 전쟁을 지원하며 큰 위기에 다다랐습니다. 이에 중농주의● 경제학자 튀르고와 칼론 등이 재정 개혁을 추진했지만 모두 실패했지요. 이를 틈타 부르주아 출신으로 관직을 사서 귀족이 된 법복 귀족은 왕권을 제한하고 자신들의 정치권력을 강화하고자 삼부회● 소집을 요구하였습니다.

한편, 당시 인구의 2퍼센트에 불과한 제1신분(성직자)과 제2신분(혈족 귀족, 법복 귀족)은 각각 전 국토의 10퍼센트와 30퍼센트를 차지하며 농민에게 지대를 받고, 관료로서 연금을 받으면서도 세금은 면제되는 특혜를 누리고 있었습니다.

반면 위의 신분에 속하지 못하는 제3신분(농민, 부르주아)은 인구의 98퍼센트로, 제1신분과 제2신분에게 지대와 다양한 명목의 사용료나 허가료 등의 의무를 부담하였지요. 인구의 75퍼센트인 농민은 법적으로는 중세 농노 신분을 벗어났지만 관습적으로는 여전히 제1신분과 제2신분에 예속되어 있었습니다. 관료, 법률가, 은행가, 상업 자본가 등 도시에서 다양한 활동을 하는 부르주아는 사회에 기여하는 것에 비하여 형편없는 대우를 받고 있었지요. 이들의 불만을 하나로 모아 사회 변화의 원동력으로 끌어올린 것이 장 자크 루소의 『사회 계약론』과 같은 계몽사상입니다.

농민과 부르주아들은 점차 이러한 문제가 신분 제도를 넘어 구체제, 즉 앙시앵 레짐(Ancien Régime)으로 인한 총체적 문제라고 자각하게 되었고, 이를 비판하며 혁명으로 나아갔습니다. 1789년의 프랑스 혁명 결과, '인간과 시민의 권리 선언'이 만들어졌습니다.

한편, 미국에서는 영국의 식민 지배 정책에 대한 불만이 혁명을 초래하였습니다. 이를 '미국 독립 혁명'이라고 하지요. 미국은 영국에서 종교의 자유를 찾아 대서양을 건너온 청교도와 영국 왕에게서 특허장을

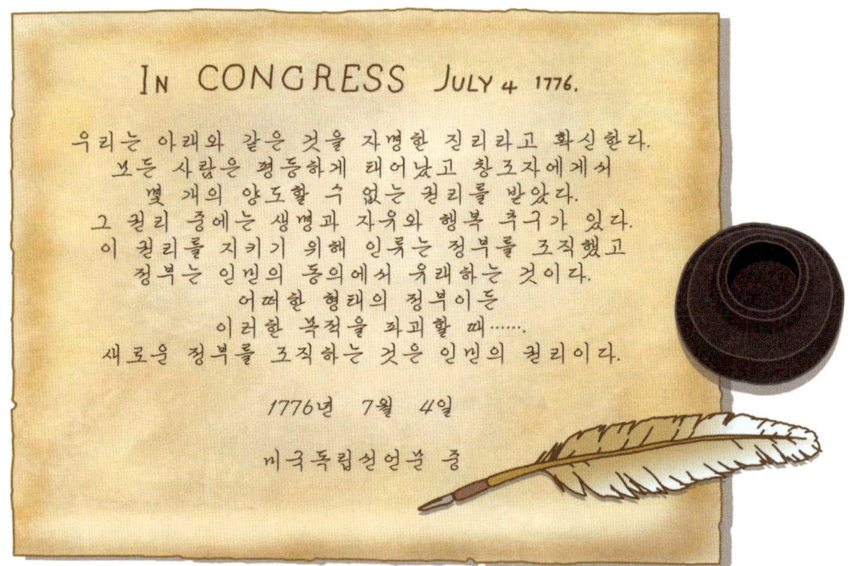

얻어 경제적 이익을 얻으려는 사람들이 이주하면서 만든 나라입니다.

18세기 초 영국은 13곳에 식민지를 건설하고 총독을 파견하되 간섭하지 않는 건전한 방임 정책을 추진했습니다. 그 결과 미국에서는 자유가 흘러넘쳤고 사람들은 '식민지 의회'를 조직하여 자치적으로 운영했지요. 그러나 그 후 본국의 중상주의 정책을 식민지인 미국에도 추진하고 세금을 과하게 부과하면서 미국인의 반발을 초래했습니다.

당시 미국인들은 위와 같은 일련의 정책에 근거가 되는 법률은 식민지 대표의 참여 없이 이루어진 것이므로 절차적 문제가 있다는 주장에 공감했지요. 이러한 공감대에 기초하여 13곳의 식민지 대표로 구성된 제1차 '대륙 회의'를 개최하여 영국 의회의 입법권을 부정하고 영국과 통상을 거부했습니다. 영국이 군대를 파견하자 민병대를 조직하여 저항했지요.

1775년 독립 전쟁이 시작되자 제2차 대륙 회의에서 조지 워싱턴을 총사령관으로 임명하였고, 1776년 7월 4일에 '독립 선언'을 하였습니다. 영화 〈7월 4일생〉에서 주인공의 생일이 7월 4일인 것은 이날이 이런 상징성이 있기 때문입니다. 우리나라가 8월 15일을 일본 제국주의로부터 벗어난 날로 기념하듯, 미국은 7월 4일을 영국으로부터 독립한 날로 기념하지요.

한편, 영국에서는 스튜어트 왕조의 전제 정치로 인하여 귀족과 민중의 원성이 높았습니다. 제임스 1세는 그동안 이룩한 영국의

권리 청원

1628년 영국 의회가 찰스 1세의 승인을 얻은 시민의 인권에 관한 선언. 의회의 동의를 받고 과세할 것, 법률에 의한 인신 구속, 시민의 주거에 병사 숙식 금지, 평상시 계엄령 선포 금지 등이 주요 내용이다.

크롬웰

영국의 군인이자 정치가. 의회파의 군사 지휘관으로 이름을 떨쳐 정치가로 성장하였다. 1649년 찰스 1세의 처형을 주도하였고 그 후 '호국경'이라는 최고 권력자가 되었다.

전통을 무시하고 가톨릭 우호적인 정책을 추진하여 왕권과 의회 사이에 팽팽한 긴장을 야기하였지요. 찰스 1세도 의회 동의 없이 세금을 부과하고 청교도를 억압하며 가톨릭 친화적인 정책을 추진하였습니다.

이에 1628년 의회는 찰스 1세의 행위가 마그나 카르타를 위반한 것으로 판단하고, 권리 청원●을 제출하였습니다. 처음에 찰스 1세는 이를 수용하였으나 나중에는 무시하고 의회를 해산하였지요. 찰스 1세와, 그의 뒤를 이은 찰스 2세를 지지하는 왕당파와 의회파 사이에 영국 시민전쟁(1642~1651년)이 일어났습니다. 이 전쟁에서 의회파가 승리하여 왕은 추방되고 공화정이 선포되었지요. 그러나 크롬웰●의 독재로 다시 찰스 2세가 왕위에 오르고 절대주의는 부활하는 듯했습니다.

1679년 의회는 법률에 의해서만 인신을 구속할 수 있다는 인신 보호법을 제정하여 이에 맞섰습니다. 그리고 명예 혁명●을 통해 추대된 윌리엄 3세로부터 권리 장전●을 인정받았습니다. 이것은 왕에 대한 의회의 우위를 확인한 것으로 1215년 마그나 카르타, 1628년 권리 청원과 더불어 영국에서 헌법적 위상을 갖는 중요한 문서로 인정받고 있습니다. 명예 혁명 결과, 영국에서 의회주의와 입헌 군주제가 확립되었지요.

겉으로 보기에 서양의 여러 나라들은 근대 국가의 모습을 갖추고 있었으나, 아직

명예 혁명

1688년 영국 의회가 제임스 2세를 몰아내고 그의 딸 메리 2세와 메리의 남편인 윌리엄 3세 네덜란드 총독을 공동 국왕으로 추대한 사건. 유혈 사태 없이 이루어진 이 혁명을 통해 영국 절대 왕정이 막을 내리고, 의회 우위에 입각한 입헌군주제가 확립된다.

권리 장전

1689년 영국 의회가 윌리엄 3세의 승인을 얻은 시민의 인권에 관한 선언. 의회의 동의 없는 법률의 금지, 의회의 동의 없는 과세의 금지, 평상시 상비군 금지, 선거의 자유, 청원권 보장, 의회 의원의 면책 특권의 보장 등이 주요 내용이다.

은 봉건적인 성격이 남아 있었습니다. 왕조적 이해와 자의적인 왕권 행사를 제한하지 못하였다는 측면에서 과도기적 정치 체제인 절대주의는 시민 혁명을 통하여 무너지고 입헌 민주주의가 발전하였습니다.

함께 이야기해 봅시다

1. 서양에서는 중세 때 권력의 정당성을 신에게서 찾았다면 근대에 들어와서는 사람에게서 찾았습니다. 이와 같이 근대에 사람에게서 권력의 정당성을 찾은 일은 어디에 기원한 것일까요?

2. 서양이 중세에서 근대로 전환하게 된 계기는 무엇이었나요? 법은 그 전환 과정에서 어떤 역할을 수행하였을까요?

헌법이 만들어지고 발전하기까지[8]

　헌법은 중세와 절대 왕정을 거치며 왕의 권한을 제한하고 시민의 권리를 보장하며, 근대 국가를 형성해 시민과 국가의 기본적인 합의를 성문화한 문서입니다. 이런 의미에서 헌법의 기원이 되는 것은 영국의 마그나 카르타, 권리 청원, 권리 장전, 미국의 연방 헌법, 프랑스의 '인간과 시민의 권리 선언' 등이 있지요. 이번에는 미국의 연방 헌법과 프랑스의 '인간과 시민의 권리 선언'에 대해 살펴볼까요?

⚖ 미합중국을 만든 근대 최초의 성문 헌법

미국은 독립 전쟁을 통해 영국으로부터 독립했습니다. 1776년 7월

4일 '독립 선언'을 했고, 이로써 13개 주로 구성된 공화국●이 선언되었지요. 이때 가장 큰 쟁점은 연방과 주의 권한을 어떻게 나눌 것이냐였어요. 알렉산더 해밀턴과 같은 연방주의자는 연방의 권한을 강화해야 한다고 주장했고, 토머스 제퍼슨 등의 반(反)연방주의자는 주의 권한을 강화해야 한다고 했습니다.

그 결과, 1781년의 연합 규약(Articles of Confederation)을 통해 강한 연방 정부 없이 13개의 주 정부가 연합한 형태를 채택하였습니다. 오늘날의 국제 연합(UN)과 비슷한 형식이지요.

그러나 연합 규약은 곧 한계를 드러냈습니다. 강한 연방 정부가 없는 형태는 법정 화폐의 가치 하락, 물가 급상승(인플레이션), 정부 재정 악화 등의 여러 부작용을 초래했거든요. 이에 따라 1787년 각 주의 대표자는 펜실베이니아주 필라델피아에서 열린 제헌 회의에서 새로운 국가 구성 방식을 논의하였습니다. 마침내 현재 우리가 알고 있는 미국 연방 헌법이 만들어졌지요. 세계 최초의 성문 헌법●이 탄생한 것입니다.

이 헌법은 연방주의자의 주장에 충실하게 각 주의 권한을 넓게 인정하면서도 그보다 강력한 연방 정부를 두도록 설계되었습니다(제4조). 프랑스의 계몽사상가 샤를 드 몽테스키외가 『법의 정신』에서 주장한 삼권 분립 원리에 충실하게 국가 기관을 구성하고 운영하도록 설계하였지요. (이와 관련해서는 4장 '몽테스키외의 삼권 분립 주장'에서 구체적으로 살펴보겠습니다.)

예를 들어 연방 대통령은 연방 의회가 법률을 만드는 데 원칙적으로 관여하지 못합니다. 그리고 그 기관이 권한을 남용하여 시민의 자유를 침해하는 일이 없도록 서로 견제하여 균형을 이루도록 제도화하였지요. 연방 의회가 만든 법률안이 집행이 불가능하거나 위헌인 경우에는 대통령이 거부권을 행사하여 연방 의회가 권한을 남용하지 않도록 규정하고 있습니다. 한편, 대통령이 대사·공사·영사, 연방 대법관을 임명할 때는 의회의 동의를 받도록 함으로써 견제하여 균형을 이룰 수 있도록 규정하고 있지요.

또한 이 헌법은 헌법의 제정 절차와 개정 절차, 헌법이 미국 내에서 최고법으로서의 지위와 효력을 정하고 있습니다.

이러한 헌법에 입각해 1789년에는 마침내 조지 워싱턴을 초대 대통령으로 하는 미합중국(United States of America)이 만들어졌지요.

다만, 이 헌법에는 시민의 권리를 명시적으로 인정하는 규정이 없었습니다. 아마도 당시에는 새로운 국가를 건설하는 것이 1차적 과제였기 때문에 그러하였을 것입니다.

연방 정부가 갖추어지자 헌법에 권리 장전을 담아야 한다는 주장이 점차 강해졌습니다. 그래서 1791년 시민의 권리를 명시적으로 인정하는 개정 헌법 조항 10개가 헌법에 추가됩니다. 신앙의 자유, 표현의 자유, 청원권을 규정했으며, 무기를 휴대할 권리, 개인 소유지에 군대의 주둔 제한, 신체의 자유, 통신의 자유, 영장주의 등을 포함했지요. 이후 현재까지 총 27개의 개정 조항이 추가되었는데, 이 개정 조항을 '수정 헌법'이라고 부릅니다.

⚖ 프랑스 혁명의 정신을 담은 인권 선언[9]

1789년 7월 14일, 루이 16세와 귀족이 제3신분의 대표로 구성된 국민 의회를 무력으로 제압하려 하자, 성난 파리 시민은 민병대를 조직하여 전제 정치의 상징인 바스티유 감옥을 습격하였습니다. 이로 인해 루이 16세는 군대를 철수한다고 발표하고, 파리 시민은 국민 의회 해산을 막은 것은 물론 자치 정부를 만들어 수도인 파리 행정을 장악하였지요.

국민 의회는 차별과 특권으로 상징되는 구체제를 파괴하였습니다. 이제 모든 프랑스인은 동일한 권리와 의무가 있고, 어느 직업이나 가질 수 있으며, 동일한 세금을 납부하게 되었습니다.

구체제의 파괴는 새로운 체제의 성립을 필요로 하지요. 이에 따라 국민 의회는 헌법 제정을 논의하였습니다. 이 과정에서 프랑스의 철학자 에마뉘엘 무니에는 헌법의 앞머리에 권리 선언을 포함하여야 한다고 역설하였습니다.

"훌륭한 헌법이 되려면 인간의 권리에 기반을 두어야 하고 이를 보호해야 합니다. 자연적 정의가 각 개인에게 부여한 권리와, 모든 종류의 사회에서 그 토대가 되어야 하는 원칙을 기억해야 합니다. 그래서 헌법의 각 조항이 그러한 원칙의 귀결이라는 점을 잊지 말아야 합니다. (중략) 이 선언은 간결하고 단순하며 명확하여야 합니다."

8월 1일에 다시 시작된 국민 의회의 토론에서는 헌법에 권리 선언을 포함할지에 관하여 다양한 주장이 있었습니다. 어떤 이는 권리 선언이 농민 봉기와 같은 무질서를 부채질할 것이라 염려하면서 반대하였고, 어떤 이는 인권뿐 아니라 의무도 더하여 선언할 것을 제안하였지요.

결국 4일 오전, 국민 의회는 헌법의 앞머리에 권리 선언을 포함하기로 결정했습니다. 그리고 이번에는 그 권리 선언에 무슨 내용을 담을 것인지에 관하여 오랫동안 토론했지요. 마침내 1789년 8월 26일 국민 의회는 '인간과 시민의 권리 선언'을 채택하였습니다.

이 권리 선언은 중세와 절대주의로 압축되는 구체제의 '사망 증명서'이며, 계몽사상가에 영감을 받아 부르주아의 이상을 표현한, 프랑스를 넘어 모든 인류가 새로운 사회를 건설하는 토대가 되었습니다.

⚖️ 민주주의와 법치주의에 기반한 근대 정치의 성립

이와 같이 중세 봉건제와 절대 왕정은 근대 시민 혁명을 통해 혁파되었고, 근대 시민 혁명의 정신은 미국 연방 헌법, 프랑스의 '인간과 시민의 권리 선언'에 담겼습니다. 거기에는 집단을 전제로 하지 않는 개인의 발견, 이와 같은 개인의 존엄성, 권력의 정당성은 그러한 개인에게서 나온다는 국민 주권에 기반한 민주주의, 이러한 민주주의를 실현하기 위한 구체적 제도로 대의제가 채택되었지요. 절대 군주의 자의적인 법 집행을 제한하기 위해 국가 권력을 법에 따라 행사해야 한다는 법치주의를 그 내용으로 합니다.

미국과 프랑스가 근대 시민 혁명의 정신을 헌법이라는 형식에 담은 것에는, 사회 구성원이 합의한 사항을 헌법이라는 그릇에 담아 국가를 구성하고 운영하겠다는 입헌주의가 그 바탕에 깔려 있습니다.

이와 같이 미국 연방 헌법, 프랑스의 '인간과 시민의 권리 선언'과 그 후에 제정된 프랑스 헌법 등은 민주주의와 법치주의를 핵심으로 하는 근대 정치 체계가 성립하였음을 상징합니다.

⚖ 현대 헌법의 시원인 독일 바이마르 헌법

1800년대 후반, 독일은 마침내 통일 국가를 건설했습니다. 비스마르크의 지휘 아래 경제적으로 큰 성공을 거두었지요. 그러한 성공을 바탕으로 식민지 경영 등의 제국주의적인 정책을 추진할 유혹을 강하게 받았습니다. 기존의 토지 귀족을 대체할 새로운 경제적 지배 계층이 등장했습니다.[10] 영국에서 시작된 산업화가 독일에서도 강력하게 추진된 것이지요.

이에 따라 노동자의 비참한 노동 조건과 빈곤, 그로 인한 질병, 아동 노동의 폐해 등 산업화의 어두운 면이 드러났습니다. 그런 문제들이 처음에 드러났을 때는 시장에서 '보이지 않는 손'이 해결하도록 기다려야 한다는 주장이 더 강했지요.

독일 제국의 빌헬름 2세는 팽창 정책을 추진하며 1914년에 제1차 세계 대전을 일으켰습니다. 물론 우리가 잘 알고 있는 것처럼 독일은 전쟁에서 졌습니다. 이로써 1919년 6월에 베르사유 조약을 체결했고, 독일은 감내하기 어려운 막대한 배상 의무를 부담하고 알자스와 로렌 지방도 잃고 말았습니다.

한편, 전쟁 중이었던 1918년에는 '11월 혁명'이 발생했습니다. 길어진 전쟁으로 인한 피로감, 독일군의 연이은 전투 패배, 여전히 봉건적인 티를 벗지 못한 전근대적 사회 구조 등이 혁명의 근본 원인으로 꼽히는데, 직접적인 원인은 독일 수병의 반란이었습니다.

1918년 10월 30일 독일 해군 지도부는 휴전 교섭 중임에도 불구하고 킬 군항에 정박 중인 함대에 전투 명령을 내렸습니다. 자신들의 과오를 덮기 위한 무리한 작전이었지요. 곧이어 다수의 해군 수병이 반란을 일으켰고, 여기에 노동자들이 가세했습니다.

그러한 물결은 함부르크, 브레멘, 베를린, 쾰른, 뮌헨 등 전 독일로 확산되었지요. 불과 열흘도 안 된 11월 7일, 독일에서 가장 보수적인 것으로 알려진 바이에른 왕국을 시작으로, 다른 왕국들도 차례로 붕괴되었습니다. 곧 공화국이 선포되었지요.[11] 이로써 독일 제2제국은 막을 내렸습니다.

"프로이스 교수님, 교수님께서 내무장관을 맡아 독일 최초의 민주 헌법을 만들어 주십시오."

"총리님, 아시는 것처럼 저는 자유 민주주의자입니다. 지금 전국적으로 급진적 사회주의 세력의 활동이 활발한데 그와 같은 신념에 따라 헌법을 만들어도 좋습니까?"

"물론입니다. 저도 교수님의 신념을 지지하여 이렇게 헌법 초안을 부탁드리는 것입니다."

1918년, 빌헬름 2세가 망명하고 막스 폰 바덴 총리가 사임하면서 임시 정부를 맡은 사회 민주당의 프리드리히 에베르트는 베를린의 한 대학에서 공법을 가르치는 휴고 프로이스에게 새로운 헌법의 기초를 부탁하였습니다. 프로이스는 이전에 베를린시 의원을 역임한 정치가이기도 하였지요. 당시의 헌법인 비스마르크 헌법은 독일의 새로운 상황을 수용할 수 있을 정도로 유연하지 못했기 때문입니다.

이에 따라 프로이스는 1919년 2월 국민 주권주의에 충실한 민주주의, 법치주의, 연방이 주에 비하여 강한 권한을 가진 강한 연방주의에 입각한 헌법 초안을 작성했습니다. 이 초안은 의회 논의와 수정을 거쳐 7월에 가결되어 8월에 제정되었지요. 비로소 바이마르 공화국이 탄생한 것입니다.

바이마르 헌법은 다음과 같은 주요 내용과 특징을 가지고 있습니다.

첫째, 국민의 기본권을 명시적으로 보장했습니다. 이것은 1849년 프랑크푸르트 헌법의 전통을 이어받은 것입니다. 구체적으로는 인신의 자유, 이전의 자유, 통신의 자유, 언론의 자유, 종교의 자유와 같은 자유권, 평등권, 인간다운 생활의 보장, 노동자의 권리, 혼인과 가족의 보호, 의무 교육, 사회 보장 등과 같은 사회권과 사회 정책에 관한 국가 의무를 규정하고 있습니다. 이러한 이유로 바이마르 헌법은 현대 복지국가 헌법의 효시로 불리지요.

둘째, 권력 분립의 원리에 따라 국가 기능을 나누어 현대적으로 국가 기관을 구성했습니다. 이 헌법에서는 국가 권한을 입법·행정·사법권으로 나누고, 입법권은 제국 의회와 참의원에(양원제●), 행정권은 대통령과 집행부에, 사법권은 법원에 나누어 주었습니다.

제국 의회 의원과 대통령은 별도의 선거에 의해 국민이 직접 선출하며, 임기를 보장했지요. 대통령과 총리가 각각 '헌법에 의해 보장된' '상당한 권한'을 나누어 갖고 이원적으로 행정부를 이끌게 했습니다. 총리와 장관은 대통령이 임명하지만, 의회가 불신임할 수 있었습니다. 이에 대해 대통령은 의회 해산권을 가졌지요. 이러한 정부 형태를 '이원 행정부제'라고 합니다(4장 참고). 의원 내각제의 단점을 대통령제적 요소로 보완하여 정치적 안정을 취하려 한 것이지요.

셋째, 이 바이마르 헌법은 나중에 우리 제헌 헌법에 큰 영향을 미쳤습니다. 바이마르 헌법 제1조는 "독일 제국은 공화국이다. 국가 권력은 국민으로부터 나온다"라고 규정하고 있는데, 1948년에 제정된 우리 제헌 헌법은 "대한민국은 민주 공화국이다(제1조)" "대한민국의 주권은 국민에게 있고 모든 권력은 국민으로부터 나온다(제2조)"라고 규정하고 있습니다.

당시 우리나라의 상황이 사회주의 세력의 주장을 수렴하여야 할 필요성에 있어 바이마르 헌법 제정 당시의 독일과 비슷했고, 우리 법제가 일본의 영향을 받아 대륙법적 전통이 강했기 때문입니다.[12]

그러나 이와 같이 현대 입헌 민주 국가의 교과서와 같은 헌법을 가지고 있던 바이마르 공화국은 독재자 히틀러와 나치라고 하는 파시즘 정권에 장악된 후 제2차 세계 대전을 일으키고 이후 패전함으로써 역사 속으로 사라졌습니다.

헌법에서 제국 대통령이 총리와 장관의 임면권, 의회 해산권, 국가 긴급권 등 지나치게 많은 권한을 가져서 권력 균형이 상실될 가능성이 있었습니다. 그런데다 평균 7개월이 못 되는 허약한 단명 내각으로 정치가 불안정했으며, 급진적 사회주의 세력과 극우 세력이 극심하게 대립했기 때문입니다.

🔨 복지국가와 실질적 법치주의에 기반한 현대 정치의 발전

미국 연방 헌법, 프랑스의 '인간과 시민의 권리 선언'과 그 후에 제정한 프랑스 헌법 등은 여러 한계를 가지고 있었습니다. 우선 공동체의 다수인 노동자, 농민, 여성에게는 여전히 참정권이 없었습니다. 1830년대 후반 영국의 노동자는 차티스트 운동●을 전개하여 자신들에게도 참정권을 달라고 요구했지요. 보통 선거의 원칙에 충실할 것을 요구한 것입니다.

한편, 19세기 중반부터 미국과 영국을 중심으로 흑인과 여성 들이 참정권을 요구하는 운동을 전개했습니다. 그 결과 20세기 중반 들어 노동자, 흑인, 여성의 참정권이 보장되는 보통 선거제가 정착되었지요.

한편, 대의제는 넓은 영토에 많은 인구가 사는 근대 국민 국가에 적합하다는 장점에도 불구하고 시민의 의사와 동떨어진 의사 결정을 하고, 시민의 정치적 무관심을 초래할 수 있다는 결함이 드러났습니다.

이러한 문제를 보완하기 위해 국민 투표·국민 발안·국민 소환이라는 직접 민주제 요소가 도입되었습니다. 배심제 등과 같이 국가 의사 결정에 시민이 참여하는 참여 민주주의, 인터넷을 통한 여론 수렴·선거 운동·공청회, 전자 투표 등을 통하여 시민의 정치 참여를 높이는 이른바 전자 민주주의(electronic democracy), 시민 예산 참여 제도 등과 같이 시민의 공개적·심층적 토론과 이를 국가 의사 결정에 반영하는 심의(숙의, 숙려) 민주주의도 등장했습니다. 이와 같은 것은 모두 대의 민주제의 문제점을 시민들의 광범위한 참여를 통하여 해결하고자 하는 노력이라고 할 수 있지요.

한편, 19세기 후반부터 본격적으로 나타난 노동 문제, 빈곤 및 질병, 불공정 거래의 사회 문제를 해결하기 위하여 국가가 나서야 한다는 복지국가 현상이 발생하면서, 시민에게는 집행권뿐 아니라 시민의 대표자로 구성된 의회도 시민의 자유와 권리를 침해할 수 있는 존재라는 인식이 생겼습니다.

이를 제한하기 위하여 법률의 형식에 의해야 한다는 것뿐 아니라, 그러한 법률의 내용도 정당해야 한다는 인식이 싹트기 시작했지요. 법치주의가 형식적 법치주의에서 실질적 법치주의로 발전한 것입니다.

 **함께 이야기해 봅시다**

1. 미국, 프랑스 등은 각기 자기 나라의 역사적 과제에 대응하다가, 결과적으로 민주주의와 법치주의에 기반한 근대 정치 체계라는 보편적인 안을 만들어냈습니다. 어떻게 이런 결과가 만들어졌는지 다 함께 이야기해 봅시다.

2. 민주주의와 법치주의의 특징은 무엇이고, 이 둘은 어떤 관계여야 할까요?

자연 상태의 인간이
국민으로 거듭나기까지

중세와 절대 왕정 시대에는 권력의 정당성을 신에게서 찾았다면(왕권신수설), 근대에는 다스림을 받는 사람인 피치자(被治者)의 의지에 따른 '동의'에서 찾는 것이 지배적인 사상이 되었습니다. 이런 사상을 가장 세련되게 제시한 이론이 사회 계약설입니다. 이제까지 역사적 관점에서 헌법의 기원을 알아보았다면, 지금부터는 철학적 관점에서 살펴볼까요?

 헌법은 계약서이다

사회 계약설에 따르면, 자유롭고 평등하게 태어난 개인은 '자연 상태'에서 살고 있습니다. 이러한 자연 상태에는 결핍이 존재하지요. 이 자연 상태에 대해 존 로크(John Locke)는 비교적 만족스럽지만 개인의 재산이 잘 보장되지 않는 것으로, 토머스 홉스(Thomas Hobbes)는 '만인에 대한 만인의 투쟁 상태'로 보아 생명과 안전이 잘 보장되지 않는 상태로 이해했습니다. 이러한 무질서를 극복하기 위해 자신의 자연권을 제한하여 사회와 국가를 구성하는 상태로 나아가게 되었습니다.

사회 계약은 사회를 구성하는 '결합 계약'과, 국가를 구성하고 이에 권한을 부여하는 '위임 계약(로크)' 또는 '복종 계약(홉스)'으로 이루어집니다. 이렇게 근대에 사회와 국가가 탄생했지요. 자유롭고 평등하게 태어난 개인이 모인 사회는 사적 자치의 원리[13]에 따라 운영됩니다. 재산·생명·안전을 보장하기 위해 만든 국가는 민주주의 원리와 법치주의 원리에 따라 운영되지요.

헌법은 이와 같은 사회 계약을 성문화한 문서입니다. 따라서 그 당사자는 사회 계약에 참가한 개인과 그 개인의 생명·재산·안전을 보장하기 위하여 만든 국가입니다. 헌법은 개인의 이익을 보호하는 수단으로 고안된 권리가 무엇인지, 이러한 권리를 보호하기 위해 국가가 어떻게 구성되고 운영되어야 하는지, 이러한 헌법은 어떻게 제정, 개정되는지 등을 주요 내용으로 다룹니다.

이와 같이 자연 상태의 불충분함이 근대 국가 성립의 정당성을 갖게 하는 전제입니다.

이러한 사회에서 발생하는 분쟁을 해결하는 법이 민법, 상법 등과 같은 사법(私法, Private Law)입니다. 국가 내부, 국가와 개인 사이에 발생하는 분쟁을 해결하는 법이 헌법, 행정법 등과 같은 공법(公法, Public Law)이지요.

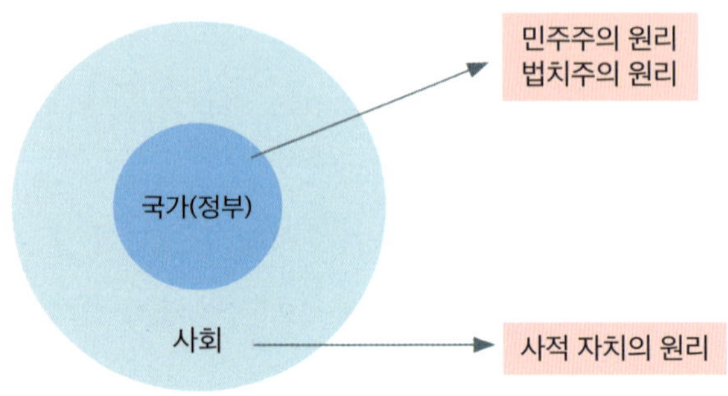

국가-사회의 성립과 각 영역에 적용되는 원리

⚖️ 드러나는 사회 문제에 대처하는 방법

근대 사회로 넘어오면서 노동 문제, 빈곤 및 질병, 불공정 거래, 불충분한 소비자 보호 등 각종 사회 문제가 발생했습니다. 이러한 문제를 해결하기 위해서는 국가가 나서야 한다는 복지국가 사상이 등장했습니다.

이제 국가는 근대의 소극적 기능을 넘어 적극적 기능을 수행하게 되었고, 이를 위해서는 새로운 유형의 법이 필요했습니다. 사회 영역의 문제를 치유하기 위한 법인 사회법이 바로 그것이지요. 노동법, 사회 보장법, 공정 거래법, 소비자 보호법 등이 이에 해당됩니다.

사회법은 사회 영역에 적용되는 법이므로 사적 자치의 원칙에 의하되, 여기서 발생하는 사회 문제를 해결하기 위한 한도 내에서 국가가 나서기 위하여 수정하여 적용됩니다(사적 자치 원리의 수정).

결국 사회 계약설에 따르면, 헌법은 시민 모두가 국가를 구성하며 합의한 내용을 성문화한 계약서이고, 헌법재판소는 그 헌법을 해석해

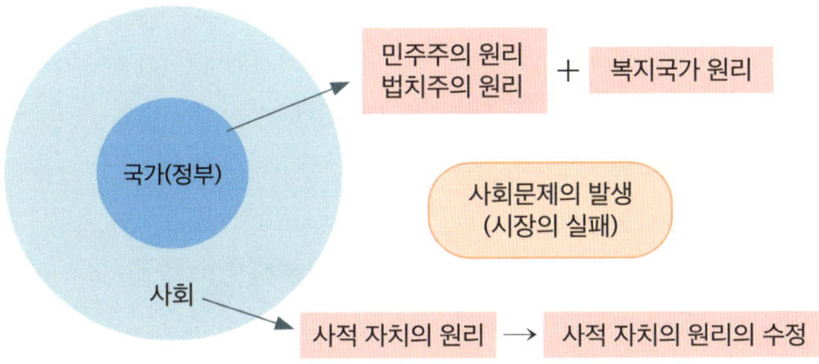

사회 문제의 발생과 각 영역에 적용되는 원리의 변화

'시민 모두의 뜻'을 말하는 헌법 기관입니다.

따라서 헌법재판소는 위와 같은 정당성에 근거하여, 온 국민이 선출한 대통령이더라도 그가 헌법이나 법률을 중대하게 위배하면 파면할 수 있습니다. 헌법은 국가를 만들 당시 시민 모두의 합의 사항을 담고 있는데, 이를 어긴 대통령이 그대로 직을 유지하도록 두는 일은 사회 계약을 무시하는 행동이라 해석할 수 있기 때문이지요.

 **함께 이야기해 봅시다**

1. 철학적 관점에서 보았을 때 헌법은 어떻게 정당화될 수 있을까요?

2. 사회 계약설을 주장한 대부분의 사람은 자연 상태의 결핍과 사회 계약설을 통한 그 극복 등이 역사적 사실은 아니라고 말합니다. 그럼에도 우리는 지금도 사회 계약설에 따라 현대 국가와 사회가 구성되고 운영되어야 한다고 믿습니다. 이 둘은 서로 모순된 것일까요?

헌법은 빈틈없이 완벽할까?

관습 헌법 판례

2004년 10월 21일 헌법재판소는 '신 행정 수도의 건설을 위한 특별 조치법'을 위헌이라고 결정하였습니다.[14] 헌법재판소의 다수 의견에 따르면, 우리나라의 수도가 서울이라는 우리 헌법 체계상 자명하고 전제된 '불문의 관습 헌법 사항'을 우리 헌법이 정한 헌법 개정 절차를 이행하지 않은 채 법률로 변경한 것이어서 그 법률 전체가 국민의 헌법 개정 국민 투표권을 침해했기 때문입니다.

다수 의견에 따르면, 우리 헌법에는 '수도가 서울'이라는 조항이 없지만, 현재 서울 지역이 수도인 것은 그 명칭에서 자명하고, 대한민국의 성립 이전부터 국민들이 이미 역사적, 전통적 사실로 인식하고 있었으며, 대한민국 건국 즈음에도 당연한 전제 사실로 받아들였습니다. 따라서 제헌 헌법에서 '서울에 수도를 둔다'라는 등의 조항은 필요 없었지요.

서울이 수도인 것은 조선 시대 이래 600여 년간 계속된 관행이고(계속성), 이 관행은 변함없이 오랜 기간 실효적으로 지속되어 중간에 깨어진 일이 없으며(항상성), 우리나라의 국민이라면 개인적 견해 차이를 보일 수 없는 명확한 내용을 가진 것이며(명료성), 오랜 세월 간 굳어져 와서 국민들의 승인과 폭넓은 컨센서스를 이미 얻어(국민적 합의) 국민이 실효성과 강제력을 가진다고 믿고 있는 국가 생활의 기본 사항입니다. 따라서 서울이 수도라는 점은 우리의 제정 헌법이 있기 전부터 전통적으로 존재하여 온 관습 헌법이지요.

이 결정에 따르면, 관습 헌법도 성문 헌법의 경우와 동일한 효력을 가지기 때문에 이를 개정하려면 헌법 제130조에 따른 헌법 개정 방법에 따라야 합니다. 따라서 재적 의원 3분의 2 이상의 찬성에 의한 국회의 의결을 얻은 다음(제130조 제1항) 국민 투표에 붙여 국회의원 선거권자 과반수의 투표와 투표자 과반수의 찬성을 얻어야 합니다(제130조 제3항).

그런데 특별법은 헌법 개정 절차가 아니라 법률 제정을 통하여 그 목적을 달성하려 하였습니다. 이는 결국 헌법 개정에 있어서 국민이 가지는 참정권인 국민 투표권의 행사를 배제한 것이므로 동 권리를 침해하여 헌법에 위반되지요.

이 판례는 그동안 우리 법학계와 실무계에서 본격적인 연구가 없던 관습 헌법에 대한 논쟁을 촉발시켰습니다. 다수의 헌법학자는 민법, 국제법과는 달리 헌법에서는 관습법이 없다고 주장했습니다. 이들에 따르면 헌법은 한 사회의 근본 규범으로서 장기적인 목표를 제시하고, 법률은 헌법 안에서 사회의 문제를 해결하기 위해 상대적으로 단기적인 처방을 담습니다. 따라서 헌법은 법률과는 달리 추상성을 그 본질로 하지요. 헌법 사항을 모두 성문 헌법에 담는 것은 가능하지도 않고 타당하지도 않습니다. 헌법은 규범의 공백을 본질로 하지만, 이러한 공백을 관습 헌법이 채울 수 있는 것은 아닙니다.

　현대 입헌 민주 국가에서 성문 헌법에 담지 않은 미완결적 사항을 성문화하는 권한과 임무는 국민의 대표 기관인 의회에 부여되어 있습니다. 의회는 법률의 제정을 통해 이러한 임무를 수행하지요. 행정부는 이렇게 마련된 법률을 집행합니다. 법원은 구체적 분쟁이 발생한 경우 법률을 해석하여 분쟁을 해결하지요. 헌법재판소는 법률이 헌법에 위반되는지 문제가 되면 이를 판단합니다. 이것이 현대 입헌 민주 국가 헌법인 우리 헌법이 예정하고 있는 국가 기관의 구성과 운영 체계입니다.[15]

　노무현 행정부가 국가 균형 발전과 국가 경쟁력 강화라는 정책 목표를 가지고 의욕적으로 추진했던 신 행정 수도 건설은 이 결정으로 중단되었습니다. 그와 함께 우리에게 '헌법의 공백은 국회가 메워야 하나, 헌법재판소가 메워야 하나?'라는 의문을 남겼습니다.

2장

대한민국 헌법을 소개합니다

"상윤아, 지난 주말에 광화문에서 사람들이 집회하는 것 봤니?"

"응, 아빠랑 축구하러 가다가 봤어. 스피커 소리가 엄청 크더라고."

"집회에서 부르는 노래 중에 특이한 게 있던데?"

"'대한민국은 민주 공화국이다. 대한민국은 민주 공화국이다. 대한민국의 모든 권력은 국민으로부터 나온다.' 그 노래 말하는 거지?"

"맞아. 그 세 문장만 계속 반복하더라고."

"그거 우리 헌법 제1조에서 가져온 말이잖아."

"나도 알지. 그런데 그걸 노래로 만들어 부르는 건 처음 알았어. 왜 그 노래를 만든 걸까?"

여러분은 이 두 사람의 대화에 등장하는 노래를 들어 본 적 있나요? '대한민국은 민주 공화국이다'라는 말은 구체적으로 무슨 의미일까요? '대한민국의 모든 권력은 국민으로부터 나온다'라는 것은 사실일까요? 이에 대한 실마리를 찾기 위해 2장에서는 우리 헌법의 역사와 기본 원리에 관해 살펴보겠습니다.

대한민국이 민주 공화국으로
불리기 시작한 날

1장에서 우리는 헌법이 탄생한 역사와 철학적 배경에 대해 공부했습니다. 그렇다면 이제 우리나라의 헌법에 대해 알아볼까요?

우리 현행 헌법 전문에는 "3·1 운동으로 건립된 대한민국 임시 정부의 법통……을 계승하고"라는 표현이 있는데, 이것은 제헌 헌법 전문의 "기미 삼일 운동으로 대한민국을 건립하여"라는 표현을 계승하고 발전시킨 것입니다. 이와 같이 대한민국 헌법은 1919년 3·1 운동과 같은 해 4월 11일에 대한민국 임시 정부에서 제정한 '대한민국 임시 헌장', 9월 11일에 제정한 '대한민국 임시 헌법'에 그 뿌리를 두고 있습니다. 우리 헌법은 1948년 7월 17일에 공포·시행된 이후 지금까지 총 9차례에 걸쳐 개정되었습니다.

⚖️ "우리 조선이 독립국임과 조선인이 자주민임을 선언하노라"[1]

1919년 3월 1일은 매우 뜻깊은 날입니다. 여러분도 잘 알고 있는 것처럼 바로 대한민국의 독립을 선언한 날이기 때문입니다.

일본 제국이 강탈한 조국을 독립하려고 손병희 등 33인의 민족 대표는 당시 조선인의 뜻을 받들어 조선의 독립을 선언하는 만세 운동을 기획하였습니다. 이에 「기미 독립 선언서(己未獨立宣言書)」를 작성하고, 1919년 2월 26일에 2만여 장을 인쇄하여 전국 방방곡곡에 보냈지요. 마침내 거사일인 3월 1일 오후 2시, 서울 종로 태화관에서 한용운이 이 독립 선언서를 낭독하였습니다. 이를 계기로 대한 독립을 외치는 만세 시위운동이 전국적으로 확산했지요.

3·1 운동에는 전체 조선인의 10분의 1에 해당하는 사람이 참여했습니다. 한반도는 물론 조선인이 있는 세계 도처에서 일어났으며, 남녀노소·신분·종교의 다름을 뛰어넘은 거족적인 운동이었지요. 또한 이 운동은 맨손의 만세 운동으로서 조선인의 양심과 결연함을 알림과 동시에, 이를 무력으로 탄압하는 일제의 부도덕을 드러내는 비폭력 평화 운동이었습니다. 독립 선언서를 낭독한 민족 대표 33인이 자진하여 일제 총독부에 전화를 하여 투옥된 것이 이를 상징적으로 보여 줍니다.

"吾等(오등)은 茲(자)에 我(아) 朝鮮(조선)의 獨立國(독립국)임과 朝鮮人(조선인)의 自主民(자주민)임을 宣言(선언)하노라"로 시작되는 「기미 독립 선언서」는, 영국으로부터 독립하기 위한 미국 독립 선언에 비견할 만한 세계사적 사건입니다. 이 선언서는 2016년 10월 20일 국가 등록 문화 유산으로 지정되었습니다.

쉽고 바르게 읽는 3·1 독립 선언서

주로스앤젤레스 대한민국 총영사관 홈페이지(외교부 > 재외공관정보)에 가면, 「쉽고 바르게 읽는 3·1 독립 선언서」의 전문을 한국어와 영어로 만날 수 있습니다. 이 선언서는 '대통령 직속 3·1 운동 및 대한민국임시 정부 수립 100주년 기념사업추진위원회'에서 「기미 독립 선언서」를 쉽게 풀어 쓴 것입니다. 함께 읽어 볼까요?

"대한민국은 민주 공화제로 한다"[2]

우리 현행 헌법 전문 표현과 같이 3·1 운동은 대한민국 임시 정부 설립이라는 결과를 가져왔습니다.

3·1 운동의 뜻을 이은 독립운동가는 1919년 4월 11일에 '대한민국 임시 헌장'을 제정하고 대한민국 임시 정부를 수립하였습니다. 이 문서는 "대한민국은 민주 공화제로 함(제1조)" 등 총 10개의 조문으로 구성되었으며, 국호를 '대한민국'으로 정하고, 군주제를 극복하고 '민주 공화제'를 국가 형태로 명시한 임시 정부 최초의 헌법이었습니다. 대한민국 임시 정부는 3·1 운동과 1919년 「기미 독립 선언서」의 뜻을 이어 일본 제국의 조선 침탈과 식민 통치를 부인하고 효과적인 독

립운동을 전개하기 위해 설립한 망명 정부입니다. 그 후 대한민국 임시 정부는 국내외 7개의 임시 정부를 통합하여 개편했으며, 9월 11일 대한민국 임시 헌법을 제정하여 '대한민국'을 국호로, '민주 공화국'을 국가 형태로 재확인하고, 대통령제를 정부 형태로 채택하며 현대적인 삼권 분립 원리에 따라 정부를 구성했습니다.

⚖️ 우리의 헌법과 정부가 세워진 1948년

임시 정부는 일본의 끊임없는 탄압에 탄력적으로 대응하며 독립운동을 이어갔습니다. 임시 헌법도 그에 대응하기 위하여 개정을 거듭했지요.

그런 가운데 제2차 세계 대전이 일어났고, 일본이 이에 참전했다가 패배했습니다. 임시 정부의 독립군도 참전해 일본에 대항해 싸웠지요. 이런 노력 끝에 1945년 8월 15일 우리는 일본의 지배로부터 해방되었습니다. 종전 직전, 일본에 선전 포고를 하고 북한 지역을 공격해 점령한 소련은 종전 후 북한 지역을 강점했습니다. 한편, 이러한 소련에 대응하여 미국은 종전 이후인 9월에 남한 지역에 들어와 군정을 실시했지요.

승전국은 한국 문제를 다루기 위하여 같은 해 12월 모스크바에서 미국·소련·영국 등 3국 외무 장관 회의를 개최하여 한국 문제 등을 결정했습니다. '모스크바 협정'에서 한국과 관련된 내용은 다음과 같습니다.

첫째, 한국을 일본의 지배에서 해방시켜 민주주의 원칙에 따라 완전한 독립국으로 재건한다. 둘째, 이를 달성하기 위하여 한국에 주둔한 미국과 소련의 군사령관은 2주 이내에 회담을 개최하여 공동 위원회를 구성한다. 셋째, 한국이 완전한 독립국이 될 때까지 임시 조치로 미국·소련·영국·중국 등 4개국에 의하여 신탁 통치하되 그 기간은 최장 5년이다.

이에 따라 개최된 미소 공동 위원회는 정당과 사회단체의 참여 자격 문제로 논란을 빚다가 정작 본론은 제대로 논의도 하지 못하고 결렬되었습니다. 미국은 한국의 독립 문제를 국제 연합(UN) 총회에 의제로 상정했고, UN은 1948년 3월 31일 이전에 정부를 구성할 것과 외국군이 철수할 것을 결정했습니다. 그러나 소련은 UN 한국 임시 위원회의 북한 지역 활동을 거부했지요. 사실상 분단의 길에 들어선 것입니다.

이에 미군정은 1948년 5월 10일에 총선거를 실시하여 제헌 국회를 구성했습니다. 제헌 국회는 제일 먼저 헌법 제정에 착수하여 7월 12일에 헌법을 확정했지요. 그리고 7월 17일에는 마침내 최초의 '대한민국 헌법'이 공포·시행되었습니다. 이 헌법은 대통령제 정부 형태를 채택했기에 7월 20일 제헌 국회의원의 선거로 이승만이 초대 대통령으로, 이시영이 초대 부통령으로 선출되었습니다. 그리고 8월 15일, 대한민국 정부를 수립했습니다.[3]

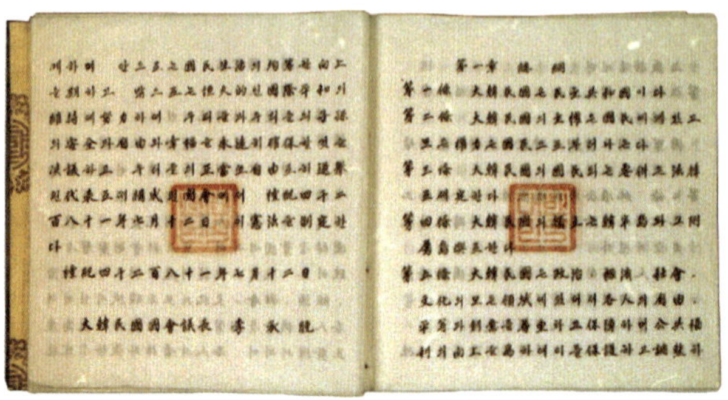

제헌 헌법 사본

대한민국 정부 수립 국민축하식 기념사

함께 이야기해 봅시다

1. 3·1 운동과 대한민국 임시 정부가 우리나라의 해방과 정부 설립에 미친 영향은 무엇일까요?

2. 대한민국 임시 헌장에서 "대한민국은 민주 공화제로 함"이라고 정한 역사적 의미에 대해 이야기해 봅시다.

우리 헌법이 추구하는 최고의 가치

앞서 말했듯 우리 헌법은 제헌 헌법 이후 9차례 개정을 거쳤습니다. 현행 헌법은 1987년 10월 29일 전부 개정되어 1988년 2월 25일부터 시행되고 있는 제10호 헌법으로, 전문과 총 10장 130개 조, 부칙 6개 조로 구성되어 있습니다.

헌법이란 시민의 기본권을 규정하고, 이러한 시민의 기본권을 보장하기 위한 국가 기관을 어떻게 구성하고 운영할 것인가를 규정한 국내 최고법 규범임은 이미 잘 알 것입니다. 따라서 우리 헌법도 제2장에서 시민이 어떤 기본권을 가지고 있는지 규정하고, 제3장 이하에서 국회·대통령을 수반으로 하는 행정부, 법원과 헌법재판소 등을 차례로 규정하고 있습니다.

⚖️ 헌법과 헌법학의 체계

이 책을 읽는 여러분 중에도 법학 대학이나 법학 전문 대학원에 진학해 헌법을 이론적으로 탐구하고 싶은 사람이 있을 것입니다. 그러려면 헌법학을 수강해야 합니다. 헌법학은 헌법을 좀더 체계적으로 이해하기 위해 기본권, 국가 기관의 구성과 운영에 대한 탐구, 헌법 총론이라는 영역으로 나뉘어 총 3개 분야로 구성되었습니다. 즉 기본권론, 국가 기관의 구성과 운영론, 헌법 총론 등으로 이론적 접근을 하고 있지요.

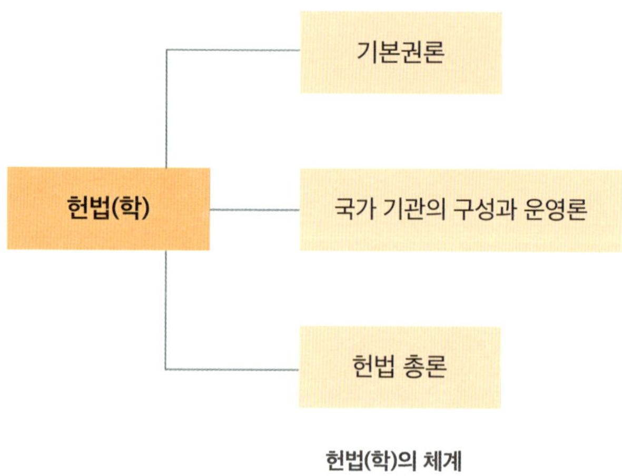

헌법(학)의 체계

⚖️ 기본권의 정의와 그 제한 방법

기본권론에서는 우리 헌법이 규정하고 있는 시민의 기본권이 무엇인지와, 그러한 기본권이 시민의 어떤 이익을 보호하고 있는지를 구체적으로 탐구합니다(이른바 기본권 각론, 헌법 제10조~제36조). 예를 들어 교육 기본권(제31조)은 우리가 스스로 학습을 할 자유와, 국가가 초등학교를 지어 우리를 교육하게 해 달라고 할 이익을 보호합니다. 그리고 어떠한 요건을 갖춰야 기본권을 제한할 수 있는지 규정하여, 국가가 시민의 기본권을 함부로 제한하는 것을 막고 있습니다(제37조 제2항).

따라서 헌법 제37조 제2항은 헌법 공부에서 매우 중요하지요. 학문적으로는 개별 기본권의 일반적인 사항을 모아 기본권이란 무엇인지, 개별적인 기본권을 어떠한 기준으로 어떻게 분류할지, 누가 기본권의 주체가 될 수 있는지, 기본권은 어떤 성격과 효력을 가지고 있는지, 기본권은 어떻게 제한하는지, 기본권이 침해되었을 때 어떻게 구제하는지 등을 기본권 총론에서 공부합니다.

한편, 우리 헌법은 제2장의 제목을 '국민의 권리와 의무'라고 표현하고, 제38조에서는 납세 의무, 제39조에서는 병역 의무를 규정하고 있습니다. 그런데 헌법학에서는 이러한 국민의 기본 의무는 중요하게 다루지 않는 전통이 있습니다. 헌법을 '시민의 권리와 자유의 보장 체계'로 인식하는 자유주의적인 경향 때문이지요.

⚖️ 국가 기관의 구성과 운영에 대한 규정

우리 헌법은 제3장 이하에서 국회, 대통령을 수반으로 하는 행정부, 법원과 헌법재판소 등을 차례로 규정하며, 각 국가 기관이 어떻게 구성되고 운영되어야 하는지 자세히 규정하고 있습니다. 시민의 기본권을 먼저 규정한 후 국가 기관의 구성과 운영을 규정한 이유는, 전자가 목적이고 후자가 이를 달성하기 위한 수단이기 때문입니다. 즉 우리 헌법을 비롯한 현대 입헌 민주 국가의 헌법에서 국가 기관의 구성과 운영은 시민의 기본권을 잘 보장하기 위한 수단에 해당됩니다.

이러한 목적을 달성하기 위해 국가 권력을 입법권·집행권·사법권으로 나누고, 각 권한을 독립된 국가 기관에 부여하여 어느 한 국가 기관이 전횡하지 못하도록 했지요. 각 국가 기관이 그 독립적인 권한을 남용하여 시민의 기본권을 침해하지 못하도록 다른 국가 기관이 견제하도록 하는 권력 분립 원리를 국가 기관의 구성과 운영에 있어 기본적인 원리로 삼았습니다.

국민의 직접 선거에 의하여 선출되는 대통령을 수반으로 하는 행정부가 집행권을 독립적으로 행사하도록 부여했습니다(제66조, 제67조). 대통령이 국무총리를 임명하도록 규정하면서도 그 임명 전에 국회의 동의를 받도록 하여 행정부를 견제하도록 규정한 이유는, 행정부도 국회도 제한적인 권한을 갖고 원래 목적인 시민의 기본권 보호에 충실하도록 구조화한 것이지요.

법률을 만드는 권한인 입법권은 국회에 부여했습니다. 국회는 또한 예산안을 심의·의결하는 예산에 관한 권한, 국정 감사권과 같은 국정 통제에 관한 권한 등을 가집니다.

국회가 다양한 권한을 가지고 국정 운영에 중심적인 기능을 담당하는 이유는 국민의 보통·평등·직접·비밀 선거에 의하여 선출된 국회의원으로 구성된 합의제 기관이기 때문입니다. 합의제 기관인 의회가 국정 운영의 중심 기능을 수행하여야 한다는 것을 '의회주의'라고 하지요. 이와 같이 국가 기관의 구성(국가 기관을 어떻게 구성하느냐)과 운영(그 국가 기관이 어떤 권한을 행사하고 어떻게 운영되느냐)은 매우 밀접한 연관이 있습니다.

법률을 집행하는 권한인 집행권은 행정부에 부여했습니다. 행정부는 대통령이 임명한 국무총리, 행정 각부의 장인 장관으로 구성됩니다. 행정부 내부에서 견제와 균형을 위해 국무 회의를, 직무와 회계 감사를 위해 감사원을 두도록 규정하고 있지요.

한편, 법을 적용하여 분쟁을 해결하는 권한인 사법권은 법원과 헌법재판소에서 나누어 갖고 있습니다. 헌법은 사법권이 법원에 속한다고 선언하고(제101조 제1항), 법원의 권한과는 별개로 헌법재판소에 위헌 법률 심판 등의 권한을 부여하고 있습니다(제111조 제1항).

권한 배분의 이론적인 기준은 분쟁 해결의 기준이 헌법이냐, 법률 이하의 법이냐입니다. 헌법을 해석하여 분쟁을 해결해야 할 재판의 경우는 헌법재판소에, 법률 이하의 법을 해석하여 분쟁을 해결하여야 할 때에는 법원에 권한을 준다는 것이지요. 법률이 헌법에 위배되는지 여부를 결정하는 위헌 법률 심판은 그 과정에서 헌법 해석이 주로 필요하므로 헌법재판소가 담당합니다. 반면, 행정청의 위법한 처분 등을 취소 또는 변경하는 취소 소송은 그 과정에서 법률 이하 법의 해석이 주로 필요하므로 법원이 담당하지요.

우리 헌법은 법원과 헌법재판소를 민주적인 정당성보다 전문성에 기반한 기관으로 구상하였습니다. 이러한 이유로 법원은 법관으로 구성하고, 헌법재판소는 법관의 자격을 가진 9인의 재판관●으로 구성하도록 규정했습니다(제101조, 제111조).

재판관
헌법재판소에서 법관의 역할을 하는 사람. 그 본질은 법관과 동일하다.

⚖ 우리 사회가 가치 있다고 합의한 것

법은 그 사회를 구성하는 사람들이 가치 있다고 생각하는 것을 보호하거나 장려합니다. 예를 들어 이슬람 국가에서는 이슬람 교리가 그 사회를 구성하는 사람의 정신적 세계를 지배하고 있으므로 정치와 종교는 분리되지 않으며, 기본권 중에서는 종교의 자유, 즉 무슬림이 종교를 자유롭게 믿고 실천할 수 있는 권리를 매우 중요하게 여길 것입니다.

우리는 무엇이 가치 있다고 합의하고 이를 헌법에 담았을까요? 이러한 가치를 구현하기 위해 어떤 기본 원리를 채택했고, 이 기본 원리를 구현하기 위해 어떤 제도와 질서를 채택했을까요?

우리 헌법이 추구하는 가치가 무엇인지는 논쟁적이지만, 적어도 인간 존엄성, 자유, 평등, 평화는 합의할 수 있는 최소 공약수입니다. 이러한 가치를 구현하기 위해 민주주의 원리, 법치주의 원리, 복지국가 원리, 문화국가 원리, 평화주의 원리 등의 '기본 원리'를 채택하고 있습니다. 그리고 이러한 기본 원리를 구현하기 위해 대의제, 직접 민주제, 선거 제도, 정당 제도, 지방 자치 제도, 수정 자본주의 시장 경제 질서 등의 '제도'와 '질서'를 채택하고 있지요.

이와 같은 바탕에서 우리 헌법은 "대한민국은 민주 공화국"임을 선언하고 있습니다(제1조). 그럼에도 일부 견해는 우리 헌법을 근거로 대한민국의 정체성을 '자유 민주적 기본 질서'로 요약하여 제시합니다. 그러나 이와 같은 주장은 적어도 우리 헌법에 근거한 충실한 논리는 아닙니다.

헌법 총론에서는 우리 헌법이 추구하는 가치와 기본 원리, 제도, 질서, 국가 형태, 정체성, 나라 이름, 국민과 나라 영역(영토·영해·영공) 등(헌법 전문과 제1조~제9조, 제117조~제127조), 추가적으로 헌법의 제정과 개정(제128조~제130조), 헌법사 등을 다룹니다. 대체로 모든 학문은 중요하게 나열하는 사항 외에 하나의 기준으로 묶기는 어려운 다양한 사항을 편의상 한 범주에 넣어 다루는 영역을 가지고 있습니다. 헌법학에서 헌법 총론이 그렇습니다. 현행 헌법과 헌법학에 관한 구조는 다음과 같이 나타낼 수 있습니다.

헌법 총론	전문	
	총강	제1조~제9조
기본권론	국민의 권리	제10조~제39조
	국민의 권리 제한	
	국민의 의무	
국가 기관의 구성과 운영론	국회	제40조~제116조
	정부	
	법원	
	헌법재판소	
	선거 관리	
헌법 총론	지방 자치	제117조~제130조
	경제	
	헌법 개정	
	부칙	

현행 헌법의 구조

함께 이야기해 봅시다

1. 우리 헌법이 추구하는 최고의 가치인 '인간 존엄성'은 무엇일까요?
2. 헌법의 양대 축인 기본권은 국가 기관의 구성과 운영과 어떤 관련이 있을까요?

헌법의 기본 원리 1
민주주의 원리

여러분도 잘 알다시피 기본 원리는 '기본이 되는 보편적 원리'를 말합니다. 헌법에서도 비슷합니다. 헌법의 기본 원리란 우리 헌법 전체를 지배하는 중요한 내용을 헌법 해석을 통하여 도출한 것입니다. 헌법 전체를 지배하는 지도 원리이지요. 따라서 이러한 기본 원리는 국가 기관을 구성하고 운영하면서 추구해야 할 내용이며, 헌법의 개별 조항이나 법령을 해석할 때 기준이 됩니다.

예를 들어 민주주의는 국가 기관을 구성하고 운영하는 마지막 정당성이 시민의 의사에 있어야 하는 것이므로, 현재 권력을 행사하는 자가 정당하게 권력을 행사하고 있는지 끊임없이 시민의 의사를 들어야 합니다. 따라서 시민이 자유롭게 자기 의사를 표현하는 행동을 보호하는 '표현의 자유'는 민주주의를 실현하기 위한 전제이지요. 표현의 자유를 해석하고 이를 법령으로 실현하거나 제한하는 과정에서 이와 같은 특징이 고려되어야 합니다. 이것이 기본권을 해석할 때 헌법의 기본 원리를 고려하는 예입니다.

또한 민주주의는 민주적 정당성이 없는 자가 국가 권력을 행사하는 일을 금지합니다. 시민으로부터 선출되거나, 이렇게 선출된 자로부터 임명되지 않은 자가 국가 권력을 행사한 일은 헌법의 기본 원리에 위반됩니다. 이는 박근혜 대통령 탄핵 심판에서 헌법재판소가 판결을 내릴 때 적용한 판단 근거 중 하나이지요.

⚖ 헌법의 기본 원리, 그 의미와 기능

헌법의 기본 원리는 헌법 전체를 지배하는 지도 원리이므로, 개별 국가가 추구하는 이상이나 가치 또는 그 국민이 국가의 성격을 규정하거나 믿는 내용을 의미하는 국가 정체성의 핵심 요소입니다. 명시적인 조항이 있는 게 아니라 해석을 통해 도출한 것이므로 우리 헌법의 기본 원리가 무엇인가에 대해서는 다툼이 있습니다. 이 책에서는 최근 헌법학계의 경향에 따라 민주주의 원리, 법치주의 원리, 복지국가 원리, 문화국가 원리, 평화주의 원리를 우리 헌법의 기본 원리로 설명해 보겠습니다.

여기서 민주주의 원리, 법치주의 원리는 미국 연방 헌법, 프랑스의 '인간과 시민의 권리 선언' 등 근대 헌법에서 이미 확립된 기본 원리입니다. 반면 복지국가 원리, 문화국가 원리, 평화주의 원리는 근대 헌법을 근간으로 국가를 운영하면서 여러 가지 사회 문제에 부딪히고 이를 해결하는 과정에서 형성된 현대 헌법의 기본 원리입니다.

⚖ 주권은 사람에게, 권력도 사람으로부터

민주주의 원리란 사람(People, 시민 또는 국민)의 뜻에 따라 국가의 구성과 운영을 위해 필요한 의사 결정을 해야 한다는 원리입니다. 우리 헌법은 대한민국의 국가 형태를 "민주 공화국"이라고 하고(제1조 제1항), "대한민국의 주권은 국민에게 있고, 모든 권력은 국민으로부터 나온다(제1조 제2항)"라고 규정하여 민주주의가 우리 헌법의 기본 원리라는 것을 명시하고 있습니다.

사람은 헌법을 제정하고 개정할 권한의 원천으로 '대한민국의 주인'입니다. 대통령 선거와 국회의원 선거 등 각종 선거권을 통해서 헌법의 여러 국가 권력을 창조하고, 그 권한 행사에 민주적 정당성을 제공하지요.

한편, 표현의 자유를 통해 국가의 정치적 의사 결정 과정에 '여론'의 힘으로 영향력을 행사합니다. 정당의 자유를 통하여 정당을 설립하고 활동함으로써 정치적 영향력을 행사하고요. 나아가 피선거권과 공무 담임권을 통해서 공무를 담당하거나, 국민 투표권을 통하여 헌법 개정안이나 중요 국정 사안에 대한 정책 결정에 직접 참여합니다.[4]

결국 사람은 직접 국가의 의사 결정을 하는 '의사 결정권자'이거나 대표자를 선출함으로써 대표가 국가의 의사 결정을 하는 데 민주적 정당성을 제공하는 '정당성 제공자'입니다. 전자는 민주주의를 구현하는 제도 중 직접 민주제와, 후자는 대의제와 연결되지요.

헌법에서 민주주의 원리는 구체적으로 다음과 같은 내용을 가집니다. 첫째, 정치적 영역에서 절대적 평등을 전제합니다. 구체적으로 "한 사람은 한 표, 그 한 표는 동일한 가치를 가져야 한다"는 것이지요. 둘째, 이러한 전제 하에 국가의 의사 결정은 다수결 원리(다수가 원하는 안건을 채택해야 한다는 의사 결정의 원리)에 따를 수밖에 없습니다. 이러한 다수결 원리가 정당화되기 위해서는 생각의 가변성(토론을 하기 전 의사 결정과 토론 후 의사 결정이 다를 수 있다는 것)을 전제로 한 개인이 충분한 토론을 통하여 다수결에 참여할 의사를 형성할 수 있는 가능성을 보장해야 합니다. 셋째, 국가의 의사 결정을 다수의 의사에 따르는 이유는 그것의 가치적 우월성이나 절대적 우월성에 기초한 것이 아니라 양적 우월성과 상대적 우월성에 기초합니다. 따라서 소수는 보호되어야 하지요.[5]

이러한 민주주의 원리를 구현하기 위해서 우리 헌법은 대의제, 직접 민주제, 선거 제도, 정당 제도 등을 헌법상 제도로 채택하고 있습니다.

더 알아보기

민주 공화국이란

우리 헌법은 "대한민국은 민주 공화국이다"라고 규정하고 있습니다. 많은 헌법학자는 이를 우리나라의 이름(국호)은 대한민국이고, 국가 형태는 민주 공화국이라고 해석합니다.

민주국이란 독재국 또는 전제국과 대비되는 개념입니다. 따라서 대한민국이 민주국이라는 것은, 대한민국에서 독재자나 특정 계급 또는 특정 정당과 같은 일부가 국민의 통제 없이 국가 권력을 행사할 수 없다는 의미입니다. 국민의 뜻에 따라 국가의 구성과 운영을 위해 필요한 의사 결정을 해야 하는 것이지요.

공화국(Republic)이란 군주국과 대비되는 개념입니다. 대한민국이 공화국이라는 것은 '대한민국에는 군주가 없다'는 의미라고 할 수 있습니다. 최근 여기서 더 나아가 대한민국이 공화국이란 선언을 정치 철학적으로 접근하여, 우리 헌법이 공화주의 정치 철학을 채택하고 있다는 적극적인 의미를 부여하자는 주장이 있습니다.

이러한 주장을 하는 사람들은 공화주의 정치 철학은 사익보다 공익을 중시하는 시민의 마음가짐과 자세인 '시민의 덕성'과 활발하고 적극적인 정치 참여, 키케로의 "모두가 자유롭기 위해 법에 복종한다"라는 말처럼 다수의 자의적 지배가 아닌 법에 따른 지배, 혼합 정체, 불간섭이 아닌 지배가 없는 상태인 '비지배 자유'를 주장합니다. 우리 헌정에서 이와 같은 것들을 실현해야 한다고 주장하지요.

다만, 이와 같은 내용은 민주주의가 발전하면서 이미 '제도화된 민주주의'와 '제도화된 법치주의' 등에 의해 녹여져 있습니다. 현대 입헌 민주주의 국가에서 시민의 덕성은 민주주의가 기능하기 위한 전제로 인식되므로, 이를 기르기 위해 헌법은 교육 기본권을 헌법상 권리로 수용하고 있지요. 주민 참여 예산제, 국민 청원 등을 통해 적극적인 정치 참여도 보장하고 있고요. 이러한 의미에서 공화주의 정치 철학을 채택하고 있다고 적극적으로 의미를 부여하자는 주장은 우리 헌법의 해석에 있어 큰 의미가 없습니다.[6]

⚖ 시민이 직접 국가 의사를 결정하는 직접 민주제

민주주의 원리를 구현하는 방법 중 가장 먼저 생각해 볼 수 있는 것은, 시민이 직접 국가 의사를 결정하는 직접 민주제입니다. 넓은 지역에서 많은 인구를 가진 대부분의 현대 입헌 민주 국가의 특성상, 국가의 모든 사항을 시민이 직접 결정하는 완전한 직접 민주제는 현실적으로 실현하기 어렵습니다. 우리나라 역시 그렇습니다.

그런 이유로 대부분의 민주 국가에서는 이 취지를 살릴 수 있는 변형된 직접 민주제를 실행하고 있습니다. 그 구체적인 방법이 국민 투표, 국민 발안, 국민 소환 같은 제도이지요. 우리 헌법도 제72조와 제130조에서 중요 정책과 헌법 개정안을 국민 투표에 붙일 수 있도록 규정하고 있습니다. 다만, 국민 발안과 국민 소환은 채택하고 있지 않습니다.

언론에 가끔 언급되는 '주민 발안'과 '주민 소환'은 무엇일까요? 이것은 헌법에 직접 규정된 것이 아니라 국회에서 만든 '지방 자치법'(제15조와 제20조)에서 인정하고 있는 제도입니다. 이와 관련해서는 다음과 같은 예가 있습니다.

지난 2023년 경상남도 창원시에서는 조리 과정에서 유해 물질에 노출된 급식소 노동자의 건강 증진을 위한 조례안이 주민 발안을 통해 청구되었습니다. 언론 보도에 따르면 당시 경상남도 학교 급식소 노동자의 20퍼센트에 해당하는 580명이 폐에 이상이 있다는 진단을 받았습니다. 조례안의 주요 내용은 이들에게 폐암을 진단·예방하도록 지원하고 환기 시설 개선 등 안전한 근무 환경을 조성하도록 하는 것이었습니다.[7]

이 건은 1년이 지난 2024년 창원시 의회에서 부결되었습니다. 집단 급식소를 둔 기업은 노동자 지원을 잘하고 있어 시에서 이를 별도로 지원할 필요가 없다는 것이 반대 이유였지요. 그러나 이것은 대기업의 경우이고 여전히 많은 급식소 노동자들이 적절한 지원을 받지 못하고 있다는 비판도 있었습니다.[8]

한편, 2006년 경기도 하남시장과 일부 기초 의원은 경기도 광역 화장장을 하남시에 유치하겠다는 정책을 발표했다가 이에 반대하는 주민들에 의해 주민 소환이 추진되어 두 명의 기초 의원이 의원직을 상실하는 일이 있었습니다.[9]

그렇다면 이 경우들도 헌법 제72조와 제130조에서 인정하고 있는 국민 투표와 같은 것 아닐까요? 반은 맞고 반은 틀립니다. 지방 자치법에 따라 인정되는 주민 소환과 주민 발안도 직접 민주제의 정신에 따라 만들어진 것이지만, 헌법에서 인정하는 국민 투표와 같은 효력을 가질 수는 없습니다. 이것이 바로 헌법과 법률의 차이입니다.

지방 자치법에 규정된 제도는 법률의 개정이라는 상대적으로 쉬운 절차에 따라 없어질 수 있습니다. 반면 헌법에 규정된 제도는 헌법 개

정이라는 상대적으로 어려운 절차에 따라
야 비로소 없앨 수 있지요. 이것은 이미 설
명한 기본권과 법률상 권리의 차이와 같은
논리입니다.

자, 이제 직접 민주제에 대해 평가해 볼까요? 우선 국민 투표, 국민 발안, 국민 소환은 진정으로 시민의 직접 의사 결정일까요? 그렇지 않습니다. 이중 국민 발안과 국민 소환은 이미 대의제를 전제로 하고 있는 제도입니다. 즉 대의제를 보완하기 위한 방법이지, 대의제를 대체할 수 있는 제도는 아니라는 말입니다.

둘째, 직접 민주제는 바람직한 결과를 보장할까요? 그렇지 않습니다. 고대 철학자 플라톤이 중우 정치●의 문제를 지적한 것처럼, 직접 민주제의 결과가 늘 바람직한 것은 아닙니다. 특히 현대 자본주의 사회에서 우리는 모두 바쁩니다. 이렇게 시간적 여유가 없는 시민들에게 국가의 많은 결정을 하라고 한다면, 그 결과는 어떻게 될까요?

지난 2018년에 문재인 대통령이 발의한 헌법 개정안을 읽어 본 적이 있나요? 우리들 중 이 헌법 개정안을 꼼꼼하게 검토해 본 사람은 과연 얼마나 될까요?

셋째, 현대 입헌 민주 국가에서 직접 민주제가 실현되기 어려운 것은 국가의 기능 변화와도 연결되어 있습니다. 근대 국가는 국방과 치안 유지를 주 임무로 하는 소극적인 질서 국가였습니다. 그러나 오늘날의 국가는 현대 사회 문제를 해결하기 위해 적극적 기능을 수행하는 복지국가이지요. 이와 같은 복지국가에서는 질서 국가일 때보다 필연적으로 많은 세금을 거둘 수밖에 없습니다. 국가는 돈을 버는 집단이 아니기 때문이지요.

그리고 특정 정책에서 수혜를 받는 집단이 좀더 분명합니다. 그것은 토론한다고 해도 쉽게 해소될 수 없습니다. 어차피 특정 정책은 특정인에게 유불리가 분명하기 때문이지요. 따라서 이와 같은 정책은 이해 당사자인 시민 개개인이 직접 토론하여 결정하는 것보다 대표자가 토론하여 타협하는 것이 좀더 적당합니다.

이와 같은 이유로 우리 헌법은 시민이 대표를 선출하고 선출된 대표가 국가 의사를 결정하는 대의제를 민주주의 원리를 구현하는 기본적인 방법으로 채택하고 이를 구조화하고 있습니다.

⚖️ 시민이 선출한 대표가 의사를 결정하는 대의제

대의제는 일반 시민과 대표자를 관념적으로 구별하고, 일반 시민에게는 대표 선출권을, 이 선출권을 통하여 선출된 대표자에게는 정책 결정권을 부여합니다. 대표자는 일반 시민으로부터 '자유 위임'을 받았기 때문에 국익을 우선하여 양심에 따라 국가 의사를 결정합니다(제46조 제2항). 대표자를 선출한 일반 시민은 주기적인 선거권(제24조)의 행사와 일상적인 표현의 자유(제21조)를 통해 대표자를 통제하지요.

그렇다면 '자유 위임'이란 무엇일까요? 시민이 대표자에게 심부름을 시키는 방법, 즉 위임하는 방법에는 두 가지가 있습니다. 심부름을 시켜 얻을 최종 결론만 정하고, 심부름을 하기 위해 무엇을 타고 갈 것인지, 돈을 어떻게 쓸 것인지, 대표자가 직접 할 것인지 또다른 사람에게 시킬 것인지 등 심부름을 하는 구체적인 방법은 대표자가 결정하도록 하는 방법입니다.

한편, 심부름을 시켜 얻을 최종 결론을 이야기할 뿐 아니라, 심부름을 하기 위해 무엇을 타고 갈 것인지, 돈을 어떻게 쓸 것인지 등 구체적인 방법까지 시민이 직접 정해 주고 대표자는 시키는 대로만 하는 방법도 있습니다. 헌법학에서는 전자를 '자유 위임'이라고 하고, 후자를 '명령 위임'이라고 하지요.

현대 헌법학에서는 심부름을 시키는 시민은 하나의 의사를 형성할 수 있는 단일체가 아니기 때문에 원칙적으로 명령 위임을 실현하기는 어려우므로, 대표자에게 심부름을 시키는 방법은 자유 위임일 수밖에 없다고 설명합니다. 우리 헌법이 국회의원의 지위와 관련하여 "국회의원은 국가 이익을 우선하여 양심에 따라 직무를 행한다(제46조 제2항)"라고 표현하는 것은 바로 이 때문입니다.

이번에는 대의제에 대해 평가해 볼까요? 대의제는 일반 시민과 대표자를 관념적으로 구별하는데, 여기에는 감정에 따라 판단하는 일반 시민에 비해 대표자는 뛰어난 인격·자질·능력·덕성을 가진다는 전제가 있습니다. 시민의 자질과 능력이 향상된 현대에도 이것이 가능할까요?

또한 일반 시민이 빅 데이터 분석에 기반한 근거를 제시하며 대표자에게 특정 정책의 채택을 압박하면, 적어도 대의제의 정당성 일부는 훼손될 수 있습니다. 이것은 대의제를 통치 구조의 근간으로 삼고 있는 현행 입헌 민주 국가 헌법에 대한 도전이며 해결해야 할 과제입니다.

무엇보다도 대표자가 다수 시민의 생각과 동떨어진 결정을 내리는 일이 빈번하게 일어나고 있습니다. 이러한 이유로 현대 입헌 민주 국가의 국가 기관의 구성과 운영에서 불협화음이 끊임없이 드러나고 있지요.

시민의 참여를 통하여 실질적 민주주의를 구현하고자 하는 참여 민주제, 투표나 여론 조사 등 다양한 방법을 통해 시민들의 선호를 조사하여 그것으로 국가 의사를 결정하는 선호 집합 민주제를 반대하고 자유롭고 평등한 토론을 바탕으로 참여의 질을 향상함으로써 좀더 나은 국가 의사 결정을 하고자 하는 숙의 민주제(또는 심의 민주제) 등이 끊임없이 모색되고 도입되는 이유가 바로 이것입니다.

국회에 시민이 참여하는 방법으로는 시민 발안제, 행정부에는 주민 참여 예산제나 청와대 국민 청원과 같은 인터넷을 통한 여론 수렴, 사법부에는 배심제·참심제·국민 참여 재판, 2017년 신고리 원전 5·6호기의 건설 중단·재개 여부와 관련된 공론 조사, 2018년도에 시행된 대입 제도 개편 공론화 위원회 등이 바로 대의제의 문제를 해결하기 위해 도입한 구체적인 방법입니다.

따라서 우리 헌법이 민주주의 원리를 구현하기 위해 대의제를 원칙으로 삼고 있다는 이유로 이와 같은 현대적 민주주의 구현 방법을 부정적으로 볼 이유는 전혀 없습니다. 오히려 좀더 다양한 방법을 시도해 보고 그중 실효적인 제도를 일반화된 제도로 헌법과 법률에 수용하여 개선하는 일이 입헌주의의 관점에서 바람직한 태도이지요.

한편, 새로운 민주주의 구현 방법이 기존에 우리 헌법이 채택한 대의제와 충돌하는 면이 있다는 점도 명확하게 인식해 조심스럽게 활용할 필요가 있습니다. 문재인 행정부 때 '청와대 국민 청원'이 그러한 예입니다. 이미 설명한 것처럼, 대의제에서 대표자는 일반 시민으로부터 자유 위임을 받았기 때문에 국익을 우선하여 양심에 따라 국가 의사를 결정합니다. 대표자는 전체 시민의 대표이기 때문에 전체 이익을 우선하여야 하며, 일부 시민의 경험적 의사●가 아닌 전체 시민의 추정적 의사●를 따라야 하지요.

그런데 청와대 국민 청원의 청원 하나하나는 시민의 경험적 의사의 표현입니다. 만약 대표자가 이 기능을 이용한 시민의 경험적 의사를 따르는 것이 시민의 뜻을 따르는 일이라고 생각하고 이에 따라 의사 결정을 한다면, 이러한 사용은 결과적으로 대의 민주제와 충돌하는 결과를 가져올 수도 있습니다.

그러므로 청와대 국민 청원은 특정 사안에 대한 공론화의 한 과정이라고 생각하고, 이에 기반해 실제로 정책을 채택하기 위해서는 모든 시민에게 실질적 참여 기회를 부여해야 합니다. 그렇게 하기 어려우면 대표성을 갖는 대표 집단을 다시 설정하여 이들이 참여해 의사 결정을 하거나 국회에서 의사 결정을 하는 것이 바람직하지요.

제1호 국민 청원은 '소년법 개정 청원'이었습니다. 2017년 "여중생들이 또래 여중생을 때려 크게 다치게 한 '부산 여중생 폭행 사건' 등 자신이 미성년자임을 악용해 잔인한 행동을 일삼는 청소년이 많다면서 14세 미만 청소년을 형사 처벌하지 않는 소년법 등이 악용되고 있으니 이 폐지를 청원한다"는 취지의 청원이었지요.

이 청원에 27만여 명의 시민이 동의했습니다. 그렇다면 이 청원에 따라 이 법을 폐지해 모든 청소년을 성인과 동일하게 처벌하는 것이 타당한 것일까요? 형사 미성년 연령을 13세로 낮추는 것이 타당할까요? 이 법을 폐지 또는 개정하자는 시민의 수는 얼마나 될까요? 반대로 이 법을 유지하기를 바라는 시민은 몇 명이나 될까요?

실제로 이러한 청원에 대해 당시 대통령 비서실에서는 이 청원을 수용하지 않았습니다. 그러한 엄벌주의만으로 청소년 범죄를 막을 수 없으므로 보호 관찰 등의 교화를 통해 비행 청소년을 사회로 복귀시키도록 행정부가 노력하겠다는 것이 주된 이유였지요.[10] 당시 대통령실도 국민 청원으로 나타난 시민의 경험적 의사를 따르는 데 어떤 문제점이 있는지 알고 있었던 셈이지요.

함께 이야기해 봅시다

1. 우리 헌법과 미국 헌법의 기본 원리가 다른 이유는 무엇일까요?

2. 우리 헌법은 우리나라의 구성과 운영에 있어 대의제와 직접 민주제 중 어느 것을 근간으로 하고 있을까요? 그리고 그 이유는 무엇일까요?

헌법의 기본 원리 2

법치주의 원리

　법치주의 또한 우리 헌법이 채택하고 있는 기본 원리로 인정되고 있습니다. 법치주의 원리란 국가의 구성과 운영을 위해 필요한 의사 결정을 법에 따라 하여야 한다는 원리이지요.

　근대 이전 유럽에서는 군주가 절대 왕권을 행사했습니다. 이러한 자의적인 국가 권력의 행사는 시민의 자유와 권리를 침해하는 결과를 가져왔지요. 시민의 자유와 권리를 보장하기 위해서는 새로운 전략이 필요했습니다. 시민의 대표로 구성된 의회에서 제정한 법 형식인 법률에 따라 국가를 구성하고 운영하도록 하는 것이었지요.

⚖ 형식적 법치와 실질적 법치

그 당시 법치주의의 전략을 좀더 구체적으로 서술하면 이렇습니다. 우선 국가 권력을 나누어 독립된 별도의 국가 기관에게 부여했지요. 입법권은 시민의 대표로 구성된 의회에 부여했습니다. 의회에서 제정한 법률에 따라 집행권을 행사하며, 법률에 따라 재판했지요. 그중에서도 행정이 시민의 권리를 침해할 때는 법률에 근거해야 한다는, 법률에 의한 행정을 핵심적 내용으로 했습니다. 이것이 나중에 등장하는 실질적 법치주의와 대비되는 '형식적 법치주의'입니다.

당시에는 절대 군주의 자의적인 권력 행사를 막는 것이 현안이었습니다. 그 대안 세력은 시민의 대표로 구성된 의회였지요. 이를 통해 시민은 자신의 생활을 스스로 설계하고 실행에 옮길 때 예측 가능성을 확보함으로써 삶에 안정성을 가질 수 있었습니다. 결국 형식적 법치주의는 절대 군주의 자의적인 권력 행사라는 인치(人治)를 극복하고 시민의 자유와 권리를 보장할 수 있는 기틀을 마련했다는 점에 그 존재 의의가 있지요.

한편, 19세기 후반부터 본격적으로 나타난 노동 문제, 빈곤 및 질병 등 사회 문제를 해결하기 위해 국가가 나서야 한다는 복지국가 사상이 주장되기 시작했습니다. 기업과 영향력 있는 시민은 다른 시민의 기본권을 침해할 수 있는 자가 되었고, 국가는 근대에서 요청되던 소극적 기능을 넘어 적극적 기능을 수행하게 되었지요. 적극적 기능을 수행하려면 새로운 유형의 법이 필요했습니다. 사회 영역의 문제를 치유하기 위한 법인 노동법, 사회 보장법, 공정 거래법, 소비자 보호법 등의 사회법이 바로 그것입니다.

이때부터 행정부뿐 아니라 시민의 대표자로 구성된 의회도 시민의 자유와 권리를 침해할 수 있는 존재라는 인식이 생겼습니다. 이를 제한하기 위해 법률의 형식에 의한 기본권 제한뿐 아니라, 그러한 법률의 내용도 정당해야 한다는 인식이 싹트기 시작했지요. 이러한 인식을 바탕으로 실질적 법치주의론이 전개되었습니다. 예를 들어 독일에서 헌법 역할을 하는 기본법에는 사회적 법치 국가임이 명시되어 있습니다.

한편, 형식적 법치주의의 일부 내용을 악용하여 결과적으로 법치주의의 목적을 무력화한 사건이 발생했습니다. 바이마르 공화국에서 나치가 등장한 것이지요. 그들은 당시 헌법에 따라 '합법적으로' 결사하여 의회에 진출한 후, '합법적으로' 집권했습니다. 그 후 새로운 법을 만들어 시민의 자유와 권리를 중대하게 침해하는 결과를 초래했지요. 이러한 일이 반복되지 않게 하려면 법률의 형식에 의한 기본권 제한뿐 아니라, 그러한 법률의 내용도 정당해야 한다는 절박한 요청이 나타났습니다.

이러한 요청에 부응하기 위해 법률의 내용이 정의에 합치하지 않으면 따르지 않아야 한다거나, 이를 무효화하는 위헌 법률 심판이 도입되었습니다. 시민의 대표인 입법자의 기본권 침해 행위를 막는 것이 현안이었지요. 그 대안 세력은 의회가 아니라 사법부였습니다. 시민은 예측 가능성과 법적 안정성은 물론 정의로운 국가 행위를 기대하게 되었습니다.

실질적 법치주의가 등장하면서 그 전에 법률의 형식에 의한 기본권 제한을 강조하던 사조는 형식적 법치주의로 규정되었습니다. 실질적 법치주의는 절대 군주의 자의적인 권력 행사라는 인치는 물론, 시민의 대표인 의회의 법에 따른 권력 행사 중 자의적인 권력 행사까지도 통제할 수 있게 되어 시민의 자유와 권리를 보장할 수 있는 기틀을 마련했다는 점에서 그 존재 의의가 있습니다.

그러므로 형식적 법치주의는 실질적 법치주의의 반대 개념이 아니라, 시민의 권리 보장과 이를 구현하기 위해 법을 통한 국가 권력의 제한이라는 전략을 가지고 발전한 역사적인 개념입니다. 법치주의의 형식적 요소와 실질적 요소는 한 국가의 질서 안에 공존하며 작동하고 있지요.

그러나 정당하지 않은 법률의 내용을 거르는 수단으로 채택한 위헌 법률 심판은 새로운 사회 문제가 되고 있습니다. 위헌 법률 심판권을 가진 헌법재판소 또는 법원이라는 사법권이 시민의 대표로 구성된 의회의 입법권을 무력화하면서 결과적으로 시민의 뜻에 따른 국가의 운영이라는 민주주의를 훼손하고, 또다른 시민의 자유와 권리를 침해하는 결과를 가져온 것이지요. 1장에서 다룬 관습 헌법 판례가 대표적인 예입니다. 앞으로 우리가 해결해야 할 과제이기도 하지요.

이와 같이 법치주의는 자의적인 국가 권력으로부터 시민의 자유와 권리를 보호한다는 목적을 달성하기 위하여 계속 진화하고 있습니다.

법치주의의 목적은 국민의 자유와 권리의 보장이고, 제도적 기초는 권력 분립 원리이며, 내용은 법률의 우위, 법률에 의한 행정, 법률에 의한 재판입니다. 국민의 자유와 권리를 제한하거나 국민에게 새로운 의무를 부과하려 할 때에는 반드시 국민의 대표 기관인 국회가 제정한 법률로써 해야 하고, 행정은 법률의 존재를 전제로 그에 따라 행해져야 하며, 사법 역시 법률의 존재를 전제로 법률에 따라 행해져야 합니다. 따라서 법치주의 원리의 구체적 내용으로는 ① 입헌주의, ② 기본권의 보장, ③ 권력의 분립, ④ 입법부의 헌법 귀속과 이를 구현하기 위한 위헌 법률 심사제의 채택, ⑤ 행정의 합법률성과 그에 대한 사법적 통제, ⑥ 사법부의 독립과 사법적 권리 구제 제도의 완비, ⑦ 법적 명확성의 원칙, ⑧ 공권력 행사에 대한 예측 가능성, ⑨ 신뢰 보호의 원리와 그 구체화로서 소급 입법 원칙 등입니다.[11]

우리 헌법은 법치주의 원리를 구현하기 위하여 위헌 법률 심판, 헌법 소원 등을 헌법상 제도로 채택하고 있습니다. 여기서는 우선 소급 입법 금지 원칙에 대해 알아보겠습니다.

⚖ 과거로 거슬러 올라가 법을 적용할 수는 없다

소급 입법 금지 원칙이란 과거로 거슬러 올라가 법을 적용할 수 없다는 의미로, 행위 당시에는 이에 적용할 법률이 없었는데 이후 법률을 만들어 당해 행위에 적용하여 행위자에게 불이익을 주는 것은 허용할 수 없다는 원칙입니다. 소급 입법이 허용되면 시민의 입장에서는 법에 대한 예측 가능성, 즉 현행법을 위반하지 않는 한 모든 것이 다 허용된다는 신뢰가 없어집니다. 이러한 이유로 법치주의 원리를 헌법의 기본 원리로 채택한 우리나라와 같은 나라에서는 소급 입법이 원칙적으로 금지됩니다.

특히 우리 헌법은 "모든 국민은 행위 시의 법률에 의하여 범죄를 구성하지 아니하는 행위로 소추되지 아니하며", "모든 국민은 소급 입법에 의하여 참정권의 제한을 받거나 재산권을 박탈당하지 아니한다(제13조 제1항)"라고 명시적으로 선언하고 있습니다.

이러한 이유로 법치주의 원리에 따라 소급 입법이 금지되어야 하지만, 우리가 공동체의 의사 결정을 하다 보면 '예외적으로' 소급 입법이 필요한 경우도 있습니다. 예를 들어 일제 강점기 당시 형사가 우리나라 독립운동가를 고문했는데, 해방 후 소급 입법 금지 원칙으로 인하여 이 형사를 처벌할 수 없느냐라는 현실적인 문제에 답해야 하지요.

이러한 이유로 헌법학에서는 소급 입법 금지 원칙의 취지는 받아들이되, 현실적으로 소급 입법을 해야 하는 예외적인 경우를 설명하기 위하여 '신뢰 보호 원칙'이라는 소급 입법 금지 원칙보다 상위 원칙을 만들어 설명합니다.

이에 따르면 소급 입법을 적용받아 불이익을 받는 행위자가 그 법이 바뀌면 자신이 불이익을 받을 수도 있다고 예상할 수 있는 경우, 행위자가 소급 입법을 하더라도 불이익을 받지 않는 경우 등과 같이 예외적인 경우에는 소급 입법이 가능하다는 것입니다.

법치주의의 수범자는 누구일까요?

박근혜 행정부는 초기에 법치주의의 확립을 매우 강조하면서, 폭력 시위와 과잉 진압의 악순환을 끊겠다고 선포했습니다. 이를 달성하기 위해 시민들에 대한 헌법 교육을 세부 과제로 추진하였습니다.

여기서 법치주의의 수범자가 누구인지를 분명히 할 필요가 있습니다. 법치주의는 국가와 국가 기관의 활동, 국가 공동체에서 국민 생활의 기준과 방식을 법이라는 형식에 의해 제공해야 한다는 원리를 말합니다.

따라서 그 수범자는 바로 국가입니다. 법치주의를 국가 기관의 구성과 운영을 법에 따라 해야 한다는 원리를 말한다고 이해해도, 여기서 법에 따라 구성되고 운영되어야 하는 주체는 국가입니다.

역사적으로 법치주의가 주장되고 정립된 배경을 보면 이는 더욱 명확해집니다. 영국에서 법의 지배는 중세 이래 군주의 자의적인 지배를 억제할 목적으로 주장되고 정립되었습니다. 독일의 법치 국가론도 시민의 자유 보장을 위하여 국가 권력을 제한하고 통제하기 위한 목적으로 주장되고 정립된 사상입니다.

따라서 자유롭고 평등하게 태어났으며 사적 자치의 원리가 지배하는 사회에서 삶을 영위하는 시민은 법에 따라 구성되고 운영되어야 하는 것이 아니라, 법에서 금지하는 것을 제외한 모든 것을 자유롭게 결정하여 행위하면 됩니다.

그렇다면 시민이 법을 준수해야 하는 근거는 어디에서 찾아야 할까요? 헌법에 근거한 시민의 기본 의무에서 찾거나, 민주 공화국의 구성원으로서 시민의 덕성에 근거한 정치적·윤리적 의무에서 찾는 것이 바람직합니다.

⚖ 국민의 뜻을 따를 것인가, 법을 따를 것인가

민주주의란 시민의 뜻에 따라 국가의 의사를 결정하는 것이고, 법치주의란 법에 따라 국가 의사를 결정해야 하는 원리입니다. 그렇다면 이 둘은 어떤 관계일까요? 또, 어떤 관계를 맺어야 할까요?

현대에 와서 국가 권력을 실제 행사하는 대표자를 뽑을 수 있는 자격을 넓히고, 일정한 사항은 시민 스스로 결정하도록 하는 방향으로 발전했습니다. 군주뿐 아니라 그 법을 만드는 의회도 시민의 자유를 침해할 수 있다는 것을 인식하고, 의회가 제정한 법의 내용이 인간의 존엄성, 실질적 평등과 같은 정의에 합치해야 한다는 방향으로 발전했지요.

이와 같이 근대 시민 혁명 이후 민주주의와 법치주의는 함께 발전해 왔습니다. 그러나 민주주의와 법치주의는 현상적으로 서로 대립적일 수 있지요. 예를 들어 다수의 국민은 대통령이 임기 전에 그만둘 것을 원하는데, 대통령이 헌법이 정한 임기에 기대어 물러나지 않는 것이 그런 국면입니다.

하지만 이 둘은 인간의 존엄성 보장과, 그것을 구체화한 국민의 자유와 권리를 보장하기 위한 수단이라는 점에서 같은 목적을 추구합니다. 즉, 사회 계약이라는 민주주의 요소가 헌법이라는 법치주의 요소를 만들고, 이러한 헌법에 따라 국가를 구성하고 운영하는 입헌주의를 채택함으로써 법치주의가 민주주의를 제약합니다. 헌법에 따라 입법권을 부여받은 국회는 헌법을 준수하며 국민의 의사를 모아 법률이라는 형식으로 입법을 함으로써 법치주의적인 제약 아래 민주주의를 발현하지요.

이러한 과정을 거쳐 형성된 법률은 다시 헌법을 제외하고는 가장 상위이고 중요한 법치주의 요소가 됩니다. 한편, 이러한 법률이 상위법인 헌법에 위반되면 헌법재판소는 법률의 위헌을 선언함으로써 법치주의 요소에 의하여 민주주의가 가질 수 있는 문제를 완화합니다. 위헌 정당 해산 제도도 법치주의 요소에 의하여 민주주의가 가질 수 있는 문제를 완화하는 제도이지요.

한편, 국민 참여 재판은 국민 참여라는 민주주의 요소로 독립적인 사법권 행사라는 법치주의 요소를 완화하는 제도입니다. 따라서 국민의 자유와 권리를 보호하기 위해서 이 둘은 보완적이어야만 합니다.

앞서의 예에서 하야●를 주장하는 다수 국민의 뜻을 늘 우선한다면, 대통령의 소신 있는 국정 운영이 불가능하여 결국 공익에 반하는 결과를 초래할 수 있습니다. 헌법에 보장하는 임기라는 법치주의 요소만을 늘 우선시한다면 불법을 일삼는 대통령도 임기가 끝날 때까지 기다려야 해서 이 또한 공익에 반하는 결과를 초래할 수 있지요. 따라서 일정한 요건을 충족한 경우 대통령을 파면●할 수 있도록 법을 미리 제정하여 이 둘의 조화를 꾀하는 것이 바람직합니다.

결국 이 둘은 규범적으로 상호 보완적이어야 그 목적인 국민의 자유와 권리를 보호할 수 있습니다. 우리 헌법은 양자가 상호 보완적으로 작용할 수 있도록 위헌 법률 심판, 위헌 정당 해산 제도, 국민 참여 재판 등 여러 제도를 마련하고 있지요.[12]

함께 이야기해 봅시다

1. 일제 강점기에는 조선의 많은 독립운동가가 형사에게 잡혀 고문을 당하거나 죽음에 이르렀습니다. 만약 여러분이 해방 후 그 형사를 처벌해 달라는 재판을 맡은 판사라면 어떻게 결정하겠습니까?
2. 국민의 뜻에 따를지, 법에 따를지 논쟁이 되는 사건을 뉴스에서 찾아보고, 우리 헌법 체계에서 그 사건을 어떻게 해결해야 하는지 정리해 봅시다.

헌법의 기본 원리 3
복지국가 원리, 문화국가 원리, 평화주의 원리

2001년 오이도역에서 장애인 수직 리프트가 추락하여 이용 중이던 장애인이 사망하는 사건이 발생했습니다. 이런 문제를 해결하려는 사람들이 뜻을 모아 만든 '장애인 이동권 쟁취를 위한 연대 회의'는 같은 해 보건 복지부 장관에게 장애인이 편리하게 승차할 수 있는 저상(低床) 버스 도입을 청구하였으나, 장관이 이를 이행하지 않았지요. 그러자 저상 버스를 도입하지 않은 행위는 장애인의 권리를 침해한다며 장관을 상대로 헌법 소원 심판을 청구했습니다.[13]

이 사례와 관련된 헌법의 기본 원리가 복지국가 원리입니다. 시민에게 근대의 형식적 자유와 평등을 보장하는 것을 넘어 실질적 자유와 평등을 보장하고, 인간다운 생활을 할 권리를 보장하기 위하여 국가가 적극적으로 나서야 한다는 원리이지요.

⚖ 실질적 자유와 평등의 보장

우리 헌법은 사유 재산 제도를 보장하고 원칙적으로 시장 경제 원칙을 채택하면서도, 시장에서 생존 능력이 없는 국민을 보호하는 것을 또 하나의 헌법 원리로 구체화하고 있습니다. 이 원리는 인간다운 생활을 할 권리, 교육 기본권, 건강권 등과 같은 기본권과, 경제 질서에 대한 국가의 조정 권한을 선언하는 형태로 표현되어 있지요.

헌법은 자유권이 자유권을 행사할 조건을 갖춘 국민에 의해서 행사될 수 있을 뿐이고, 그러한 조건을 갖추지 못한 국민에게는 공허한 내용이 될 뿐이라는 사실을 인식하고 제31조부터 제36조에 걸쳐 여러 가지의 사회적 기본권을 보장하고 있습니다. 교육 기본권(제31조), 근로의 권리(제32조), 근로 3권(제33조), 인간다운 생활을 할 권리(제34조), 건강권(제35조), 혼인과 가족생활의 보호(제36조) 등이 그것입니다.

또한 헌법은 원칙적으로 시장 경제 원칙을 경제 영역에서 적용되는 원칙으로 선언하면서(제119조 제1항), 시장 경제의 병리적 현상을 국가의 조정을 통해서 시정할 수 있도록 하고 있습니다. 구체적으로는 균형 있는 국민 경제의 성장 및 안정, 적정한 소득 분배 정책의 실시, 시장의 지배와 경제력 집중을 방지하기 위한 규제와 조정 권한, 국토의 효율적인 이용·개발과 보존을 위한 제한과 의무 부과의 가능성 등을 선언하고 있지요. 이를 '수정 자본주의 시장 경제 질서'라고 합니다. 「들어가는 글」에서 소개한 네 번째 사례는 우리 경제 질서를 어떻게 이해할 것이냐와 연관된 사례입니다.

수정 자본주의 시장 경제 질서에 관한 서술을 참고한다면 기업 규제 3법 제·개정을 둘러싼 주장 중 야당과 재계의 주장은 헌법적 근거는 맞지만, 그것이 이 법안을 반대하는 유일한 근거가 될 수는 없습니다. 왜냐하면 헌법 제119조 제1항뿐 아니라 제2항을 종합적으로 고려해 해석해야 하기 때문이지요.

한편, 행정부와 여당의 주장도 헌법적 근거는 맞지만 그것이 이 법안을 찬성하는 유일한 근거가 될 수는 없습니다. 헌법은 그러한 가능성을 열어 두었을 뿐 2020년 논쟁 당시 그 문제가 시장 경제 원칙을 존중해도 되는 상황인지 이것이 병리적 현상을 보여 국가의 조정이 필요한 상황인지, 또 그와 같은 상황이라도 구체적으로 어떻게 조정하는 것이 타당한지는 입법자에게 맡겨 놓고 있는 것이 헌법의 태도이기 때문입니다.

앞서 살펴본 민주주의 원리와 법치주의 원리가 근대 헌법에서 이미 확립된 기본 원리라면, 복지국가 원리는 현대에 와서 형성한 기본 원리입니다. 이와 같은 역사의 차이에 따라 민주주의 원리와 법치주의 원리는 그 원리를 달성하기 위해 다양하고 많은 제도와 질서를 구체화하고 이를 헌법에 담고 있지만, 복지국가 원리는 이념과 중간 목표를 제시하고 있을 뿐 이를 실현하기 위해 헌법이 채택한 제도나 질서는 상대적으로 적습니다.

수정 자본주의 시장 경제 질서, 최저 임금제 등이 복지국가 원리를 달성하기 위해 우리 헌법에서 담고 있는 제도와 질서입니다. 따라서 복지국가 원리의 구체적 실현은 사회 변화를 인식하고 이에 대응하는 입법자의 권한에 맡겨져 있습니다. 민주주의 원리와 법치주의 원리에 비하면 상대적으로 그렇다는 의미입니다.

저상 버스 사건은 어떻게 처리되었을까요? 헌법재판소는 권리를 침해하지 않는다고 판단했습니다. 그러면서 우리 헌법은 복지국가 원리와 같은 의미를 명문으로 규정하고 있지는 않지만, 사회적 기본권 등 여러 표현을 통하여 복지국가 원리를 수용하고 있다고 판단했습니다.

그러나 사회적 기본권이 국가에게 그 이행을 강제하기 위해서는 사회가 규정하는 과제를 우선적으로 실현해야 한다는 우위 관계가 전제되어야 하는데, 그러한 우위 관계를 인정할 수는 없다고 했습니다. 결국 그러한 우선순위를 결정하는 것은 입법자의 몫이라는 것이지요. 따라서 복지국가 원리만으로는 장애인의 복지를 향상해야 할 국가 의무를 최우선하여 배려해 달라는 요청을 할 수는 없다는 의미입니다.

⚖️ 문화의 자율성과 문화 환경 조성

예전에 학교 보건법에는 유치원과 초중등학교 근처에 영화관을 운영하는 것을 전면 금지하는 규정이 있었습니다. 학생들이 학교를 오가다 영화를 너무 많이 보느라 공부를 소홀히 할까 봐 만든 법이지요. 과연 영화를 보는 게 공부에 방해가 될까요? 유치원생이 혼자 영화관에 가는 일이 흔할까요? 이런 의문을 품은 극장주가 영업의 자유가 침해되었다고 주장하며 위헌 법률 심판 제청을 신청했습니다.[14]

이 사례와 관련된 헌법의 기본 원리가 문화국가 원리입니다. 문화국가 원리란 시민의 문화 활동의 자유가 보장되면서도, 국가가 시민이 문화 활동의 자유를 누릴 수 있는 문화 풍토를 조성해야 한다는 원리를 말하지요.

고대와 중세에는 국가가 학문, 예술, 교육, 종교 등 문화 영역을 지배했습니다. 레오나르도 다 빈치는 프랑스 왕 루이 12세, 프랑수아 1세, 피렌체 통치자 줄리아노 데 메디치 등의 후원을 받으며 현재 우리가 알고 있는 위대한 창작물을 탄생시켰지요. 그러나 근대에는 시민 혁명을 계기로 르네상스와 종교 개혁이 전 유럽에 확산되면서 문화가 국가 지배에서 벗어나 문화 활동의 자유, 문화의 자율성이 인정되었습니다.

그런데 현대에 와서는 문화가 경제에 종속되었고, 국내적으로는 문화적 불평등이 심화되었으며, 국제적으로는 제3세계 문화가 선진국 문화에 종속되는 현상이 나타났습니다. 따라서 현대에는 국가의 문화 영역에 대한 기능이 새롭게 강조되고 있지요.

현대 국가는 문화의 자율성을 최대한 존중하는 근대적 사고를 계승하면서도, 문화에 대한 무간섭이 초래한 현대적 모순과 불합리성을 극복하기 위해 적극적으로 문화 풍토를 조성하고 보호하는 기능을 담당하게 되었습니다. 이를 헌법의 기본 원리로 인정하는 것이 문화국가 원리이지요.

우리 헌법은 "유구한 역사와 전통"을 강조하며 국가가 "문화의 영역에서 각인의 기회를 균등히 하"도록 하고(전문), "전통 문화의 계승·발전과 민족 문화의 창달에 노력하"도록 하며(제9조), 대통령으로 하여금 "민족 문화의 창달에 노력하"도록(제69조) 명문으로 규정하고 있습니다.

또한 문화국가를 건설하기 위해 국가가 반드시 존중해야 하고, 문화 정책의 가치 기준으로 삼아야 하는 여러 기본권을 보장하고 있지요. 양심의 자유(제19조), 종교의 자유(제20조), 학문과 예술의 자유(제22조) 등이 바로 그것입니다. 양심의 자유와 종교의 자유는 사상의 다양성을 그 본질로 하는 문화국가의 필수 요소이고, 학문과 예술의 자유는 문화국가를 건설하기 위한 필수적인 전제 조건이기 때문이지요.

문화국가의 기반을 마련하기 위해 무상 의무 교육 제도(제31조 제2항, 제3항)와 평생 교육 제도(제31조 제5항) 등을 통해 국가의 교육 책임을 강조하면서 문화국가가 요구하는 교육의 다양성이 침해되지 않도록 교육의 자주성·전문성·정치적 중립성 및 대학의 자율성을 보장하고 있습니다(제31조 제4항).

앞서 말한 학교 보건법 극장 금지 위헌 사건은 어떻게 처리되었을까요? 헌법재판소는 이 규정을 위헌이라고 판단했습니다. 우리나라는 건국 헌법 이래 문화국가 원리를 헌법의 기본 원리로 채택하고 있다고 전제하고, 국가·지방 자치 단체 또는 문화 재단 등 비영리 단체가 운영하는 공연장과 영화관에서 예술 공연을 하는 것은 학생의 문화적 성장에 유익하다고 보았습니다. 따라서 학교 근처에서의 극장 금지는 절대적으로 금지하지 말고 허용하는 예외를 두어야 한다고 판단했습니다. 또한 이 규정은 극장 운영자의 표현의 자유와 예술의 자유, 영화관 등이 담당하는 문화국가 형성 기능의 중요성을 가볍게 보고 있다고 판단했습니다. 따라서 이 규정은 극장 운영자의 표현의 자유를 침해하고, 아동·청소년의 문화 향유권을 침해했다고 판결하였지요.[15]

⚖️ 대내외적인 평화 추구

한미 연합 사령부가 하는 훈련 중에 전시 증원 연습과 독수리 연습이 있습니다. 시민 '갑'은 이 연습이 북한에 대한 선제적인 공격 연습으로서 한반도의 전쟁 위험을 고조시켜 동북아시아와 세계 평화를 위협하므로 자신의 평화적 생존권을 침해한다고 주장하며 헌법 소원을 제기했습니다.[16]

이 사례와 관련된 헌법의 기본 원리가 평화주의 원리입니다. 평화주의 원리란 국가가 대내외적으로 평화를 추구해야 한다는 원리이지요. 대외적으로는 세계 평화에 기여하고, 대내적으로는 질서를 유지하고 분쟁을 평화적으로 해결하며, 남과 북의 통일도 평화롭게 달성해야 하는 것입니다. 평화란 전쟁이 없는 평온하고 안전한 상태를 말합니다.

우리 헌법은 전문에서 "평화적 통일의 사명" "밖으로는 항구적인 세계 평화와 인류 공영에 이바지"를 명시하여 평화주의를 분명히 선언하고 있습니다. 그리고 ①"대한민국은 통일을 지향하며, 자유 민주적 기본 질서에 입각한 평화적 통일 정책을 수립하고 이를 추진한다"라고 규정하여 평화 통일의 원칙(제4조), ②"대한민국은 국제 평화의 유지에 노력하고 침략적 전쟁을 부인한다"라고 규정하여 국제 평화 유지와 침략적 전쟁 부인(제5조 제1항), ③"헌법에 의하여 체결·공포된 조약과 일반적으로 승인된 국제 법규는 국내법과 같은 효력을 가진다"라고 규정하여 국제법 존중(제6조 제1항), ④"외국인은 국제법과 조약이 정하는 바에 의하여 그 지위가 보장된다"라고 규정하여 외국인의 법적 지위 보장(제6조 제2항) 등을 구체적인 내용으로 하고 있습니다.

이러한 평화주의가 헌법적 차원에서 조명을 받은 시기는 많은 사람이 목숨을 잃은 제1차 세계 대전과 제2차 세계 대전 후입니다. 이러한 이유로 평화주의 원리는 특히 일본·독일과 같은 전쟁을 일으킨 나라의 헌법에 충실히 반영되어 있지요.

일본 헌법은 "일본 국민은 정의와 질서를 기조로 하는 국제 평화를 성실히 바라며, 국권 발동인 전쟁과 무력에 의한 위협 또는 무력행사는 국제 분쟁을 해결하는 수단으로서 영구히 버린다(제9조)"라는 이른바 '평화 헌법 조항'을 가지고 있습니다. 또한, 독일 기본법은 국가 간의 평화적인 공존을 위협하거나 위협할 의도로 행해지는 행위, 특히 침략 전쟁은 위헌이며 형법에 의하여 처벌된다고 선언하고 있지요(제26조 제1항).

최근 우리는 러시아의 우크라이나 침공을 보며 전쟁이 인간의 삶을 어떻게 파괴하고 인권을 침해하는지 생생하게 알 수 있었습니다. 우리 사회도 불과 70여 년 전 3년에 걸친 6·25 전쟁으로 많은 사람이 죽거나 다쳤고, 우리 삶의 터전이 파괴되는 동족상잔의 비극을 겪었습니다.

또한 현재도 종전이 아니라 휴전 상태에서 살고 있지요. 그 뿌리가 일본 제국주의의 한국 강점과 제2차 세계 대전, 그에 따른 강대국의 분할 점령, 북한의 침략이라는 근현대사를 돌이켜 보면 지금 우리가 누리고 있는 평화가 얼마나 가치 있는 것인지, 이것을 지키기 위해서 우리가 무엇을 해야 하는지 알 수 있습니다.

전시 증원 연습 위헌 확인 사건은 어떻게 처리되었을까요? 헌법재판소는 평화적 생존권이라는 기본권은 우리 헌법에서 보장하는 기본권이 아니어서 이 사건의 경우 시민의 기본권 침해가 없으므로 각하했습니다. 한편, 일부 견해는 평화주의 원리에서 추구하는 평화란 전쟁 없이 적국에 예속되는 것까지 감수하는 평화를 의미하는 게 아니므로, 이를 근거로 전쟁에 대비한 군사 훈련을 하지 말아야 한다고 주장하는 것은 적절치 않다는 취지를 덧붙였지요.

⚖️ 국가 정체성의 핵심 요소

이미 잘 알고 있듯이 헌법의 기본 원리는 우리 헌법 전체를 지배하는 지도 원리입니다. 따라서 우리나라가 추구하는 이상이나 가치 또는 시민이 국가의 성격을 규정하거나 믿는 내용을 의미하는 국가 정체성의 핵심 요소이지요.

이와 관련한 논란이 「들어가는 글」의 세 번째 사례입니다. 2018년 교육부가 발표한 「중학교 역사·고등학교 한국사 교육 과정 및 집필 기준 시안」이 우리 사회를 시끄럽게 만든 사건입니다.

저는 대한민국의 정체성을 민주주의로 표현하는 것과 자유 민주주의로 표현하는 것, 나아가 '자유 민주적 기본 질서'로 표현하는 것 모두 적당하지 않으며, 민주주의·법치주의·복지국가와 같은 우리 헌법의 기본 원리를 모두 나열했을 때 대한민국의 정체성을 온전히 제시할 수 있다고 생각합니다. 그 이유는 다음과 같습니다.[17]

첫째, 대한민국 정체성의 핵심은 민주주의이고, 민주 공화국이라는 표현은 합의 가능한 최소 공약수입니다. 우리 헌법에서 '민주' '자유 민주'로 표현되어 있는 용어는 사실상 민주주의라는 용어와 동일한 실체를 가리킨다고 이해하는 것이 타당하며, 우리 헌법의 기본 원리도 민주주의 원리라고 이해하는 것이 타당합니다.

둘째, 이론적으로 민주주의와 자유 민주주의는 다릅니다. 민주주의는 다수에 대한 소수의 지배, 국가의 정당성이 국민에게 있는 이념, 국가 형태를 의미하며, 자유 민주주의는 이러한 민주주의와 자유주의의 결합에 의하여 구체화된 이념, 국가 형태를 의미합니다.

셋째, 우리 헌법의 전문과 제4조에 등장하는 '자유 민주적 기본 질서'라는 개념은 헌법 전체의 기본 원리인 민주주의 원리와 밀접하게 연관되지만, 그 자체는 아닙니다. 민주주의 원리는 우리 헌법의 기본 원리를 가리키는 것이고, 자유 민주적 기본 질서는 나치와 같은 전체주의를 배제한다는 것을 내용으로 하는 헌법 보호를 위한 수단적인 맥락에서 형성된 개념으로서 민주주의 원리와 법치주의 원리의 결합에 의하여 구체화된 헌법의 질서 중 하나로 이해해야 합니다.

넷째, 이상과 같은 이유 등으로 현재 우리 헌법학계의 다수 견해는 우리 헌법의 기본 원리로 민주주의 원리라는 용어를 사용하고 있습니다.

다섯째, 우리 헌법의 기본 원리를 자유 민주주의로 이해하는 해석론도 구체적인 내용에서는 이를 민주주의와 동일한 실체로 이해하고 있다고 해석됩니다.

　여섯째, 현대 민주주의는 자유 민주주의와 사회 민주주의를 포괄하며, 대한민국 헌법의 민주주의 원리도 양자의 조합에 기반하고 있습니다. 근대 민주주의는 국민의 자유에 중점을 두는 자유주의적 성격을 가졌습니다. 그러나 19세기 이후에 나타난 사회 문제는 자유주의의 한계를 드러냈습니다. 경제적 자유주의는 부익부 빈익빈 현상을 보여주고, 자본주의 시장 경제가 제대로 작동하지 못했습니다. 이를 극복하기 위하여 복지국가 원리가 주장되었고 수정 자본주의 시장 경제 질서로 변화하였습니다. 따라서 현대 민주주의는 자유 민주주의 요소와 사회 민주주의 요소 모두를 내용으로 합니다.

　일곱째, 대한민국의 정체성은 민주주의 원리뿐만 아니라 법치주의 원리, 복지국가 원리 등을 포괄한 헌법의 기본 원리에서 찾는 것이 타당합니다. 법치주의와 복지국가의 내용이 민주주의의 해석을 통하여 부분적으로 도출될 수 있습니다. 이러한 의미에서 민주주의는 다른 두 개념보다 상대적으로 많은 의미를 담을 수 있는 개념이지요. 그러나 법치주의와 복지국가가 담고 있는 내용을 전적으로 민주주의 해석론에만 맡기는 것은 불완전합니다. 대한민국의 정체성을 이루는 요소들에 대해서 '민주주의 해석론' 측면에서 접근하기보다는 '헌법 해석론' 측면에서 좀더 명시적으로 파악하기 쉬운 법치주의와 복지국가 등과 같은 추가적인 헌법 원리들을 중심으로 대한민국의 국가 정체성을 이해하는 것이 타당합니다.

　결론적으로 「들어가는 글」의 세 번째 사례는 이와 같은 관점에서 판단해야 하지요. 보수냐 진보냐 같은 이념적으로 다툴 쟁점은 결코 아닙니다.

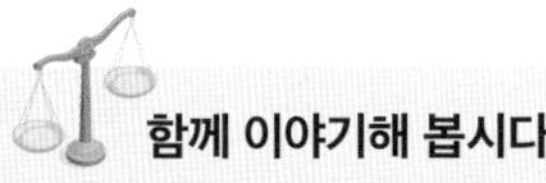

대한민국 헌법 전문을 읽고 다음 물음에 관해 생각해 봅시다.

전문

유구한 역사와 전통에 빛나는 우리 대한국민은 3·1 운동으로 건립된 대한민국 임시 정부의 법통과 불의에 항거한 4·19 민주 이념을 계승하고, 조국의 민주 개혁과 평화적 통일의 사명에 입각하여 정의·인도와 동포애로써 민족의 단결을 공고히 하고, 모든 사회적 폐습과 불의를 타파하며, 자율과 조화를 바탕으로 자유 민주적 기본 질서를 더욱 확고히 하여 정치·경제·사회·문화의 모든 영역에 있어서 각인의 기회를 균등히 하고, 능력을 최고도로 발휘하게 하며, 자유와 권리에 따르는 책임과 의무를 완수하게 하여, 안으로는 국민 생활의 균등한 향상을 기하고 밖으로는 항구적인 세계 평화와 인류 공영에 이바지함으로써 우리들과 우리들의 자손의 안전과 자유와 행복을 영원히 확보할 것을 다짐하면서 1948년 7월 12일에 제정되고 8차에 걸쳐 개정된 헌법을 이제 국회의 의결을 거쳐 국민 투표에 의하여 개정한다.

1. 헌법 전문은 헌법의 본문 앞에 자리한 문장으로, 여기에는 헌법 제정의 역사적 의미와 제정 과정, 제정 목적, 제정권자, 헌법의 가치 등이 담겨 있습니다. 헌법 전문에서 헌법의 기본 원리 여섯 가지가 각각 어떻게 표현되어 있는지 찾아봅시다.

2. 헌법 전문도 성문의 헌법전의 일부를 구성한다는 점에서, 법제처에서 법률의 제정 이유를 개별 법률 본문에 부기하는 것과 달리 헌법으로서 효력이 있습니다. 이와 같은 설명을 참고하여 헌법 전문에 헌법의 기본 원리가 담겨 있는 이유는 무엇인지를 헌법의 기본 원리의 의미와 기능의 관점에서 이야기해 봅시다.

대통령 측근이 나라를 좌우한다고?

박근혜 대통령 탄핵

"피청구인 대통령 박근혜를 파면한다."

우리 헌법은 대통령이 그 직무 집행에 있어서 헌법이나 법률을 위배한 때 국회는 탄핵의 소추를 의결할 수 있고, 헌법재판소는 탄핵을 결정할 수 있도록 규정하고 있습니다(제65조, 제111조).

2017년 3월 10일 헌법재판소는 박근혜 대통령 탄핵 심판에서 위와 같이 결정하였고, 이에 따라 당시 현직 대통령은 그 직을 상실했습니다.[18]

탄핵 제도는 누구도 법 위에 있지 않다는 법치주의 원리를 구현하고 헌법을 보호하기 위한 제도입니다. 국민이 직접 선거에 의해 선출한 대통령을 파면하면 정치적 혼란이 일어날 수 있지만, 헌법과 입헌주의 정치 체계를 지키기 위해 불가피한 일이었습니다.

이 판례에서 헌법재판소는 파면의 논거로 다음과 같은 이유를 제시했습니다.

"피청구인(박근혜 대통령)은 최○원에게 공무상 비밀이 포함된 국정에 관한 문건을 전달했고, 공직자가 아닌 최○원의 의견을 비밀리에 국정 운영에 반영하였다. 피청구인의 이러한 위법 행위는 피청구인이 대통령으로 취임한 때부터 3년 이상 지속되었다. ……대통령은 공무 수행을 투명하게 공개하여 국민의 평가를 받아야 한다. 그런데 피청구인은 최○원의 국정 개입을 허용하면서 이 사실을 철저히 비밀에 부쳤고, 그에 관한 의혹이 제기될 때마다 이를 부인하며 의혹 제기 행위만을 비난하였다. 따라서 권력 분립 원리에 따른 국회 등 헌법 기관에 의한 견제나 언론 등 민간에 의한 감시 장치가 제대로 작동될 수 없었다. 이와 같은 피청구인의 일련의 행위는 대의 민주제의 원리와 법치주의의 정신을 훼손한 것으로서 대통령으로서의 공익 실현 의무를 중대하게 위반한 것이다."

헌법의 기본 원리의 관점에서 보면, 박근혜 대통령은 민주주의 원리와 법치주의 원리에 반하여 국가를 운영하여 헌법을 위배했습니다. 헌법재판소는 민주주의 원리의 한 내용인 대의 민주제에 위배, 법치주의의 한 내용인 권력 분립 원리, 법치 행정 위배를 구체적으로 나열했습니다.

우리는 헌법의 기본 원리가 헌법 전체를 지배하는 지도 원리라는 것을 이미 알고 있지요. 따라서 국회, 대통령을 수반으로 하는 행정부, 법원, 헌법재판소 등 모든 국가 기관은 이 기본 원리에 충실해야 합니다. 그런데 당시 대통령은 그렇지 않았으며, 그 위반의 정도 역시 중대한 것으로 판단되었습니다.

3장

우리의 인권을 지키는 헌법

“상윤아, 너 어디 가니?”

종례가 끝나자 바쁘게 가방을 챙기는 상윤을 보고 하윤이 물었습니다.

“응, 나 드디어 투표하러 간다!”

“얼~ 생일 지났나 보네. 난 아직 나이가 안 되어서 투표 못 하는데. 근데 누구 찍을 거야?”

“음……. 그게 쉽지 않더라고. 지방 자치 단체장 선거랑 의원 선거 등등 투표할 게 여러 개라서 말이야. 그런데 교육감은 정했어.”

“아, 맞다. 이번에 교육감 선거도 하지?”

“그렇더라고. 그래서 투표장에 가면 투표용지를 여러 장 받는다고 하더라.”

“시장이나 의원은 그렇다 쳐도, 학생인 내가 교육 정책을 좌우하는 교육감은 뽑을 수 있어야 하는 것 아니야? 왜 어른들은 모두 교육감 선거를 하는데, 정작 그 정책에 영향을 받는 난 나이가 어리다고 교육감 선거를 할 수 없는 거지?”

“그러게. 네 말을 듣고 보니 그러네.”

나이가 어린 청소년은 왜 선거를 할 수 없을까요? 여러분의 학교 생활에 큰 영향을 미치는 교육감 선거에 여러분이 참여하지 못하는 것은 어떤 기본권과 관련이 있는 걸까요? 이에 대한 하윤의 생각에 여러분은 공감하나요? 3장에서는 헌법이 보장하는 인권인 기본권에 대해 살펴보겠습니다.

헌법이 규정하는 인권
기본권

우리가 사는 세상에는 다양한 사람이 있습니다. 각각의 차이에도 불구하고 모든 인간은 존엄하지요. 이 존엄을 유지하기 위해서는 생명, 신체, 재산 등이 필요합니다. 이러한 것을 얻기 위해서 인간이라면 누구나 누려야 할 권리가 있습니다. 이를 인권(人權, Human Rights)이라고 하지요. 인권 보호는 인간의 존엄을 지키는 기반이 됩니다.

인류가 존재하기 시작하면서부터 인권이 보호되었던 것은 아닙니다. 고대나 중세를 배경으로 하는 영화나 드라마를 보면 노예나 천민이 등장하지요. 이들을 어떻게 대우했는지 모두들 잘 알 것입니다.

인간이라면 누구나 누려야 할 인권이 있다고 생각하고 이것이 실제로 보장되기 시작한 때는 근대에 이르러서입니다. 홉스, 로크, 루소와 같은 근대 자연법 사상가들은 인권을 하늘에서 부여 받은 권리, 즉

'천부 인권'이라 하여 신분의 높고 낮음에 관계없이 인간이라면 누구나 평등하게 보장되어야 한다는 인권 사상을 주장했습니다.

이 사상은 중세와 절대 왕정을 무너뜨리고 근대를 여는 시민 혁명의 원동력이 되었지요. 그 결과 프랑스 혁명 후에 '인간과 시민의 권리 선언', 미국 독립 전쟁 이후 '미국 연방 헌법'의 수정 조항과 같이 인권 보장을 문서로 보장하는 '인권 보장의 문서화'가 추진되었습니다.

⚖ 기본권과 국가 목표 조항의 차이[1]

오늘날 대부분의 민주 국가에서는 헌법에 국민의 기본적인 인권을 규정하여 보장하고 있는데, 이를 기본권이라고 합니다. 헌법에서 규정하여 시민에게 보장하는 권리이지요.

이는 법률에서 규정하여 시민에게 보장하는 권리인 '법률상 권리'와 대비됩니다. 헌법은 법률보다 개정이 어렵기 때문에, 헌법에서 규정하여 보장하는 기본권은 법률상 권리보다 좀더 두텁게 보호하는 효과를 가지고 있습니다.

헌법 제10조부터 제36조까지의 규정 중 읽을 때 구별해서 읽어야 할 조항이 있습니다. 바로 기본권 조항과 국가 목표 조항입니다.

헌법은 교육과 관련하여 "모든 국민은 능력에 따라 균등하게 교육을 받을 권리를 가진다" "국가는 평생 교육을 진흥하여야 한다"라고 규정하고 있습니다(제31조). 또한 인간다운 생활과 관련하여 "모든 국민은 인간다운 생활을 할 권리를 가진다" "국가는 사회 보장·사회 복지의 증진에 노력할 의무를 진다" "국가는 여자의 복지와 권익의 향상을 위하여 노력하여야 한다"라고 규정하고 있습니다(제34조).

이때 "모든 국민은 능력에 따라 균등하게 교육을 받을 권리를 가진다" "모든 국민은 인간다운 생활을 할 권리를 가진다"라는 조항을 기본권 조항이라고 합니다. 반면, "국가는 평생 교육을 진흥하여야 한다" "국가는 사회 보장·사회 복지의 증진에 노력할 의무를 진다" "국가는 여자의 복지와 권익의 향상을 위하여 노력하여야 한다"는 국가 목표 조항이라고 하지요.

이와 같이 기본권 조항은 국가와 시민의 관계를 권리와 의무 관계로 설정합니다. 따라서 시민은 기본권 조항을 근거로 국가에 일정한 행위를 요구할 수 있고, 침해 시 사법부에 구제를 청구할 수 있습니다.

국가 목표 조항이란 국가에게 특정 과제를 지속적으로 이행해야 할 의무를 부과하는 헌법 조항을 말합니다. 국가 목표 조항은 헌법이 설정한 목표를 위해 국가 기관이 계속 방향을 제시하고 그 실현을 위해 노력해야 하지요. 그것이 제대로 실현되는지 사법부가 심사할 수 있습니다.

국가가 국가 목표를 제대로 이행하지 못하면 위헌이라고 판단해야 합니다. 그러나 그것을 구체적으로 어떻게 실현할지는 국가가 광범위한 형성권을 가지므로 사법부의 심사는 한계가 있습니다. 또한 시민은 국가 목표 조항에 대응하는 기본권을 갖지 않습니다. 따라서 그 침해 시 사법부에 구제를 청구할 수 없지요.

헌법을 만드는 사람의 입장에서는 헌법이 보장하려는 이익을 기본권으로 규정할지, 국가 목표 조항으로 규정할지 고민할 필요가 있습니다. 만약 어떤 이익을 기본권으로 규정하면 그것을 보장받지 못한 시민이 헌법 소원을 청구할 수도 있지요. 그러면 헌법재판소는 그 침해 여부를 판단해 주어야 합니다. 그러나 국가 목표 조항으로 규정하면 국가가 설사 그 의무를 다하지 못하더라도 시민이 헌법 소원을 청구할 수는 없습니다. 따라서 헌법재판소는 그 침해 여부를 판단할 필요가 없지요.

그렇다면 어떤 이익을 기본권으로 규정하는 것이 언제나 좋은 것이라고 생각할 수 있습니다. 그러나 만약 인간다운 생활을 위해 국가가 한 달에 얼마의 돈을 지급하는 것이 좋을지와 같이 정책적 고려가 필요한 이익을 기본권으로 규정한다면, 헌법재판소와 같은 사법부가 사회 보장의 수준을 정하게 되는 바람직하지 않은 결과를 초래합니다. 그러면 헌법의 규범력이 약해지고 헌법재판소의 권위가 훼손되는 나쁜 결과를 낳을 수도 있지요.

이는 독일이 바이마르 헌법에서 사회권을 기본권으로 규정하다가 이후 독일 기본법을 제정할 때는 복지국가 원리를 선언하는 방식으로 그 규정 형식을 바꾼 이유이기도 합니다.

🔨 우리 헌법에서 보장하는 기본권

우리 헌법은 헌법 제10조부터 제36조까지에서 기본권을 규정하고 있습니다. 인간의 존엄과 가치 및 행복 추구권(제10조), 평등권(제11조), 신체의 자유(제12조), 거주·이전의 자유(제14조), 직업의 자유(제15조) 등이 그것이지요. 이와 같이 헌법에 나열된 기본권을 '헌법에 명시된 기본권' 또는 '헌법에 열거된 기본권'이라고 합니다.

그러나 인간이 살아가는 데 기본적으로 충족되어야 하는 이익을 헌법이 담지 못하는 경우도 많습니다. 헌법 제정을 하거나 개정하는 실무자의 한계로 그런 경우가 생길 수도 있지요. 또한 사회가 변화하면서 기본권의 형식으로 보호해야 할 정도로 기본적인 이익이 등장할 수도 있는데 그때마다 헌법을 개정하기가 어렵기 때문일 수도 있습니다.

이러한 이유로 우리 헌법은 헌법 해석론을 통해 기본권을 만들 수 있는 가능성을 스스로 열어 놓고 있지요. 헌법 제10조부터 제36조까지 개별적인 기본권을 하나하나 나열한 후 제37조 제1항에 "국민의 자유와 권리는 헌법에 열거되지 아니한 이유로 경시되지 아니한다"라고 규정하고 있는 이유입니다. 우리 헌법학계와 헌법재판소는 '헌법에 명시된 기본권' 외에 헌법 해석을 통해 기본권을 인정하고 있습니다. 이를 '헌법에 열거되지 않은 기본권'이라고 합니다.[2]

헌법재판소가 그동안 헌법 해석을 통하여 인정한 기본권 중 생명권●은 헌법 제정을 하거나 개정하는 과정에서 명시하지 않은 것을 헌법 해석을 통해 인정한 경우이고, 개인 정보 자기 결정권●은 헌법 제·개정 이후 사회 변화로 새롭게 보호해야 할 이익을 헌법 해석을 통해 인정하고 있는 경우라고 할 수 있습니다.

이러한 기본권을 하나하나 꼼꼼하게 파악한다면 정말 좋겠지요. 헌법학계에서는 헌법을 좀더 효과적으로 가르치기 위해 헌법의 여러 기본권을 일정한 '기준'에 따라 체계적으로 분류해 제시하려는 노력을 꾸준히 해 왔습니다.

생명권

인간의 인격적, 육체적 생존에 관한 권리. 대한민국 헌법에서는 명문으로 규정하지는 않지만 제10조 인간과 존엄과 가치에서 도출되는 기본권으로 본다. 생명에 대한 권리가 부정되면 인간의 존엄성을 논하는 것이 무의미하기 때문이다.

개인 정보 자기 결정권

개인이 자신에 관한 개인 정보를 공개할 것인지, 공개한다면 어느 범위에서 할 것인지 등을 자율적으로 판단하고 결정할 수 있는 권리.

이중 가장 일반적인 분류법은 기본권을 '그 성질에 따라' 인간의 존엄과 가치 및 행복 추구권(제10조), 평등권(제11조), 자유권적 기본권(자유권, 제12조~제23조), 참정권적 기본권(참정권, 제24조~제25조), 청구권적 기본권(청구권, 제26조~제30조), 사회권적 기본권(사회권, 제31조~제36조)으로 분류하여 제시하는 것입니다.

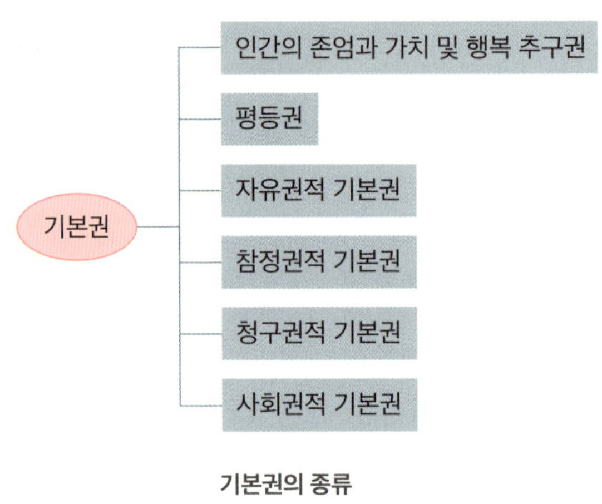

기본권의 종류

기본권의 종류를 하나씩 살펴볼까요? 인간의 존엄과 가치는 우리 헌법이 존재하는 이유이자 최고 가치입니다. 헌법에 명시되지 않은 기본권을 헌법재판소가 해석을 통해 도출할 때 인간의 존엄과 가치 및 행복 추구권을 이용하기도 합니다.

또 우리는 평등권을 통해 다른 시민과 동등하게 대우해 달라고 국가에 요구할 수 있고, 자유권이 있어 국가의 부당한 침해로부터 벗어나 삶을 잘 살 수 있습니다. 참정권을 가진 주권자이기에 정치에 적극적으로 참여할 수 있으며, 우리의 권리를 침해 당했을 때 청구권을 통해 국가에 구제해 달라고 할 수 있습니다. 사회권을 통해 인간 존엄을 유지할 수 있는 최소한의 조건을 국가가 적극 실현해 주기를 요구할 수 있지요.

헌법과 법률의 개정 절차

우리 헌법에 따르면 헌법 개정은 '국회 재적 의원 과반수 또는 대통령의 헌법 개정안 제안 → 제안된 헌법 개정안을 대통령이 20일 이상 공고 → 시민의 대표인 국회의 재적 의원 3분의 2 이상의 찬성 → 국민 투표에 붙여 국회의원 선거권자 과반수의 투표와 투표자 과반수의 찬성에 의한 확정 → 대통령의 공포'라는 절차를 거쳐야 합니다.

반면, 법률은 '국회의원 10인 이상 또는 행정부가 법률안을 제출 → 상임 이사회의 심의·의결 → 국회 본회의에서 재적 의원 과반수의 출석과 출석 의원 과반수의 찬성의 의결 → 대통령의 공포'라는 절차를 거치지요.

이 둘을 비교해 보면 헌법을 개정하기 위해선 국회 재적 의원 과반수의 발의가 필요하며, 국회 통과를 위해서는 재적 의원 3분의 2 이상의 찬성이 필요합니다. 그와 별도로 국민 투표도 필요하지요.

반면 법률을 개정하기 위해서는 10인 이상의 국회의원이면 가능하며, 국회 통과를 위해서는 재적 의원 과반수의 출석과 출석 의원 과반수의 찬성이 필요합니다. 국민 투표와 같은 절차는 필요하지 않지요.

이와 같이 헌법 개정은 법률 개정보다 훨씬 어렵습니다. 우리 헌법과 같이 헌법 개정이 일반적인 법률보다 개정이 어려운 헌법을 '경성 헌법'이라고 합니다.

그러면 무엇을 기본권으로 보호하고, 무엇을 법률상 권리로 보호할까요? 인간이 살아가는 데 기본적으로 충족되어야 하는 이익, 즉 핵심적 이익은 기본권이라는 권리의 형식으로 보호합니다. 반면, 인간이 살아가는 데 충족되어야 할 이익이지만 상대적으로 덜 핵심적인 이익은 법률상 권리의 형식으로 보호하지요.

우리 헌법은 생명권, 직업의 자유, 재산권, 교육 등을 기본권으로 보호합니다. 이는 우리 헌법이 생명, 직업을 얻어 일을 하여 소득을 얻는 것, 재산, 학습을 하고 교육을 받는 것 등을 인간이 살아가는 데 기본적으로 충족되어야 하는 이익으로 파악하고, 이를 보호하기 위해 시민에게 이와 같은 기본권을 부여한 것이라고 이해할 수 있습니다.

헌법재판소는 국민 투표권은 기본권이지만(헌법 제72조, 제130조에서 보장), 주민 투표권은 법률상 권리라고 판단한 바 있습니다(지방 자치법제14조). 따라서 국회에서 지방 자치법을 개정하여 주민 투표권을 없애더라도 이것은 입법 재량권의 범위 내에서 한 행위로 헌법 소원의 대상이 될 수 없습니다.

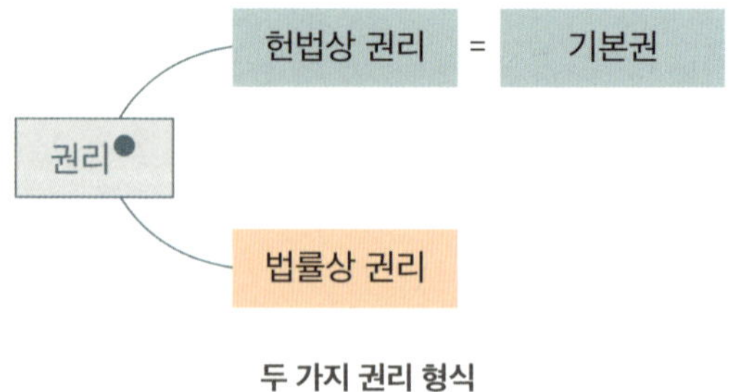

두 가지 권리 형식

　1장에서 이야기한 바와 같이 국가 권력의 구성과 운영은 시민의 기본권을 보장하는 것이 목적이고, 시민의 기본권 보장을 통하여 정당화됩니다.

　한편, 시민은 정치적 공동체인 국가 권력의 구성과 유지를 위하여 정치적, 윤리적 의무를 부담합니다. 이러한 의무 중 반드시 필요한 의무를 선별하여 헌법에 규정하여 시민에게 부과하는 의무를 기본 의무라고 합니다. 기본권에 대응하는 개념이지요. 기본 의무는 법률에서 규정하여 시민에게 부과하는 의무인 법률상 의무와 대비됩니다.

함께 이야기해 봅시다

1. '헌법에 열거되지 않은 기본권'은 누가 언제 결정하는 것일까요?

2. 여러분이 헌법 재판관이라면 어떤 것을 '헌법에 열거되지 않은 기본권'이라고 결정하고 싶은가요?

헌법이 최우선으로 추구하는 것
인간의 존엄과 가치 및 행복 추구권과 평등권

우리 헌법 제10조는 "모든 국민은 인간으로서의 존엄과 가치를 가지며, 행복을 추구할 권리를 가진다"라고 규정하고 있습니다. 인간의 존엄과 가치, 행복 추구권이라는 기본권을 인정하고 있지요.

'인간 존엄'은 우리 헌법의 최고 가치이며 헌법이 있는 이유입니다. 기본권의 관점에서 보면, 기본권 보장의 이념적 기초가 되며 새로운 기본권 도출의 근거가 됩니다.

여기서 말하는 '인간'은 다른 사람과 단절되어 혼자 살아가는 인간도, 공동체의 부속품으로 존재하는 인간도 아닙니다. "공동체 안에서 다른 사람과 더불어 사는, 자기 결정권을 가진 인격체"를 말하지요. 헌법학에서는 이를 헌법이 상정하는 인간상 또는 헌법적 인간상이라고 합니다.

⚖️ 모든 인간은 존엄하다

'존엄'이란, 인간은 인간이라는 이유만으로 소중하고 가치 있는 존재로 인정된다는 의미입니다. 그러므로 인간은 그 자체가 목적이지 공동체나 다른 사람을 위한 수단으로 취급되어서는 안 됩니다.

그러므로 헌법이 인간 존엄을 보호한다는 것은 우리 헌법 질서 내에서 인간의 가치는 다른 가치보다 우선한다는 것, 공동체를 위하여 개인이 존재한다는 전체주의를 받아들이지 않는다는 것, 공동체인 국가도 그 안에 더불어 사는 다른 사람도 개인을 목적으로 대우해야 한다는 것을 의미합니다.

우리는 극악한 범죄를 저지른 사람에 대한 뉴스를 간혹 보곤 합니다. 그럴 때는 '저런 사람도 존엄하다고 할 수 있을까?' 하는 의문이 생기곤 하지요. '스스로 존엄하지 않은 행동을 한 사람은 인간 존엄을 보장할 필요가 없는 것 아닌가?' 하는 의문이 생기기도 합니다. 그러나 '존엄'이란 존엄한 행동을 할 수 있는 가능성이 있고 이러한 가능성만으로 소중하고 가치 있는 존재로 인정된다는 것을 의미합니다. 따라서 극악한 범죄를 저지른 사람도 우리 헌법에서 말한 존엄한 인간이므로 존엄하게 대우해야 합니다.

인간 존엄은 헌법 소송에서는 기본권을 도출하는 근거로 기능합니다. 우리 헌법에서 명시적으로 인정하고 있는 개별 기본권이 보호하지 못하는 이익을 헌법적 차원에서 보호해야 할 필요가 있다고 판단하는 경우, 헌법재판소가 이에 근거하여 새로운 기본권을 도출하지요. 생명권, 인격권, 알 권리 등이 바로 그것입니다.

⚖ 행복을 추구할 수 있는 권리

인간은 존엄한 존재이므로 그러한 인간이 행복을 추구할 수 있도록 국가는 여건을 조성하고 배려해야 합니다. 헌법은 행복이 구체적으로 무엇인지에 관해서는 관심을 두지 않습니다. 그것은 시민 각자가 자기 가치관에 따라 스스로 결정할 문제이기 때문이지요. 이것이 제10조가 '행복권'을 보장하지 않고 '행복 추구권'을 보장하는 이유입니다. 이와 같이 헌법은 조항 곳곳에서 '국가의 중립성'을 전제로 합니다.

국가의 중립성이란 사람이 어떤 삶을 계획하고 어떻게 살아갈 것인지와 같은 인생관, 무엇이 옳고 무엇이 그른지, 무엇을 믿는지와 같은 윤리·종교·정치에 관한 가치관, 개인과 집단의 정체성 등에 있어서 국가가 어느 한쪽 편을 들지 않고 중립적 태도를 취해야 한다는 것입니다.

우리 대법원은 지난 2006년 호적상 여성으로 등록되어 있으나, 성장기부터 여성이 아니라 남성으로 귀속감을 나타내면서 성인이 된 후 성전환 수술을 받아 남성 성기와 신체 외관을 갖춘 사람이 호적을 정정하고 이름을 바꿔 달라는 신청을 한 사건[3]에서, "성전환자도 인간으로서의 존엄과 가치를 향유하며 행복을 추구할 권리와 인간다운 생활을 할 권리가 있고 이러한 권리들은 질서 유지나 공공복리에 반하지 아니하는 한 마땅히 보호받아야 한다"라고 전제한 후 "사회 통념상 남성으로 평가될 수 있는 성전환자에 해당함이 명백하므로 호적 정정 및 개명을 허가할 여지가 충분히 있다"라고 판단한 바 있습니다.

헌법재판소는 행복 추구권도 앞서 서술한 인간의 존엄과 가치와 마찬가지로 새로운 기본권을 도출하는 근거로서 이용하고 있습니다. 즉, 신체의 자유, 거주·이전의 자유, 직업의 자유와 같은 개별 기본권이 보호하지 못하는 이익을 헌법적 차원에서 보호해야 할 필요가 있다고 판단하는 경우, 헌법재판소는 행복 추구권에서 새로운 기본권을 도출합니다.

이렇게 되면 인간의 존엄성과 행복 추구권의 역할 분담이 필요하지요. 헌법재판소는 행복 추구권에서는 국가의 간섭을 배제하는 소극적인 내용의 기본권을 도출하고 있습니다. 사적 자치의 원리, 학생이 과외를 받을 권리, 휴식권 같은 것입니다.

그런데 행복 추구권에서 '행복'이란 사람마다 천차만별인 주관적인 개념이고, 헌법재판소 판례에서 인간의 존엄성에서 도출하는 기본권과 행복 추구권에서 도출하는 기본권 간의 구분 기준이 불분명합니다. 그러므로 행복 추구권에서 새로운 기본권을 도출하는 것은 적절치 않다는 비판을 일부 헌법학자들이 꾸준히 해 오고 있습니다.[4] 이들에 따르면 행복은 사람마다 다르므로 그것을 추구할 수 있는 환경을 국가가 조성하다가는 자칫 개인의 행복을 국가가 재단하는 잘못을 범할 수 있고, 그러한 잘못을 피하기 위해 행복을 재단하지 않으면 그것을 추구할 수 있는 환경을 국가가 조성해야 할 헌법적 의무는 처음부터 달성할 수 없는 것이 되어 버리는 문제가 생긴다는 점입니다.

⚖ 같은 것은 같게, 다른 것은 다르게

초등 교사를 양성하는 교육 대학교에서 검정고시 출신자를 수시 모집에 지원할 수 없도록 하는 것은 가능할까요?[5] 이를 적절히 판단하려면 평등권에 관한 이론을 살펴볼 필요가 있습니다.

‘모두’ 가난한 것은 참을 수 있어도 ‘누구만’ 가난한 것은 참을 수 없다는 말이 있습니다. 우리 시대의 화두인 ‘공정’도 같은 것을 같게 대우해 달라는 요구임을 상기해 보면 불평등과 맞닿아 있지요. 평등권은 이와 같은 요구를 기본권으로 보호합니다.

평등권은 시민이 국가에게 다른 시민과 동등하게 대우해 달라고 요구할 수 있는 권리를 보호하는 기본권입니다. 따라서 다른 기본권과 상호 작용하면서 시민을 보호하며, 다른 기본권이 독자적으로 보호하지 않는 생활 영역에서 시민을 보호하기도 합니다.

우리 헌법은 “모든 국민은 법 앞에 평등하다(제11조)”라고 일반적인 평등권을 부여하고, 여성 근로의 부당한 차별 금지(제32조 제4항)와 혼인과 가족생활에서 양성 평등(제36조 제1항) 등을 규정하고 있습니다.

평등은 같은 것은 같게, 다른 것은 다르게 취급하는 것입니다. 따라서 무엇이 같고 무엇이 다른지 판단이 필요하지요. 이를 판단하는 기준에 관해 헌법재판소는 일반적으로는 ‘자의 금지의 원칙’을 제시하고 있습니다. “같은 것을 자의적으로 다르게 취급하거나 다른 것을 자의적으로 같게 취급하는 것을 금지”한다는 의미이지요. 이 경우 차별 취급에 합리적 이유가 있으면 이는 정당화됩니다.

가령 초등 교사를 양성하는 교육 대학교에서 검정고시 출신자를 수시 모집에 지원할 수 없도록 하는 것이 위헌인지 여부를 판단하는 경우, 초등 교사를 하는 데 검정고시 출신자와 정규 고등학교 과정을 마친 자를 다르게 취급하는 것에 합리적 이유가 있느냐가 판단 기준이 됩니다. 이 차별 취급에 합리적 이유가 있으면 자의적인 게 아니므로 합헌이고, 합리적 이유가 없으면 그것은 자의적이므로 위헌이라고 판단합니다.

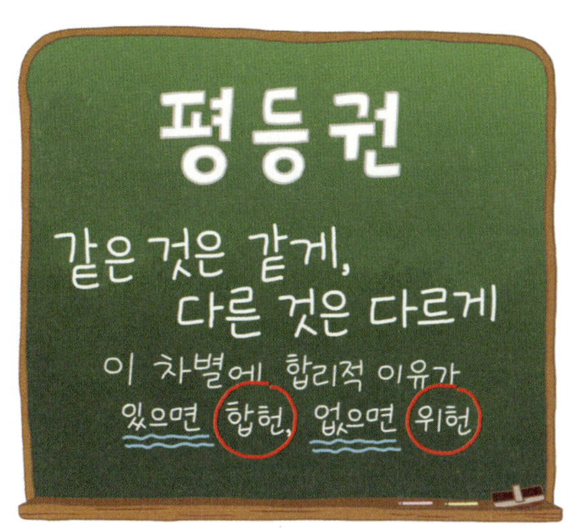

한편, 헌법재판소는 헌법이 스스로 차별을 금지하는 경우와 차별 취급으로 인하여 관련 기본권에 중대한 제한을 초래하게 되는 경우에는 '비례 심사의 원칙'을 제시하고 있습니다. 합리적 이유가 있다는 것만으로는 정당화되지 않고, 차별 취급의 목적과 수단이 엄격한 비례 관계가 있어야 비로소 정당화됩니다.

헌법은 "여자의 근로는 특별한 보호를 받으며, 고용·임금 및 근로 조건에 있어서 부당한 차별을 받지 아니한다(제32조 제4항)"라고 규정하고 있는데, 이것이 바로 헌법재판소가 말하는 "헌법이 스스로 차별을 금지하는 영역"입니다. 이 규정은 노동 영역에서 여자가 남자에 비해 차별을 받아 왔다는 사실에 특별히 주목하여, 헌법에 평등권이 있음에도 불구하고 '콕 찍어서' 추가한 규정이지요.

따라서 입법자는 노동 영역에서 남녀 차별이 발생하지 않도록 특별한 노력을 기울여야 합니다. 그런데 오히려 입법자가 노동 영역에서 남녀 차별을 하는 입법을 한다면 헌법재판소는 이것을 다른 영역에서의 차별 입법보다 엄격한 기준으로 판단해야 합니다. 그러므로 이 영역에서 차별 입법은 '자의 금지의 원칙'보다 엄격한 '비례 심사의 원칙'을 적용하겠다는 것이지요.

헌법재판소는 제대 군인 가산점 제도●가 이러한 경우에 해당한다고 판단해 비례 심사의 원칙을 적용해 심사했고 최종적으로 위헌 결정을 한 바 있습니다.[6] 헌법재판소는 전체 여성 중 극히 일부만 제대 군인에 해당될 수 있는 반면, 대부분의 남자는 제대 군인에 해당하므로 가산점 제도는 실질적으로 성별에 의한 차별이며, 현역 복무를 할 수 있는 신체 건장한 남자와 그렇지 못한 병역 면제 남자를 차별하는 제도라고 보았지요.

따라서 평등권 침해 여부를 판단하는 기준을 고르는 데, 헌법 제32조 제4항이 스스로 차별을 금지하는 영역에 해당해 비례 심사의 원칙을 골랐습니다. 이렇게 판단해 보니 제대 군인에 대해 사회 정책적 지원은 필요하지만, 그것이 사회 공동체의 다른 집단에게 동등하게 보장되어야 할 기회 자체를 박탈하는 일이어서는 안 되는데, 가산점 제도는 여성과 장애인 등 사회적 약자의 희생을 초래하고 있다고 판단했지요. 또한 공무원 채용 시험의 경쟁률이 매우 치열하고 합격선도 평균 80점을 훨씬 넘어 가산점이 당락을 좌우하는 결과를 초래하는 상황이므로 차별 취급의 비례성을 상실했다고 판단했습니다. 이러한 이유로 가산점 제도는 청구인의 평등권을 침해한다고 했지요.

그렇다면 교육 대학교에서 검정고시 출신자를 수시 모집에 지원할 수 없도록 하는 것은 가능할까요? 교육 대학교에서 이와 같은 결정을 한 이유는, 검정고시 출신자는 학교생활 기록부가 없어서 초등학교 교사로서 품성과 자질을 갖추었는지 평가할 자료가 없기 때문이었습니다.

그러나 헌법재판소는 이러한 사유로는 차별이 정당화될 수 없다고 판단했습니다. 정규 고등학교 과정을 마치지 못하였다고 초등 교사로서의 자질을 습득할 수학 능력이 부족하다고 할 수 없고, 오히려 다양한 배경과 경험이 학생 지도에 도움이 될 수 있다고 판시했습니다. 그리고 학교생활 기록부가 없더라도 자기 의견서, 추천서, 교직 적성·인성 검사, 심층 면접 등 다른 방법으로 평가하는 것이 가능하기 때문입니다. 그 결과 헌법재판소는 이 조치가 검정고시 출신자가 균등하게 교육을 받을 권리를 침해한다고 결론지었습니다.

한 가지 덧붙이자면, 헌법재판소는 이 사건에서 자의 금지의 원칙을 심사 기준으로 삼았습니다. 비례 심사의 원칙을 적용할 경우에 해당하지 않는 사례이기 때문이지요.

함께 이야기해 봅시다

1. 자의 금지의 원칙과 비례 심사의 원칙 중 어느 원칙을 적용했을 때 위헌이 될 가능성이 높을까요?
2. 평등은 같은 것은 같게, 다른 것은 다르게 취급하는 것입니다. 그렇다면 같은 사례에서 한국과 미국의 법원은 항상 같은 판단을 할까요?

자유로운 인간을 위하여

자유권과 참정권

고등학교 2학년인 래리는 소셜 미디어에 사진을 올렸다가 모르는 사람이 쓴 댓글 때문에 하루 종일 기분이 좋지 않았습니다. 자신이 누구인지 밝히지 않으면 인터넷 댓글을 달지 못하도록 법으로 제한할 수 있을까요? 이를 적절히 판단하려면 자유권에 관한 이론을 살펴봐야 합니다.

자유란 국가의 간섭을 받지 않고 자유롭게 행위할 수 있는 상태입니다. 이것은 근대 이후 우리가 추구한 가장 중요한 가치 중 하나이지요. 자유권은 시민이 이와 같은 자유를 누릴 수 있도록 헌법이 보호하는 구체적인 권리를 말합니다. 따라서 자유권은 시민이 부당하게 국가의 침해를 받지 않고 삶을 영위하는 것을 보호하는 기본권입니다. 이러한 의미에서 소극적이고 방어적인 성격을 가집니다.

⚖️ 자유롭게 살아갈 권리

시민이 생명·안전·재산 등을 침해하는 국가의 행위로부터 보호 받고자 하는 노력은 영국의 마그나 카르타(1215년) 때부터 있었습니다. 그러므로 비교적 일찍부터 그 보장 체계가 확립되어 기본권 논의의 주변으로 밀려났다가, 제1, 2차 세계 대전과 파시즘, 공산주의, 독재 등을 겪으며 그 중요성이 다시 강조되었지요.

헌법에서 규정한 신체의 자유(제12조), 거주·이전의 자유(제14조), 직업의 자유(제15조), 주거의 자유(제16조), 사생활의 비밀과 자유(제17조), 통신의 비밀과 자유(제18조), 양심의 자유(제19조), 종교의 자유(제20조), 표현의 자유(제21조), 학문·예술의 자유(제22조), 재산권(제23조)이 자유권에 해당합니다.

한때 우리나라에서는 인터넷 포털에서 댓글을 달기 위해서는 사전에 본인 확인 절차를 거쳐야 하는 이른바 '본인 확인제'를 시행한 바 있습니다.

그런데 헌법재판소는 이 본인 확인제가 인터넷 포털에서 익명으로 댓글을 달려고 하는 시민의 익명 표현의 자유와 네이버나 다음 같은 인터넷 포털을 운영하는 운영자의 언론의 자유를 과도하게 침해해 위헌이라고 판단했습니다.[7] 그 결과 지금은 그와 같은 본인 확인 절차가 법으로 강제되지 않지요.

이 결정에서 헌법재판소는 표현의 자유의 한 내용으로 익명 표현의 자유를 인정하고 있습니다. 표현을 하는 데 익명성을 인정하면 여러 이득이 있지요. 우선 자신의 평판이 손상될 일이 없으므로 좀더 실험적인 표현을 하여 개인의 자율성과 자기만족을 증진할 수 있습니다. 자기를

권리를 이해하면 기본권이 보인다고?

권리란 "어떤 **이익**을 **특정한 사람**에게 누릴 수 있도록 해 주기 위해 법이 인정한 힘"입니다. 만약 A가 1억 원을 주고 B의 집을 사는 계약을 체결하였다면, 이 계약으로 A에게는 민법에 따라 B에게 집을 달라고 요구할 수 있는 권리가 생깁니다. 이때 집을 달라고 요구할 수 있는 것이 법에서 인정한 **이익**이고, A는 **특정한 사람**입니다.

이와 같이 A가 B에게 집을 달라고 요구하면 B는 집을 주어야 합니다. 마음이 변했더라도 주어야 하지요. A가 권리를 행사하면 B가 집을 주어야 하는 '의무'를 가집니다. 따라서 의무는 "자기의 의사와 무관하게 부과되는 법적인 구속"이지요. 이 사례에서 본 것처럼 법(률) 관계는 권리와 의무의 관계로 이루어집니다. 이러한 의미에서 법은 권리와 의무로 지은 집이지요.

기본권이란 헌법에서 인정하는 권리입니다. 시민과 국가는 사회 계약을 체결했습니다. 이 계약으로 헌법에 따라 시민은 국가에게 기본권을 보장해 달라고 요구할 수 있는 기본권이 생깁니다. 이때 기본권을 보장해 달라고 요구할 수 있는 것이 헌법에서 인정한 **이익**이고 시민이 **특정한 사람**입니다.

이를 직업의 자유(제15조)에 적용해 설명하면, 직업의 자유는 사람이 사는 데 필요한 소득을 얻고 자아실현을 하기 위한 일자리를 선택하고 이를 계속 수행할 수 있는 **이익**을 **시민**에게 누릴 수 있도록 해 주기 위해 헌법이 인정한 힘입니다.

드러내면 생기게 되는 편견과 선입견을 없앨 수도 있지요. 이와 같은 면은 공동체에도 이득이 될 수 있습니다. 소수자나 탄압 받는 집단은 익명으로 억압적인 국가 권력에 대해 비판할 수 있고, 시장에 좀더 다양하고 풍부한 사상이 나와 민주주의를 발전시킬 수도 있지요.

반면 사이버 공간에서 익명성은 쉽게 만나고 헤어지는 관계를 조장하여 사회적 신뢰를 저하시킬 수 있습니다. 익명성은 평판이 형성되는 과정을 방해해 공익을 저해하기도 하지요. 거짓말과 타인에 대한 기망을 조장할 수 있습니다. 요컨대, 익명성은 행위자의 책임 의식을 저하시켜 여러 가지 부작용을 유발할 수 있습니다.

그러므로 익명 표현의 자유와 그 반대편에 있는 국가 안전 보장, 질서 유지, 공공 복리와 타인의 명예권, 사생활의 비밀과 자유, 개인 정보 자기 결정권과 같은 공익과 사익은 '섬세한 균형'을 이루어야 합니다.

이러한 제도 중 하나가 추적 가능한 익명성을 법적으로 강제하는 방법입니다. 추적 가능성이란 익명이나 가명을 쓴 행위자의 행위가 법적인 문제가 되었을 때 당해 행위자를 찾아갈 수 있는 가능성을 의미합니다. 제한적 본인 확인 제도도 이러한 방법 중 하나로 고안된 것이라고 이해할 수 있지요.

다른 방법도 있습니다. 인터넷에 접속하는 모든 컴퓨터에는 인터넷 프로토콜 주소가 부여되어 본인 확인제보다는 추적이 어렵더라도 추적이 가능한 기술적 구조를 갖추고 있습니다. 나아가 컴퓨터에 소프트웨어를 설치하면 컴퓨터의 추적은 물론, 컴퓨터에서 어느 사이트에 접속하여 어떠한 정보를 탐색했는지까지를 상세하게 알아낼 수 있습니다.

이와 같이 표현의 자유도 자유권 중 하나입니다. 앞서 말했듯 자유권은 시민이 국가로부터 부당한 침해를 받지 않고 삶을 잘 살 수 있도록 보호하므로, 소극적이고 방어적이라는 특징이 있습니다. 표현의 자유는 타인의 명예권과 같은 사익, 공공 복리 등 공익을 침해할 소지가 많으므로, 국가는 이들이 조화될 수 있도록 해야 합니다.

자유권을 개별 기본권이 보호하는 영역별로 나누어 보면 인신, 사생활, 정신, 경제 등이 있습니다. '인신'이란 사람의 생명과 신체를 말합니다. 사람에게 자신의 생명과 신체의 완전성, 신체 활동의 자유는 가장 기본적인 이익이지요. 현행 헌법상 인신의 자유를 보호하기 위한 기본권은 신체의 자유, 형사 피의자와 형사 피고인의 권리(제12조, 제13조)가 있습니다. 생명권과 신체를 훼손 당하지 않을 권리도 헌법 해석을 통해 인정하고 있지요.

사생활의 자유를 보호하는 기본권은 우리가 회사, 학교 등에서 공적 생활을 하고 돌아와서 가정에서 자율적으로 생활할 수 있도록 공간과 내용을 보호하는 기본권입니다.

나만의 정신세계를 가지고 이를 외부로 표현하는 일은 인간 존엄과 행복 추구를 위해 반드시 필요합니다. 이러한 이유로 우리 헌법은 양심의 자유(제19조), 종교의 자유(제20조), 표현의 자유(제21조), 학문·예술의 자유(제22조)를 보호합니다.

마지막으로 자본주의에서 인간이 살기 위해서는 경제적인 자유가 필요합니다. 이를 위해서 헌법은 직업의 자유(제16조), 직업의 자유를 누리기 위한 전제가 되는 거주·이전의 자유(제14조), 직업을 통해 번 소득을 보유할 수 있는 재산권(제23조)을 보호하지요.

「들어가는 글」의 두 번째 사례에서 치국의 이야기를 돌이켜 봅시다. 이것은 "○○ 지역 학교에서 학생들의 교복에 명찰을 고정하여 부착하도록 하고 있는데, 이로 인해 학교 밖에서까지 학생 본인의 이름이 공개되고 있으니 시정해 주기 바란다"라며 2009년에 국가 인권 위원회에 진정된 사건입니다.

국가 인권 위원회는 이 사건을 조사한 후 학교 측이 교복에 명찰을 고정해 부착하도록 하여 학교 밖에서 다수 일반인에게 이름이 노출되도록 하는 것은 개인 정보 자기 결정권, 사생활의 비밀과 자유를 지나치게 제한하고 범죄에 노출될 우려도 있다고 판단했습니다. 그래서 교육부와 전국 시·도 교육청에 이와 같은 관행이 개선되도록 각급 학교를 지도·감독하도록 권고했지요. 해당 학교에는 이를 개선하도록 권고했습니다.[8]

⚖️ 정치에 참여할 수 있는 권리

17세 청소년에게 대통령이나 국회의원 선거를 할 수 있는 권리를 행사할 수 없도록 법으로 제한할 수 있을까요? 이를 적절히 판단하기 위해 참정권에 관한 이론을 살펴보도록 합시다.

참정권은 시민이 국가 기관의 구성과 운영에 참여할 수 있는 권리입니다. 주권자로서 국민이 국가의 정치 과정에 적극적으로 참여할 수 있는 권리라는 점에서 능동적인 기본권이지요. 정치적 기본권인 참정권은 헌법의 기본 원리 중 민주주의 원리와 직접적으로 연관됩니다. 선거권(제24조), 공무 담임권(제25조), 정당의 자유(제8조), 국민 투표권(제72조와 제130조)이 여기에 속합니다.

미국 연방 헌법과 프랑스의 '인간과 시민의 권리 선언'에는 선거권에 관한 명시적인 규정이 없었습니다. 그 결과 법률로 규정되었는데, 그 내용은 재산을 가진 백인 남성이 선거권을 갖는 것이었지요. 따라서 공동체의 다수인 노동자, 농민, 여성, 흑인은 여전히 선거권을 갖지 못했습니다. 선거권을 인정받지 못하면 공동체의 논의에 자신의 목소리를 담지 못합니다. 선거권은 공동체에서 자신의 자유와 권리, 몫을 요구하는 전제가 되니까요.

선거권을 인정받지 못한 사람들은 이를 인정받기 위해 투쟁했습니다. 1830년대 후반, 영국의 노동자들은 차티스트 운동을 통해 자신들에게도 선거권을 줄 것을 호소했지요. 보통 선거 원칙에 충실할 것을 요구했습니다.

한편, 19세기 중반부터 미국과 영국을 중심으로 흑인과 여성들이 선거권을 요구하는 운동을 전개했습니다. 2016년에 개봉한 영화 〈서프러제트〉는 당시의 상황을 잘 보여 줍니다. 20세기 초 영국에서 세탁 공장 노동자로 일하는 모드 와츠는 아내와 엄마로서 평범한 삶을 살던 중, 의회에서 여성 노동자의 삶을 증언한 것을 계기로 여성 선거권을 요구하는 운동에 관심을 가지게 됩니다. "집마다 여자가 있어. 인류의 반은 여자야. 우리 모두를 막을 순 없어. 우린 이길 거야." 이 말처럼 영화는 그녀가 여성 참정권 운동을 하며 겪는 많은 일을 보여 줍니다.

2015년에 개봉한 영화 〈셀마〉는 1965년 미국에서 있었던 흑인 선거권의 현황과 그에 대응한 운동을 다루었습니다. 이와 같은 운동의 결과 20세기 중반 이후 세계 각국에서는 신분, 인종, 성별을 가리지 않고 누구에게나 선거권을 인정하는 보통 선거제가 정착되었지요.

우리 헌법의 경우, 1948년 제헌 당시에는 선거법에서 21세 이상의 모든 국민에게 선거권을 인정했습니다. 1960년 제3차 개정 헌법부터 1987년까지는 헌법에서 직접 20세 이상으로 문턱을 낮추었지요. 현행 제9차 개정 헌법에서는 선거권 연령을 직접 규정하지 않고 선거법에서 규정하도록 하였으며, 2005년부터는 19세 이상에게, 2020년부터는 18세 이상에게 선거권을 부여했습니다. 또한, 헌법에서 대통령은 40세 이상으로, 국회의원과 지방 의원 등은 법률에서 18세 이상으로 피선거권●을 규정하고 있지요.

그렇다면 연령에 따른 선거권과 피선거권 제한은 헌법에서 어떻게 다루고 있을까요? 우리 헌법에서 보장하는 기본권을 누릴 수 있는 능력을 '기본권 능력'이라고 합니다. 헌법학계와 헌법재판소는 대한민국의 국적을 가진 사람은 물론이고, 국적이 없는 외국인도 일정한 경우 기본권 능력을 인정합니다.

이 기본권 능력을 가진 사람이 기본권을 구체적으로 행사할 수 있는 능력을 '기본권의 행사 능력'이라고 합니다. 기본권 능력을 가진 사람이라도 기본권을 행사하는 데 적절한 능력이 없는 사람에게 그 행사를 인정하지 않는 것을 정당화하기 위한 개념이지요.

우리 헌법은 대통령을 하기 위해서는 40세 이상일 것을 요구합니다(제67조 제4항). 또 헌법은 선거권과 국회의원 피선거권의 행사 능력은 국회에서 법률로 정하도록 규정하고 있습니다. 그 결과 현행 공직 선거법은 18세 이상의 자에게 선거권과 국회의원 피선거권을 주고 있지요.

현행 우리 법은 지방 의회 의원, 지방 자치 단체장, 교육감 선거에서 18세 이상 시민에게만 선거권을 부여하고 있습니다. 그런데 이것

피선거권
선거에 후보로 등록하여 출마할 수 있는 참정권.

을 정당화하려면 기본권 능력을 가진 사람이라도 선거권을 행사하는 데 적절한 능력이 없는 사람에게는 그 행사를 인정하지 않는 것을 정당화할 수 있어야 합니다.

여러 교육감 후보 중 교육을 위해 일을 잘할 사람인가를 판단할 능력이 고등학생에게 있을까요? 또한 교육 정책에 가장 큰 영향을 받는 학생을 대부분 배제하고 교육감 선거를 하는 것이 민주주의 관점에서 정당할까요? 이에 대해서는 6장에서 좀더 깊이 생각해 봅시다.

함께 이야기해 봅시다

1. 미국이 표현의 자유를 매우 중요하게 생각하는 이유는 무엇일까요?

2. 우리는 제헌 헌법 때부터 21세의 모든 시민에게 선거권을 인정했습니다. 이와 같이 우리가 투쟁 없이도 보통·평등 선거권을 얻을 수 있었던 이유는 무엇이며 어떤 장단점이 있을까요?

국가에 적극적으로 요구하다

청구권과 사회권

국가가 시민에게 불법 행위를 하면 이를 배상해야 합니다. 이를 '국가 배상'이라고 하지요. 시민이 국가 배상을 청구하면 국가는 '국가 배상 심의회'라는 곳에서 얼마를 배상한다고 결정하고 시민이 동의 여부를 결정하도록 하고 있습니다. 시민이 동의하면 그에 대한 분쟁을 법원에 청구할 수 없도록 법에 규정하고 있고요. 이렇게 하는 것이 적절한지를 알아볼까요?

우선 청구권에 관한 이론을 살펴보겠습니다. 청구권은 국민이 국가에 특정한 행위를 적극적으로 요구하거나 권리를 침해 당했을 때 국가에 대하여 이를 구제해 달라고 청구할 수 있는 기본권입니다. 자유권, 참정권, 사회권, 평등권 등 권리를 침해 당했을 때 이 청구권을 통하여 국가의 구제를 받을 수 있지요.

이러한 의미에서 청구권은 기본권 보호를 위한 수단적이고 절차적인 성격을 가지는 기본권이라고 할 수 있습니다. 기본권 중 청원권(제26조), 재판 청구권(제27조), 형사 보상 청구권(제28조), 국가 배상 청구권(제29조), 범죄 피해자 구조 청구권(제30조)이 여기에 속합니다.

⚖️ 국가에 구제를 요구할 수 있는 권리

국가 배상법 재판 제한 사건[9]은 재판 청구권을 침해하는 것일까요? 헌법재판소는 그렇다고 판단했습니다.

국가 배상법은 국가 배상 심의회의 결정에 대해 시민이 동의하면 그것을 재판상 화해가 성립한 것으로 보아 법원에 분쟁을 제기할 수 없도록 한 목적을 분쟁의 신속한 해결, 배상 결정에 안정성 부여, 국고 손실을 경감하는 것이라 판단했습니다.

이러한 목적을 달성하기 위해 선택한 수단인 법원에 분쟁을 제기할 수 없도록 한 것은 과잉 금지 원칙을 위반하여 국민의 재판 청구권을 침해한다고 판단한 것이지요. 심의회의 결정이 법원의 사법 절차와 비교해 독립성, 신중성이 부족하고 그 결정액도 법원의 배상액에 비해 작은 것이 일반적인데, 이것을 보완이 아니라 대체하는 것은 지나치다는 것이었습니다.

또한 심의회라는 행정권이 법원의 사법권을 실질적으로 대신하는 것은 권력 분립의 취지에도 반하는 것으로 판단했지요.

⚖ 복지국가와 밀접하게 연관된 권리

장애인의 이동권 확장을 위해 저상 버스 도입을 요구한 사례에서 시민 단체는 장애인의 권리를 침해한다며 보건 복지부 장관을 상대로 헌법 소원 심판을 청구했는데, 헌법재판소는 이것이 장애인의 권리를 침해한 것이 아니라고 판단했습니다. 왜 그랬을까요? 이에 대해 더 잘 이해하려면 사회권에 관한 이론을 좀더 알아봐야 합니다.

사회권은 헌법이 설정한 상황을 국가가 실현하도록 적극적인 행위를 요구하는 것을 보호하는 기본권입니다. 근대 초기에는 시민의 생명과 안전, 재산을 보호하기 위해 국가가 소극적인 질서 유지 기능만을 충실히 하고, 시민의 사적 자치를 보호하면 이상적인 사회가 될 것이라고 가정했습니다. 그러나 시간이 지남에 따라 저임금, 실업, 소년 노동, 가난, 질병, 독과점, 미흡한 소비자 보호 등 다양한 사회 문제가 발생하여 이상적인 사회와 점차 멀어졌지요. 역사는 이와 같은 사회 문제는 이른바 '보이지 않는 손'이 조절하지 못한다는 사실을 보여 주었습니다.

이에 인공적으로 시장 경제 원칙을 보완하여 사회 문제를 해결해야 한다는 사회적 요구가 일어났습니다. 이를 위해서는 국가가 소극적인 질서 유지 기능을 넘어 적극적인 급부● 기능을 수행해야 한다는 사상도 싹텄지요. 사회권은 이러한 복지국가 사상을 국민의 기본권으로 명시한 결과입니다. 헌법의 기본 원리 중 복지국가 원리와 밀접한 연관을 가지고 있지요.

기본권 중 교육 기본권(제31조), 근로의 권리(제32조), 노동 3권(제33조), 인간다운 생활을 할

급부
재물 따위를 내어 주는 것.

권리(제34조), 환경권(제35조), 혼인과 가족생활의 보호·보건권(제36조)
이 여기에 속합니다.

보건 복지부 장관의 저상 버스 미도입 사건에서 헌법재판소는 그 행위가 장애인의 권리를 침해하지 않는다고 판단했습니다. 그러면서 사회적 기본권은 입법 과정이나 정책 결정 과정에서 사회적 기본권에 규정된 국가 목표의 무조건적인 최우선적 배려가 아니라 적절한 고려를 요청하는 것이고, 이러한 의미에서 사회적 기본권은, 국가의 모든 의사 결정 과정에서 사회적 기본권이 담고 있는 국가 목표를 고려해야 할 국가의 의무를 의미한다고 판단했습니다.

따라서 사회적 기본권이 있다는 것이 장애인의 복지를 향상해야 할 국가의 의무가 다른 다양한 국가 과제에 대해 최우선적인 배려를 요청할 수 없을 뿐 아니라, 헌법 규범으로부터는 '장애인을 위한 저상 버스의 도입'과 같은 구체적인 국가의 행위 의무를 도출할 수 없으므로 이 청구를 각하했지요.

함께 이야기해 봅시다

1. 기본권 행사 능력, 선거권, 피선거권, 법관 직업을 수행할 권리의 의미에 대해 알아봅시다.
2. 18세 이상의 시민에게만 선거권과 국회의원 피선거권을 주거나, 65세가 되면 법관에서 퇴직해야 하도록 규정한 것은 타당한 것일까요?
3. 친구들은 이에 대해 어떻게 생각하는지 물어보고, 그 적절성에 관해 토론해 봅시다. 이 쟁점에 대해 내 생각은 다른 사람과 같나요? 다르다면 왜 다른가요?

5

기본권 제한이 필요하다면

우리 모두는 다른 사람과 더불어 사는 사회적 존재입니다. 따라서 기본권이라도 공존을 위해 제한되어야 할 때가 있습니다. 그러나 국가가 아무런 조건 없이 기본권을 제한할 수 있도록 허용해서는 안 됩니다. 그 순간 시민의 기본권 보장이라는 헌법의 목적은 달성할 수 없기 때문이지요.

우리 헌법은 "국민의 모든 자유와 권리는 국가 안전 보장·질서 유지 또는 공공복리를 위하여 필요한 경우에 한하여 법률로써 제한할 수 있으며, 제한하는 경우에도 자유와 권리의 본질적인 내용을 침해할 수 없다(제37조 제2항)"라고 규정하여 '제한의 요건과 그 한계를 명시'하고 있습니다.

⚖️ 기본권 제한을 위한 세 가지 요건

국가가 기본권을 제한하려면 국가 안전 보장·질서 유지 또는 공공 복리라는 공익을 위해 제한해야 하고(목적 요건), 시민의 대표가 만든 법률이라는 법 형식에 의해야 하며(형식 요건), 목적을 달성하기 위해 선택한 수단이 적합하고, 제한 받는 국민의 법익을 최소로 침해하며, 달성하려고 하는 공익이 침해되는 사익보다 커야 합니다(과잉 금지 원칙). 이 세 가지 요건을 충족하는 경우에도 '기본권의 본질적인 내용'을 침해하면 안 됩니다. 국가가 기본권을 제한할 때 이런 요건과 한계를 준수한다면 정당한 기본권 제한에 해당됩니다. 그렇지 못하면 부당한 기본권 제한이며, 우리는 이것을 '기본권 침해'라고 합니다.

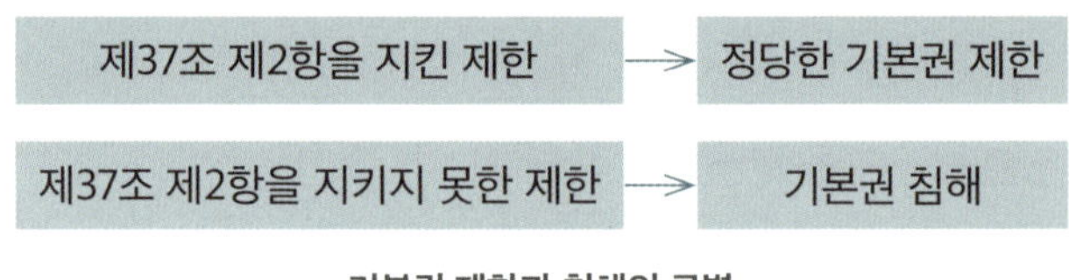

기본권 제한과 침해의 구별

국가가 기본권을 제한하는 법을 만들거나 행정 행위를 하는 경우 그 정당성을 판단하는 핵심 기준은 과잉 금지 원칙입니다. 국가 기관에 속한 공무원이 한 행위가 그 목적이 정당하지 않거나, '법률'이라는 형식을 지키지 않거나 못하는 경우는 별로 없기 때문이지요. 따라서 기본권 제한이 정당한지 여부를 판단하는 많은 사례는 과잉 금지 원칙에 초점이 맞추어져 있습니다.

과잉 금지 원칙은 기본권 제한을 통하여 달성하려고 하는 목적을 위해 선택한 수단이 지나치지 말아야 한다는 원칙입니다. 즉 목적과 수단의 관계를 검토하는 것이지요. "참새를 잡기 위해 대포를 쏘지 말라"라는 표현은 과잉 금지 원칙의 본질을 잘 드러냅니다. 새총만으로도 충분하니까요! 그런데도 '오버'를 해서 대포를 쐈다면 과잉 금지 원칙에 위반되었다고 판단하는 것이지요.

결국 과잉 금지 원칙은 목적(참새를 잡는 것)을 달성하기 위해 적당한 수단(새총을 쏘는 것)을 사용해야지, 지나친 수단(대포를 쏘는 것)을 쓰면 국가 기관이 위헌 수단을 선택했다고 비난하는 것입니다.

과잉 금지 원칙은 네 가지 세부 원칙으로 구성됩니다. 당해 기본권 제한 조치를 통해 달성하려고 하는 목적이 정당하고(목적의 정당성), 그 조치를 달성하기 위해 선택한 수단이 적합하고(수단의 적합성), 제한 받는 국민의 법익을 최소로 침해하며(침해의 최소성), 달성하려고 하는 공익이 침해되는 사익보다 커야 합니다(법익의 균형성). 이중 어느 하나라도 충족하지 못하면 과잉 금지 원칙에 위배되어 위헌입니다.

131쪽에서 자유권을 살펴보면서 소개한 인터넷 실명제 사건을 다시 볼까요? 인터넷에 댓글을 달기 전 본인 확인 절차를 거쳐야 하는 '본인 확인제'를 두고, 헌법재판소는 이 본인 확인제를 규정한 '정보 통신망 이용 촉진 및 정보 보호 등에 관한 법률(이하 정보 통신망법)'의 조항들이 과잉 금지 원칙에 위배되는지 여부를 판단했습니다.

우선 헌법재판소는 이 본인 확인제가 인터넷상의 언어 폭력, 명예 훼손, 불법 정보의 유통 등을 방지하기 위해 게시판 이용자가 그와 같은 정보를 게시할 경우에는 본인 확인을 통해 형사 처벌하고 손해 배상 책임을 부담할 수도 있어 게시판을 책임 있는 공론의 장이 되도록 유도하여 건전한 인터넷 문화를 조성하기 위한 것이므로 목적이 정당하고 그 목적을 달성하기 위한 적합한 수단이라고 판단했습니다.

그러나 정보 통신망법의 조항들이 표방하는 건전한 인터넷 문화의 조성 등 입법 목적이, 인터넷 주소 추적 및 확인, 당해 정보의 삭제·임시 조치, 손해 배상, 형사 처벌 등 인터넷 이용자의 표현의 자유나 개인 정보 자기 결정권을 제약하지 않는 다른 수단에 의해서도 충분히 달성할 수 있음에도, 인터넷의 특성을 고려하지 않은 채 본인 확인제의 적용 범위를 광범위하게 정하여 법 집행자에게 자의적인 집행의 여지를 부여하고, 목적 달성에 필요한 범위를 넘는 과도한 기본권 제한을 하고 있으므로 침해의 최소성이 인정되지 않는다고 판단했습니다.

또한 이 조항이 국내 인터넷 이용자의 해외 사이트 도피, 국내 사업자와 해외 사업자 사이의 차별, 자의적 법 집행의 시비 문제를 발생시키고 있고, 나아가 본인 확인제 시행 이후 명예 훼손, 모욕, 비방의 정보의 게시가 표현의 자유의 사전 제한을 정당화할 정도로 의미 있게 감소했다는 증거를 찾아볼 수 없다고 보았습니다. 더불어 게시판 이용자의 표현의 자유를 사전에 제한하여 의사 표현 자체를 위축시킴으로써 자유로운 여론의 형성을 방해하고, 본인 확인제의 적용을 받지 않는 정보 통신망상의 새로운 의사 소통 수단과 경쟁해야 하는 게시판 운영자에게 업무상 불리한 제한을 가할 뿐 아니라, 게시판 이용자의 개인 정보가 외부로 유출되거나 부당하게 이용될 가능성이 증가하게 되었다고 보았습니다. 이러한 인터넷 게시판 이용자 및 정보 통신 서비스 제공자의 불이익은 본인 확인제가 달성하려는 공익보다 결코 더 작다고 할 수 없으므로, 법익의 균형성도 인정되지 않는다고 판단했습니다.

따라서 본인 확인제를 규율하고 있는 대상 조항은 과잉 금지 원칙에 위배하여 이용자의 표현의 자유와 개인 정보 자기 결정권, 게시판 운영자의 언론의 자유를 침해한다고 판단했습니다.[10]

⚖️ 기본권 제한의 한계

기본권 제한의 요건을 충족했다고 늘 합헌인 것은 아닙니다. 헌법은 이 경우에도 기본권의 본질적인 내용을 침해할 수 없다는 한계를 명시하고 있습니다(제37조 제2항). 따라서 제한으로 인해 시민에게 그 기본권을 인정한 의미가 없어진다면 기본권의 본질적인 내용을 침해하는 것이므로 허용될 수 없습니다.

헌법재판소는 저당권자가 그 권리의 목적물인 부동산으로부터 거의 또는 전혀 변제를 받지 못하게 되는 경우에는, 저당권●의 본질적 내용을 이루는 우선 변제 수령권●이 껍데기만 남게 되므로 저당권을 침해할 소지가 있다고 결정했습니다.[11] 재산권이 침해될 소지가 있다는 것이지요.

함께 이야기해 봅시다

1. 시민의 기본권이 정말 중요하다면 제한하지 않는 것이 타당하지 않을까요? 시민의 기본권을 제한할 수밖에 없는 이유는 무엇일까요?

2. 헌법은 "국가 안전 보장, 질서 유지, 공공복리를 위하여" 기본권 제한을 인정하고 있습니다. A의 명예권 보호를 위해 B의 표현의 자유를 제한하는 것처럼, 시민의 기본권 보장을 위해 또 다른 시민의 기본권을 제한하는 것은 헌법에서 정당화될 수 없는 걸까요?

수형자에게 필요한 최소한의 공간은?

구치소의 칼잠 판례[12]

여기 한 사람이 있습니다. 그는 업무 방해죄로 기소되어 벌금 70만 원과, 위 벌금을 납입하지 않는 경우 노역장에 유치한다는 판결을 선고 받았습니다. 그는 벌금을 낼 수 없어 노역장에 유치되었지요. 약 열흘 간 ○○ 구치소에 수용되었는데, 그가 수용된 방은 너무 좁아 1인당 실제 개인 사용 가능 면적은 2일 16시간 동안에는 1.06제곱미터, 6일 5시간 동안에는 1.27제곱미터였습니다. 그는 이와 같이 좁은 방에 자신을 수용한 행위가 자기 기본권을 침해한다고 주장하며 헌법 소원을 청구했습니다. 이에 대해 헌법재판소는 다음과 같은 취지로 판시했습니다.

인간의 존엄과 가치는 모든 인간을 그 자체로서 목적으로 존중할 것을 요구하고, 인간을 다른 목적을 위한 단순한 수단으로 취급하는 것을 허용하지 않는다. 이는 특히 국가의 형벌권 행사에 있어 매우 중요한 의미를 가진다. 국가의 형벌권 행사는 공동체의 질서를 유지함으로써 인간의 존엄과 가치를 보호하기 위한 것이기도 하지만, 동시에 그 대상이 되는 피의자·피고인·수형자의 인간의 존엄과 가치에 대한 위협이 될 수도 있기 때문이다. 인간의 존엄과 가치는 국가가 형벌권을 행사함에 있어서 피의자·피고인·수형자를 다른 모든 사람과 마찬가지로 존엄과 가치를 가지는 인간으로 대우할 것을 요구한다.

수형자가 인간 생존의 기본 조건이 박탈된 교정 시설에 수용되어 인간의 존엄과 가치를 침해 당하였는지 여부를 판단함에 있어서는 1인당 수용 면적뿐만 아니라 수형자 수와 수용 거실 현황 등 수용 시설 전반의 운영 실태와 수형자들의 생활 여건, 수용 기간, 접견 및 운동 기타 편의 제공 여부, 수용에 소요되는 비용, 국가 예산의 문제 등 제반 사정을 종합적으로 고려할 필요가 있다. 그러나 교정 시설 내에 수형자가 인간다운 생활을 할 수 있는 최소한의 공간을 확보하는 것은 교정의 최종 목적인 재사회화를 달성하기 위한 가장 기본적인 조건이므로, 교정 시설의 1인당 수용 면적이 수형자의 인간으로서의 기본 욕구에 따른 생활조차 어렵게 할 만큼 지나치게 협소하다면, 이는 그 자체로 국가 형벌권 행사의 한계를 넘어 수형자의 인간의 존엄과 가치를 침해하는 것이다.

이 사건의 경우 성인 남성인 청구인이 이 사건 방실에 수용된 기간 동안 1인당 실제 개인 사용 가능 면적은, 2일 16시간 동안에는 1.06제곱미터, 6일 5시간 동안에는 1.27제곱미터였다. 이러한 1인당 수용 면적은 우리나라 성인 남성의 평균 신장인 174센티미터인 사람이 팔다리를 마음껏 뻗기 어렵고, 모로 누워 '칼잠'을 자야 할 정도로 매우 협소한 것이다. 그렇다면 청구인이 이 사건 방실에 수용된 기간, 접견 및 운동으로 이 사건 방실 밖에서 보낸 시간 등 제반 사정을 참작하여 보더라도, 청구인은 이 사건 방실에서 신체적·정신적 건강이 악화되거나 인격체로서의 기본 활동에 필요한 조건을 박탈당하는 등 극심한 고통을 경험하였을 가능성이 크다. 따라서 청구인이 인간으로서 최소한의 품위를 유지할 수 없을 정도로 과밀한 공간에서 이루어진 이 사건 수용 행위는 청구인의 인간으로서의 존엄과 가치를 침해한다.

이 판례를 보면 헌법재판소의 판단은 우리의 인권 감수성과 매우 밀접하게 연관되어 있음을 알 수 있습니다. 여러분이 어떤 상황에서 인권을 침해 당했다고 느꼈다면, 주저하지 말고 말해 봅시다. 헌법재판소의 판단도 여러분과 같을 수 있으니까요.

4장

헌법을 보면 나라가 보인다

새 학기를 맞은 ○○ 고등학교에서는 학생회 구성을 위한 회의가 한창입니다. 선거에 의해 학생회장으로 선출된 상윤이 임원을 구성하는 회의를 진행하고 있습니다.

"올해는 개교 50주년 기념 행사가 있을 예정입니다. 우리 학생회도 행사 프로그램을 하나 운영하려면, 학생회에 배정된 예산을 관리할 재무부장이 있어야 합니다. 재무부장으로서 성실하게 일할 친구를 추천해 주세요."

그러자 상윤의 같은 반 친구 성철이 말했습니다.

"저는 상윤이를 추천합니다. 리더십이 있을 뿐 아니라 돈 관리도 잘할 것 같고 믿음직하니까요."

그 말을 들은 하윤이 반대 의견을 발표했습니다.

"상윤이는 이미 학생회장이잖아요. 학생회장이 재무부장까지 맡으면 안 되지 않아요?"

그러자 성철은 하윤의 의견에 반박했습니다.

"뭐, 어떤가요? 학생회장이 그 일을 잘할 수 있는 능력을 가진 사람이면, 부회장도 재무부장도 모두 한 사람이 해도 되는 것 아닌가요?"

성철의 말을 들은 학생들은 '어, 그래도 되나?' 하는 표정으로 서로를 쳐다보았습니다.

자, 여러분은 누구의 말에 따라야 한다고 생각하나요? 위의 상황에서 어떻게 판단하면 좋을지 그 실마리를 찾기 위해 4장에서는 우리 헌법이 국가기관을 어떻게 구성하고 운영하는지 살펴보겠습니다.

인권 보장을 위해 권력을 나누자

권력 분립 원리

근대 이전에는 국가의 의사를 결정할 수 있는 권한인 주권이 왕에게 있다는 생각이 지배적이었습니다. 국가 권력은 왕 또는 소수의 귀족에게 집중되어 있었지요. 프랑스의 루이 14세가 말한 "내가 곧 국가"라는 말은 이러한 시대적 분위기를 상징적으로 보여 줍니다. 이렇게 집중된 권력은 필연적으로 남용되어 신민의 생명과 신체, 재산 등을 침해하는 결과를 가져왔습니다.

이러한 절대 왕정에 대한 반동으로 주권은 시민에게 있으며, 국가는 시민의 자유와 권리를 보장하기 위한 수단이라는 생각이 싹텄습니다. 로크, 몽테스키외 등에 의해 시민의 자유와 권리를 보장하는 수단으로서 일정한 기준에 따라 국가 권력을 여러 개로 나누어 이를 각각 독립된 기관에게 부여하자는 권력 분립이 주장되었지요.

⚖️ 권력 분립을 주장한 로크[1]

존 로크는 절대 왕정이 종말을 고하고 의회 우위에 입각한 입헌 군주제가 확립된 명예 혁명(1688-1689) 후 국가 권력을 입법권·집행권·외교권·대권 등 네 가지로 나누고, 입법권은 의회가, 나머지 세 권한은 국왕이 행사하도록 해야 한다고 주장했습니다. 여기에서 외교권은 선전·강화·조약 체결과 같이 외국과 외교 관계를 처리하는 권한을 말하고, 대권은 국민의 공공복리를 위해 행사하는 국왕의 권한을 말합니다. 로크의 주장은 권한이나 기능 중심적으로 생각하면 4권 분립론이고, 기관 중심적으로 생각하면 2권 분립론입니다.

이러한 로크의 사상이 새로운 것은 아니었습니다. 영국에서는 이미 보통법에서 유래한 "누구도 자기 자신의 심판관이 될 수 없다"라는 원리에 근거해 인치를 대신한 법치를 강조하고 이를 제도화하는 과정에서 국가 권력을 집행권과 입법권으로 나누고, 이 두 권한을 서로 다른 기관이 행사하도록 해야 한다는 사상이 주류로 자리 잡았습니다.

그런 의미에서 로크의 권력 분립론은 스스로의 독자적인 사상을 전개한 것이 아니라, 영국의 전통과 명예 혁명 후 영국의 정치 상황을 이론적으로 정당화한 것이라 평가할 수 있지요.

⚖️ 몽테스키외의 삼권 분립 주장[2]

로크의 권력 분립론은 샤를 드 몽테스키외(Charles de Montesquieu)에 의해 발전합니다. 그는 1729년부터 1731년까지 2년간 영국을 경험한 후 집필한 책인 『법의 정신』에서 국가 권력을 입법권·집행권·사법권으로 나누고, 시민의 자유를 보장하기 위해 이를 각각 독립된 국가 기관에 나누어 맡기자고 주장했습니다.

그에 따르면 모든 국가에는 '입법권' '국제법에 속하는 사항의 집행권' '시민권에 관한 사항의 집행권'이라는 세 가지 형태의 권력이 있습니다. '입법권'은 법률을 제정·개정·폐지하는 권한이고, '국제법에 속하는 사항의 집행권'은 선전·강화와 외교 사절을 파견하고 영접하며 외국의 침략으로부터 국가 안전을 확보하는 권한이며, '시민권에 관한 사항의 집행권'은 범인을 처벌하고 개인 간 분쟁을 해결하는 권한입니다. 그는 '국제법에 속하는 사항의 집행권'을 '집행권'으로, '시민권에 관한 사항의 집행권'을 '사법권'으로 부르자고 제안했지요.

몽테스키외는 시민의 자유를 보장하는 유일한 방법은 권력 분립을 구조화하는 것이라고 역설했습니다. 따라서 세 가지 국가 권력을 각각 독립된 국가 기관에 나누어 맡겨야 한다고 주장했지요. 왜냐하면 입법권과 집행권을 한 국가 기관에 맡기면 전제적인 법률을 만들어 전제적으로 집행할 것이고, 입법권과 사법권을 한 국가 기관에 맡기면 입법자가 법관이 되어 시민의 자유에 대한 자의적인 권한을 가질 것이며, 집행권과 사법권을 한 국가 기관에 맡기면 법관이 전자가 되어 시민의 자유가 사라지기 때문입니다. 그는 이와 같은 국가 권력의 분산이 '힘을 통한 힘의 견제'를 가져오고, 이를 통해 궁극적으로 시민의 자유를 보장할 수 있다고 주장했습니다.

이러한 몽테스키외의 주장은 대서양을 건너가 영국으로부터 독립해 새로운 정부 형태를 구상하던 미국 건국의 아버지들에게 강한 영향을 주어, 미국 연방 헌법에 구현되었습니다. 이에 따라 미국 헌법은 국가 권력을 연방 정부와 주 정부에 나누어 행사하도록 하고, 그 권한을 다시 입법·행정·사법으로 나누어 입법권은 의회에, 행정권은 대통령을 수반으로 하는 행정부에, 사법권은 법원에 부여했습니다.

그 후 프랑스의 '인간과 시민의 권리 선언'은 "권리가 보장되지 않고, 권력이 분립되지 아니한 사회는 헌법을 갖고 있지 아니한 것이다(제16조)"라고 권력 분립을 명시하였고, 그 후 제정된 많은 헌법이 이를 수용했습니다. 이미 서술한 것처럼 우리 현행 헌법도 몽테스키외의 권력 분립 이론에 따라 짜여졌지요.

⚖ 권력 분립 원리에 따른 분리, 분립, 견제, 균형[3]

몽테스키외의 주장은 다음의 세 가지로 요약할 수 있습니다.

첫째, 권력이 집중되면 남용을 초래하고, 권력이 남용되면 시민의 자유가 침해된다. 둘째, 이를 막기 위해서 국가 권력을 그 성질에 따라 입법권, 집행권, 사법권으로 나누고 이를 각각 다른 독립한 국가 기관에 주어 행사하도록 한다(권력 분리와 분립). 셋째, 국가 권력 분산은 권력 상호간의 견제와 균형을 위한 것이며, 이를 통하여 시민의 자유 보장을 가져온다.

이와 같은 근대의 고전적 권력 분립 이론이 실제로 어떻게 구조화되는지 미국 연방 헌법을 통해 설명하면 다음과 같습니다.

미국 연방 헌법은 국가 권력을 연방 정부와 주 정부에 나누어 행사하도록 하고, 그 권한을 다시 입법권·행정권·사법권으로 나누어 입법권은 의회에, 행정권은 대통령을 수반으로 하는 행정부에, 사법권은 법원에 부여했습니다.

의회는 2년 임기의 의원으로 구성된 하원과, 6년 임기의 의원으로 구성된 상원으로 구성됩니다. 행정부의 수반인 대통령은 시민의 직접 선거에 가까운 간접 선거에 의하여 선출되지요. 한편, 사법부는 대통령이 임명하는 대법관으로 구성된 대법원을 정점으로 한 법원에 부여됩니다.

또한, 어느 부의 국가 기관에 속하는 사람이 다른 부에 속하는 것은 금지됩니다. 대통령이나 장관이 상원이나 하원 의원이 될 수 없으며 대법관이나 연방 판사가 될 수 없습니다. 이로써 권력 분리와 분립을 달성하지요.

몽테스키외가 말한 것처럼, 이것만으로는 충분하지 않습니다. 분립한 국가 권력은 서로 견제를 통해 균형을 달성하여 마침내 시민의 자

더 알아보기

미국 의회의 구성: 상원과 하원

미국 의회는 2개의 원으로 구성되어 있으며, 이를 양원제라고 합니다. 상원은 6년 임기로 100명의 의원으로 구성되는데, 주의 인구수와 상관없이 주마다 2명이 선출됩니다. 하원은 2년 임기로, 435명의 의원이 선출됩니다. 의석은 주의 인구수에 따라 배분되지요.

유를 보장할 수 있어야 합니다. 이를 위해 각 부는 다른 두 부를 견제할 수 있는 권한을 부여 받습니다.

첫째, 행정부는 의회에 대해 법률안 거부권을 가지며, 임시회 소집을 요구할 수 있습니다. 둘째, 행정부는 법원에 대해 사면권을 가집니다. 셋째, 의회는 행정부에 대해 대통령이 법률안 거부권을 행사하는 경우 상·하원에서 3분의 2 다수로 법률안 확정권을 가집니다. 하원은 대통령을 탄핵 소추하고 상원은 탄핵 의결권을 갖지요. 넷째, 의회는 연방 법원의 구조를 변화할 수 있는 권한을 가집니다. 그리고 하원은 연방 법원 판사의 탄핵 소추권을, 상원은 탄핵 의결권을 갖지요. 다섯째, 사법부는 행정부에 대해 그 행위의 위법과 위헌을 선언할 수 있습니다. 여섯째, 사법부는 의회가 만든 법률이 위헌인지 심사하여 그 위헌을 선언할 수 있지요. 대법원장은 상원에서 열리는 대통령의 탄핵 심판을 주재합니다.[4]

이번 장의 도입부에 등장한 ○○고등학교의 학생회 구성에 관한 회의에서 성철과 하윤의 말 중 누구의 말에 따르는 것이 더 나을까는 지금 살펴본 권력 분립의 원리와 관련이 있습니다.

성철은 학생회장이라도 부회장이나 재무부장 일을 잘할 수 있다면, 함께 맡아 할 수 있다고 말했습니다. 그러나 하윤은 상윤이 이미 학생회장이므로 재무부장까지 맡으면 안 된다고 주장했습니다.

만약 이 회의가 우리나라 국가 기관의 구성과 운영에 관한 회의였다면, 성철보다는 하윤의 말이 더 타당합니다. 왜냐하면 한 국가 기관의 구성원이 다른 국가 기관의 구성원이 되면 권력이 집중되어 남용을 초래하고, 권력이 남용되면 시민의 자유가 침해되기 때문입니다. 이는 권력 분립의 원칙에 반하는 일이지요.

미국 연방 헌법이 한 국가 기관에 속하는 사람이 다른 국가 기관에 속하는 것을 금지하는 '겸직 금지'를 중요하게 생각하여 대통령이나 장관이 상원이나 하원 의원, 대법관이나 연방 판사가 될 수 없도록 한 것도 바로 이러한 이유 때문입니다.

물론 학급에서 임원진을 구성하는 것은 국가 기관을 구성하는 게 아니기 때문에 꼭 권력 분립 원리와 겸직 금지 원칙에 따라야만 하는 것은 아닙니다. 그러나 민주적인 학교를 만드는 것이 중요하다고 판단한다면 성철의 말보다는 하윤의 말이 좀더 설득력이 있습니다.

⚖ 포괄적이고 기능적인 권력 분립의 탄생[5]

몽테스키외에 의하여 주장되고 미국 연방 헌법 등 각국 헌법에 의해 구현된 고전적 권력 분립 원리는 현대에 와서 과거만큼 제 기능을 발휘하지 못하고 있습니다. 그 이유는 다음과 같습니다.

우선 정당의 발달로 인하여 정당을 매개로 입법부인 의회와 행정부가 융합하는 모습을 보여 주고 있기 때문입니다. 또한 근대에 소극적인 질서 유지 기능을 담당하던 국가가 사회 문제를 해결하기 위해 적극적인 급부 기능을 해야 한다는 복지국가 사상이 헌법의 기본 원리로 자리 잡음에 따라 행정부의 기능이 강화되는 '행정 국가화 현상'이 나타나고 있어서이기도 합니다.

최근에는 과거 의회에서 토론과 합의를 통해 해결되던 문제들이 법원과 헌법재판소의 판결에 의하여 해결되는 '사법 국가화 현상'도 나타나고 있지요. 이러한 시대 상황의 변화로 인해 고전적 권력 분립론은 한계를 드러냈습니다.

이를 극복하기 위해 전통적인 권력 분립론이 강조해 왔던 '기관 중심적 사고'를 넘어 '기능 중심적 사고'를 강조하는 주장이 설득력을 얻고 있지요. 이러한 의미에서 현대적 권력 분립론은 '기능적'입니다.

현대적인 기능적 권력 분립 이론의 목적은 정당 국가화 현상, 행정 국가화 현상, 사법 국가화 현상 등의 현대적인 상황을 극복하고 시민의 자유 보장이라고 하는 고전적 권력 분립의 목적을 현대에도 계속 유지하는 것입니다. 이를 위해서 다음과 같이 제도와 관점을 바꾸자는 주장이 있습니다.

첫째, 여당과 야당의 관계를 기능적 권력 분립 관계로 재인식하고 이를 효과적으로 달성하기 위해 정당 제도 등을 보완할 것을 제안합니다. 고전적 권력 분립에서는 입법부·행정부·사법부의 견제와 균형을 중요하게 생각했습니다. 그런데 정당의 발달로 인해 정당을 매개로 입법부인 의회와 행정부가 융합하고 있지요.

이에 대처하기 위해서는 복수 정당제를 제도적으로 보장하고, 입법부와 행정부의 권한을 융합한 힘을 바탕으로 국정을 주도하는 여당을 야당이 적절히 통제할 수 있도록 헌법적 지위와 권한을 강화하는 방향으로 제도를 개선할 것을 주문하고 있습니다. 야당을 '내일의 여당'으로 대우하여 여당에 실질적으로 맞설 수 있도록 권한을 강화해야 한다는 것이지요.

둘째, 지방 자치 단체 또는 지방 정부와 중앙 정부를 기능적 권력 분립 관계로 재인식하고 이를 효과적으로 달성하기 위해 지방 자치

제도와 연방 제도 등을 보완할 것을 제안합니다. 고전적 권력 분립에서는 입법부·행정부·사법부의 적절한 권한 행사를 중요하게 생각했지요. 그런데 행정부가 커지는 행정 국가화 현상이 나타나고 있으므로, 이에 대처하기 위해 지방 자치 제도와 연방 제도를 활용하자는 것입니다.

지방 자치 제도는 과거 '풀뿌리 민주주의' '주민 근거리 행정 구현' 등을 그 정당성의 근거로 삼아 왔습니다. 그러나 현대에 와서는 지방 자치 단체와 중앙 정부의 수직적 권력 분립 관점에서 이를 재인식하고 지방 자치 단체가 중앙 정부를 효과적으로 견제할 수 있도록 권한을 강화해야 한다는 것입니다.

또한 연방 국가를 단일 국가와 대비되는 국가 형태의 관점에서만 인식하는 데 그칠 것이 아니라, 지방 정부와 중앙 정부의 수직적 권력 분립 관점에서 이를 재인식하고 지방 정부가 중앙 정부를 효과적으로 견제할 수 있도록 권한을 강화해야 한다는 것이지요.

셋째, 직업 공무원과 선출직 공무원 등 정치 세력을 기능적 권력 분립 관계로 재인식하고 이를 효과적으로 달성하기 위해 직업 공무원 제도를 보완할 것을 제안합니다. 직업 공무원 제도는 국가 과제 수행을 위한 관료제라고 인식하고, 이를 유지하기 위해 공복으로서 책임과 당파적 중립성을 강조합니다.

선출직 공무원이 국가 의사 결정을 하는 데 있어 직업 공무원이 지원하고 이를 구체화하는 기능만 강조하는 데 그칠 것이 아니라, 직업 공무원이 선출직 공무원이나 정무직 공무원 등 정치 세력을 효과적으로 견제할 수 있도록 권한을 강화해야 한다는 것입니다.

넷째, 언론사·이익 단체·시민 단체 등 사회에서 활동하는 집단이 국가 기관을 견제하여 기능적 권력 분립을 효과적으로 달성하기 위해 각종 제도를 보완할 것을 제안합니다. 고전적 권력 분립은 권력 분립을 국가(또는 정부) 내부를 구성하고 운영하는 원리로 인식했습니다.

그러나 현대에 와서 기능적 권력 분립은 권력 분립을 국가(또는 정부)를 넘어 사회까지 포괄하여 이해하도록 시야를 확대할 것을 주문하고 있습니다. 이렇게 하여 언론사·이익 단체·시민 단체 등 사회에서 활동하는 집단이 국가 기관을 견제하여 권력을 남용하지 못하도록 각종 제도를 보완하자는 것이지요. 이런 의미에서 현대적 권력 분립론은 '포괄적'입니다.

함께 이야기해 봅시다

1. 유능하면서도 선한 사람이 집권한다면 그를 견제하는 의회나 사법부의 권한은 나라 발전에 방해가 된다고 생각할 수도 있습니다. 그런 상황에서는 권력 분립보다는 권력 융합을 제도화하는 것이 타당할까요?
2. 우리나라 중앙 정부와 지방 자치 단체, 지방 의회와 지방 자치 단체의 장이 견제를 통한 균형을 이루고 있다고 생각하나요? 만약 그렇지 않다고 생각한다면 무엇이 문제이고, 어떤 방향으로 개선해야 할까요?

나라마다 각기 다른 정부 형태
의원 내각제, 대통령제, 이원 행정부제

　정부 형태란 권력 분립 원리가 구체화된 모습입니다. 헌법학계와 정치학계에서는 입법부와 행정부의 관계가 어떠냐를 기준으로 정부 형태를 분류하는데, 의원 내각제와 대통령제가 전형적인 유형이지요. 일부 학자는 이와 별도로 이원 행정부제를 정부 형태로 분류하기도 합니다.

　우리나라는 대통령제이지만 미국과 같은 전형적인 대통령제와 비교했을 때는 이례적인 요소를 가지고 있는 '변형된 대통령제'입니다. 이를 의원 내각제 요소를 가미한 대통령제라고 표현하기도 하지요.

의원 내각제는 입법부와 행정부가 상호 의존적으로 구성되고 운영되는 정부 형태로, 그 원형은 영국입니다. 의원 내각제에서 입법권을 가지는 의회는 국민이 직접 선출한 의원으로 구성되고, 행정권을 가지는 내각은 의회 다수 세력이 구성하며 총리(또는 수상)가 내각의 수반이 됩니다.

의원 내각제에서 입헌 군주나 대통령은 국가 원수로서의 역할만 담당하고, 내각의 총리가 행정부의 수반으로서 실질적인 국정 운영을 담당합니다. 영국이나 일본은 입헌 군주가, 독일은 대통령이 국가 원수로서 역할을 하고 있지요.

일반적으로 총리와 내각의 구성원인 장관(또는 각료)은 의회 의원을 겸할 수 있고, 의회에 법률안을 제출할 수 있으며, 의회에 직접 출석하여 의원의 질문에 답변할 수 있습니다. 이를 통해 의회와 내각이 긴밀하게 협력하며 권한이 상호 융합된 정부 형태가 나타나지요.

내각이 의회가 결정한 사항을 충실히 집행하지 못하면 의회는 내각 불신임권을 행사해 내각에 대한 신임을 철회할 수 있습니다. 한편, 내각은 의회를 해산하고 선거를 실시해 의회를 새로 구성하는 방법으로 의회를 견제할 수 있지요.

의원 내각제는 내각의 정치적 책임감이 높고 국민의 요구에 민감하게 반응할 가능성이 높으

군소 정당
의회에 의석이 없거나 의석이 적은 정당.

연립 내각
의원 내각제에서 둘 이상의 정당이 연합하여 구성한 내각.

불신임 결의
내각이 행정을 잘못하면 의회가 내각을 신임하지 않는다는 결정.

166

며, 의회와 내각이 잘 협조하면 국정 운영이 원활하게 이루어질 수 있다는 장점이 있습니다.

반면, 다수 세력이 의회를 장악하면 그 횡포를 견제하기 어렵고, 의회가 군소 정당●으로 구성되면 연립 내각●이 등장하거나 지나치게 잦은 불신임 결의●를 하여 국정 불안을 초래할 수 있다는 단점이 있습니다.

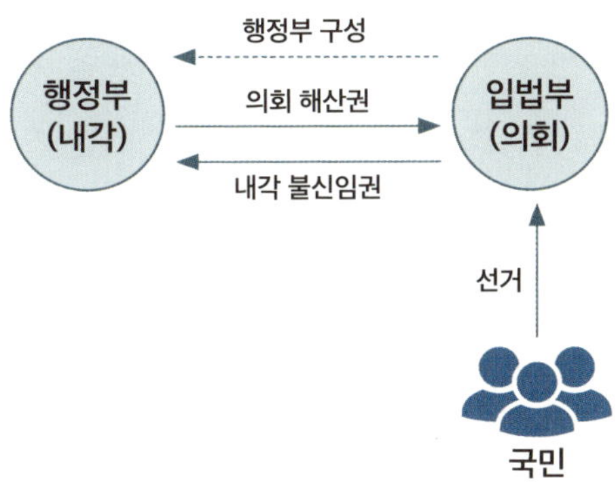

의원 내각제 정부 형태

⚖ 미국이 원형인 대통령제

대통령제는 입법부와 행정부가 독립적으로 구성되고 운영되는 정부 형태로, 그 원형은 미국입니다. 대통령제에서는 행정부의 수반인 대통령과 입법부의 구성원인 의회 의원을 별개의 선거를 통해 시민이 선출하며, 정해진 임기 동안 재임하지요. 입법부와 행정부는 각각 독립적으로 기능하면서 자신들을 선출한 시민에게만 책임을 지므로 내각 불신임●이나 의회 해산●이 없습니다.

대통령제에서 대통령은 국가 원수인 동시에 행정부의 수반입니다. 일반적으로 대통령에게는 법률안 제안권이 없으며, 법률안 거부권으로 의회를 견제할 수 있습니다. 한편 의회는 대통령이 임명하는 중요 공무원에 대한 임명 동의권, 탄핵 소추권 등을 행사하여 대통령을 견제할 수 있지요.

대통령제는 대통령의 임기가 보장되므로 소신을 가지고 안정적이고 일관된 정책을 추진할 수 있다는 장점이 있습니다. 반면, 임기가 보장되기 때문에 국민의 정치적 요구에 둔감하게 반응할 우려가 있고, 임기 하반기에 권력이 약화되는 이른바 '레임덕 현상'이 나타날 가능성이 크지요.

또한 여대 야소, 즉 여당의 의원 수가 많고 야당의 의원 수가 적은 상황에서는 권력이 대통령에게 집중되어 독단적으로 국정을 운영할 염려가 있습니다. 반대로 여소 야대 상황에서는 행정부와 의회가 대립할 때 갈등을 중재할 제도적 방법이 마땅히 없다는 단점이 있지요.

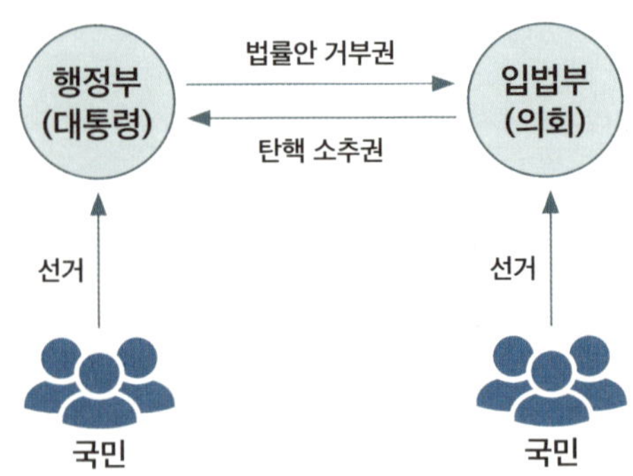

대통령제 정부 형태

⚖️ 대통령제와 의원 내각제의 절충, 이원 행정부제

이원 행정부제는 대통령과 총리가 이원적으로 행정부를 이끄는 제3의 정부 형태입니다. 이원 정부제, 이원 집정부제, 반대통령제, 준대통령제 등으로 불리지요. 1958년 프랑스 제5공화국 헌법, 1919년 독일 바이마르 공화국 헌법에서 정부 형태를 그 원형으로 합니다.

이원 행정부제는 의원 내각제를 취했던 프랑스 제3, 제4공화국이 강한 의회와 약한 행정부로 지속적인 정치적 혼란을 겪자 이러한 정치적 혼란을 극복하고자 고안한 정부 형태입니다. 의원 내각제의 단점을 대통령제적 요소로 보완하여 정치적 안정을 취하려 한 것이지요.

이원 행정부제에서 대통령과 의회 의원은 별도의 선거를 통해 국민이 선출하며, 그 임기가 보장됩니다. 대통령과 총리(또는 수상)가 각각 '헌법에 의해 보장된' '상당한 권한'을 나누어 가지고 이원적으로 행정부를 이끌지요. 총리와 장관은 대통령이 임명하지만, 의회가 불신임할 수 있습니다. 이에 대하여 대통령은 의회 해산권을 가집니다.

이원 행정부제가 대통령제와 다른 점은, 의회가 총리와 장관을 불신임할 수 있고 대통령이 의회 해산권을 가진다는 점입니다. 의원 내각제와 다른 점은 국민에 의해 선출된 대통령이 명목적인 권한이 아닌 실질적이고 강력한 권한을 가진다는 점이지요.

이원 행정부제는 평상시 대통령제와 비슷하게 운영됩니다. 그러나 야당이 의회의 다수가 되면 의원 내각제와 비슷하게 운영되지요. 이런 점에서 대통령과 총리가 같은 시기에 권력을 나누어 가지는 것이 아니라, 특정 시기에는 대통령이, 또 다른 시기에는 총리가 권력을 나누어 가지는 것이 일반적입니다.

실제 프랑스에서는 여당이 의회 다수 의석을 차지하던 드골 대통령 때에는 강력한 대통령제와 비슷하게 운영되었으나, 야당이 다수 의석을 차지한 미테랑 대통령 때에는 의원 내각제와 비슷하게 운영되었습니다. 이런 점에서 이원 행정부제를 분권형 대통령제라고 이해하는 우리나라의 일부 견해는 적절하지 못합니다.

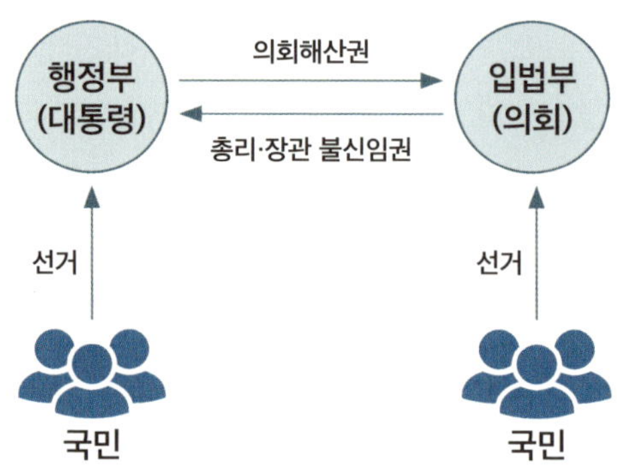

이원 행정부제 정부 형태

📜 우리나라 정부 형태의 역사

우리나라 건국 헌법 초안은 의원 내각제를 취하고 있었습니다. 그러나 당시 정국의 실력자인 이승만의 주장으로 대통령제로 바뀌었지요. 그러한 이유로 건국 헌법에는 대통령제를 취하면서도 의원 내각제적 요소가 남아 있습니다.

1960년 3월 15일 대통령 선거에서 발생한 부정 선거는 시민들이 이승만 대통령의 장기 집권, 부정부패 등 적폐를 청산하는 계기가 되었습니다. 시민들은 부정 선거 무효와 정권 퇴진을 요구하는 4·19 혁명을 전개했고, 제3차 개정 헌법은 의원 내각제를 채택했습니다.

그러나 의원 내각제를 헌정에 본격적으로 적용한 지 얼마 안 되어 1961년 5·16 쿠데타가 발생하고, 다시 대통령제 정부 형태로 헌법이 개정되었지요.

그 후 우리 헌법은 줄곧 대통령제를 취하고 있습니다. 유신 헌법으로 불리는 1972년 제7차 개정 헌법에서는 대통령에게 지나치게 많은 권한을 부여했습니다. 1980년 제8차 개정 헌법은 간접 선거에 의하여 7년 임기의 대통령을 선출하도록 했지요. 그러나 간접 선거는 대통령제와 조화되는 방식이 아니었고 쿠데타로 집권한 전두환 행정부는 국민의 뜻에 부합하는 정치를 하지 못했습니다.

그로 인하여 1987년 6월 민주화 운동이 전개되었고 현행 헌법인 제9차 개정 헌법이 만들어졌습니다. 현행 헌법은 시민의 직접 선거에 의하여 5년 단임의 대통령을 선출하도록 했고, 국회와 법원, 헌법재판소가 권력을 나누어 가지고 견제할 수 있는 모습을 갖추고 있습니다. 한 사람이 헌법 개정을 좌우하며 장기 독재하는 것을 막고 민주적 절차인 선거에 따라 평화로운 권력 승계가 가능한 제도적 기반을 마련하기 위한 노력이지요.

그럼에도 불구하고 현행 헌법은 여전히 대통령을 수반으로 하는 행정부가 입법부와 사법부에 비해 지나치게 많은 권한을 가지고 있다는 비판도 있습니다.

개정	공포 시기	주요 내용
제헌 헌법	1948년 7월 17일	대통령제 채택, 단원제 국회, 국민 직선 임기 4년 국회의원, 국회 선출 임기 4년 대통령과 부통령, 대통령은 1차 중임 가능, 국무총리 존재, 법관으로 구성하는 법원 존재
1차	1952년 7월 7일	대통령제 유지, 이른바 발췌 개헌, 대통령·부통령 직선제, 양원제(민의원, 참의원) 국회로 개정
2차	1954년 11월 29일	대통령제 유지, 이른바 사사오입 개헌, 대통령 중임 제한 폐지, 국무총리제 폐지
3차	1960년 6월 15일	의원 내각제로 정부 형태 변경, 헌법재판소 채택(실제 미설치), 대법원장과 대법관의 선거제
4차	1960년 11월 29일	의원 내각제 유지, 이른바 소급 입법 개헌, 부칙 개정을 통해 3·15 부정 선거 관련 반민주 행위자 처리 근거 마련
5차	1962년 12월 26일	다시 대통령제로 변경, 국민 직선 임기 4년 대통령, 대통령은 1차 중임 가능, 부통령 없고 국무총리 존재, 다시 단원제 국회 채택, 법관으로 구성하는 법원 존재, 대법원장과 대법관의 선거제 폐지, 헌법재판소 폐지
6차	1969년 10월 21일	대통령제 유지, 대통령 계속 재임 3기로 연장
7차	1972년 12월 27일	대통령제 유지, 이른바 유신 헌법, 통일 주체 국민 회의 대의원에 의한 임기 6년 대통령 간선제, 연임 제한 없음, 국민 직선 임기 6년 국회의원(2/3)과 통일 주체 국민 회의 선출 임기 3년 국회의원(1/3)으로 국회 구성
8차	1980년 10월 27일	대통령제 유지, 임기 7년 대통령 간선제, 단임제, 다시 국민 직선 임기 4년 국회의원으로 국회 구성
9차	1987년 10월 29일	대통령제 유지, 국민 직선 임기 5년 대통령, 단임제, 헌법재판소 부활

헌정사에서 정부 형태의 변화

우리 현행 헌법은 미국과 같은 전형적인 대통령제와 비교했을 때 이례적인 요소를 가지고 있는 '변형된 대통령제'를 취하고 있습니다. 이는 전형적인 대통령제 요소를 기본으로 합니다. 국회는 국민의 직접 선거에 의하여 선출된 국회의원으로 구성되며, 국가 원수이며 행정부의 수반인 대통령은 이와 별도로 국민의 직접 선거에 의하여 선출되어 5년 임기로 독립하여 기능합니다. 대통령은 법률안 거부권을, 국회는 탄핵 소추권을 통하여 서로를 견제하지요. 국회는 대통령을 수반으로 하는 행정부를 불신임할 수 없고, 대통령은 의회를 해산할 수 없습니다. 이것은 입법부와 행정부가 그 조직과 기능상 독립성을 유지하고 있음을 의미합니다.

한편, 미국과 같은 전형적인 대통령제와 비교했을 때 다음과 같은 변형된 요소를 가지고 있습니다. 첫째, 국회의 동의를 받아 대통령이 임명하는 국무총리를 두고 있는데, 이것은 미국 대통령제에서 대통령과 동반 입후보하여 당선된 부통령이 있는 것과 차이가 있습니다.

둘째, 국무 회의가 헌법 기관입니다. 이것은 미국 대통령제에서 국무 회의가 헌법 기관이 아닌 점과 차이가 있지요.

셋째, 국회의원이 국무총리와 국무 위원을 겸할 수 있고, 국회는 국무총리와 국무 위원에 대한 해임 건의권을 가지고 있습니다. 이것은 미국의 대통령제에서 국무총리와 국무 위원을 겸할 수 없고, 국회가 이들에 대해 해임 건의를 할 수 없는 것과 차이가 있습니다.

넷째, 행정부가 법률안 제출권을 가지고 있는데, 이것은 미국 대통령제에서 행정부가 법률안 제출권이 없는 것과 차이가 있습니다.

다섯째, 국무총리, 국무 위원, 정부 위원이 국회에 출석하여 국정 처리 상황을 보고하거나 의견을 진술할 수 있고, 국회가 이들에게 요구하면 출석·답변 의무를 부과하고 있습니다. 이것은 의회와 행정부가 독립적인 대통령제와 어울리지 않으며, 의회와 행정부가 상호 의존적인 의원 내각제의 요소라고 할 수 있습니다.

우리나라 헌법이 이와 같은 변형된 요소를 가지게 된 배경으로는, 원래 제헌 헌법 초안이 의원 내각제였는데 급하게 대통령제로 수정하다 보니 의원 내각제적 요소가 남게 되었고, 그것이 우리 헌정에 도입된 후 우리 식의 제도로 변화·정착되었다는 역사적인 설명이 있습니다. 전형적인 대통령제를 현대 국가의 현실에 적합하도록 변형하다 보니 그런 요소가 필요하다는 제도적인 설명도 있습니다.

함께 이야기해 봅시다

1. 현행 헌법의 대통령 5년 단임제가 우리 정부 형태의 가장 큰 문제점이라고 주장하는 견해가 있습니다. 대통령의 임기가 너무 짧아 국가의 중장기적인 과제를 해결하지 못하고 현상 유지에 급급한 국정 운영을 할 수밖에 없다는 것이지요. 그 대안으로 미국과 같이 4년 중임제로 개헌할 것을 제안하기도 하는데, 여러분의 생각은 어떤가요?

2. 현행 우리 정부 형태에 문제가 있다고 생각한다면, 어떻게 개선하는 것이 바람직할까요? 이를 위해서는 헌법 중 어느 조항을 개정해야 할지 조항을 찾고 개정안을 만들어 봅시다.

시민의 대표가 국가 의사를 결정한다
국회의 구성과 운영

의회는 중세 봉건제에서 성직자·귀족·시민 계급의 대표로 구성한 왕의 자문 기관에서 출발했습니다. 근대에 들어 절대 왕정에서 왕을 견제하기 위한 시민의 대표 기관으로 발전했지요. 특히 1689년 명예혁명을 통해 추대된 윌리엄 3세로부터 인정받은 권리 장전을 계기로 의회주의가 정립되었습니다. 권리 장전은 의회의 동의 없는 법률과 과세의 금지 등을 내용으로 하기 때문이지요.

 의회주의와 국회의 헌법상 지위

'의회주의'란 국가의 중요한 의사는 국민의 대표인 의회를 중심으

로 결정되어야 한다는 정치 원리이자 헌법 원리입니다. 그 나라의 정부 형태가 대통령제이든 의원 내각제이든 상관없이 현대 입헌 민주 국가에서 일반적으로 받아들여지는 원리입니다.[6]

이 원리는 우리와 같은 대통령제를 채택한 나라에서 큰 의미를 갖습니다. 의원 내각제를 채택하지 않고 대통령제를 취했다고 해서 국가의 중요한 의사를 대통령이 결정해야 하는 것은 아니라는 의미를 내포하기 때문이지요.

이것을 권한이 아니라 책임의 측면에서 생각해 볼 필요도 있습니다. 국가의 중요한 의사 결정은 의회를 중심으로 결정되어야 하므로 국가의 중요한 사항이 적절히 논의되어 결정되지 못하면 그 책임의 상당 부분은 의회가 져야 한다는 것을 의미하기 때문입니다. 이러한 면에서 국가 중대사가 적절히 논의·결정되지 못하면 대통령만을 비난하는 경향은 일부 교정이 필요합니다. '의회주의'와 "권한 있는 곳에 책임 있다"는 말을 결합하면 국가 중대사가 적절히 논의·결정되지 못한 것의 책임은 적어도 이론적으로는 의회에 있음을 인식해야 합니다.

전통적으로 국회는 국민의 대표인 국회의원으로 구성된 대의 기관, 법을 만드는 입법부, 국정 통제 기능을 수행하는 기관으로 인식되고 있습니다. 그러나 국회는 비상설 합의제 기관이기 때문에 급변하는 현실에서 발생하는 여러 가지 사회 문제를 주도적으로 해결하기에는 비효율적인 의사 결정 구조를 가지고 있습니다. 대표성은 높지만 전문성이 취약하며, 정당 기능의 활성화로 행정권과 융합하는 현상을 보이고 있지요.

이러한 문제는 현대 입헌 민주 국가의 구조적인 문제로 비단 우리나라에서만 발생하는 현상이 아닙니다. 이러한 이유로 국회를 입법부

(법을 만드는 국가 기관)가 아닌 통법부(법을 통과시키는 국가 기관)라고 부정적으로 부르기도 하지요.

최근 들어 국회의 국정 통제 기능이 강조되고 있습니다. 그중 한 방법으로 국가 기관의 현황과 보유 정보를 국민에게 공개하는 기능이 강조되고 있지요. 국회가 국정 운영의 중심 기관이라는 점도 강조되어야 합니다. 국가의 중요한 의사는 국민의 대표인 국회를 중심으로 결정되어야 하니까요.

더 알아보기

국회가 상설 기관이 아니라고요?

국회는 집회하려면 '공고'를 해야 합니다. 국회가 비상설 기관인 것은 역사적인 이유에 기인하지요. 앞서 설명한 바와 같이, 근대에 의회는 왕을 견제하기 위한 시민의 대표 기관이었고, 그 대표는 전국 각지의 지역구에서 선출되었지요. 통신과 교통이 발달하지 않은 과거에 의회가 집회하여 활동하기 위해서는 충분한 시간을 두고 공고해야만 했습니다. 각 지역에서 의회가 있는 곳으로 모이는 데 시간이 필요했으니까요.

통신과 교통이 발달한 현대에는 위와 같은 한계가 많이 사라져 세계의 많은 의회는 사실상 상설 기관처럼 운영되고 있습니다. 우리나라도 마찬가지이고요. '국회법'은 원칙적으로 2, 4, 6, 8월에 임시회를 하도록 규정하고 있습니다(제5조의 2). 9월 1일부터 최장 100일간 정기회라는 것을 감안하면 과거보다 훨씬 오래, 자주 운영하도록 법제화한 것이지요.

🔨 국회의 구성과 운영

비교 헌법적인 관점에서 보면, 입법부의 구성은 단원제와 양원제로 구분됩니다. 우리 헌법은 단원제를 채택하고 있으며, 이를 '국회'라고 부릅니다.

국회는 국민이 직접 선출하는 임기 4년의 국회의원으로 구성됩니다. 국회의원의 수, 선거에 관한 사항은 법률로 정합니다. 이에 따라 제정된 '공직 선거법'은 국회의원 수를 300명으로, 그 선출 방법을 지역 선거구에서는 다수 대표제를, 전국구에서 비례 대표제를 혼합하는 것으로 정하고 있습니다. 하나의 선거구에서 1명을 선출하는 소선거구제를 채택하고 있으므로, 254개의 지역 선거구에서 254명의 지역구 의원을 선출하고, 전국을 하나의 선거구로 설정하여 각 정당의 득표율에 따라 46명의 비례 대표 의원을 선출합니다.

국민이 직접 국가의 의사를 결정하지 않고, 대표를 선출하여 그 대표가 의사를 결정하도록 하는 대의제에서 그 대표를 구체적으로 어떻게 선출할 것인가는 매우 중요한 사항입니다. 그러므로 국회의원 정수의 결정, 선거구제의 채택과 그에 따른 의원 정수 배분은 정치 개혁의 핵심입니다. 따라서 이에 대한 시민의 관심과 토론은 매우 중요하지요.

국회는 이를 대표하는 1인의 국회 의장과 2인의 부의장을 두며, 그 임기는 2년입니다. 국회에서 의사 결정은 본회의에서 표결을 통해서 합니다. 그러나 효율적이고 전문적인 심의를 위해 위원회 중심으로 운영합니다. 현재 위원회는 17개의 상임 위원회와 2개의 특별 위원회가 설치되어 있지요.

국회 운영의 중심에는 정당이 있습니다. 이러한 정치 현실을 존중하여 교섭 단체 제도를 두고 있어요. 현행 국회법은 국회의원 20인 이상이 교섭 단체●를 구성할 수 있도록 규정하여, 교섭 단체의 구성을 정당 소속 국회의원으로 한정하고 있지 않으나, 실제로는 한 정당이 하나의 교섭 단체를 구성하여 활동하는 것이 대부분입니다.

현재 국회에는 국회의원의 입법 활동 등을 지원하기 위한 기관이 설치되어 있습니다. 국회의 행정 사무를 처리하기 위한 사무처, 도서와 국내·외 입법 자료를 지원하기 위한 국회 도서관, 예산 심의와 재정 통제를 지원하기 위한 국회 예산 정책처, 입법 활동을 지원하기 위한 국회 입법 조사처가 바로 그것입니다.

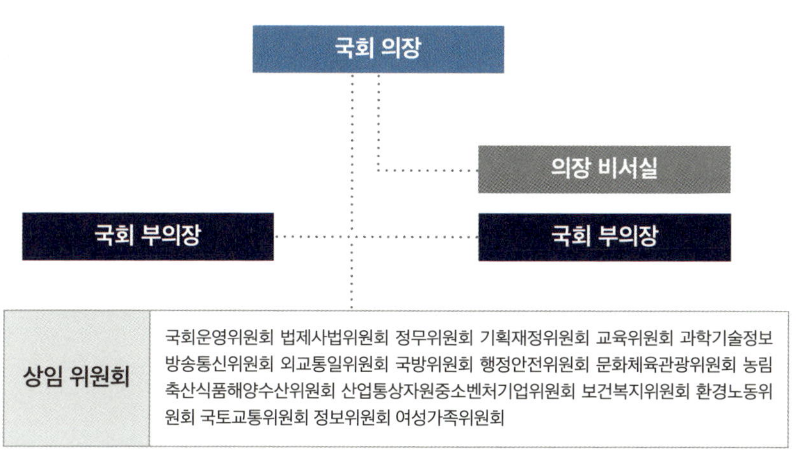

국회의 구성

의회와 국회는 같은 말일까?

의회는 입헌 민주 국가에서 시민에 의해 선출된 의원으로 구성되어 입법 기능을 수행하는 국가 기관을 이르는 용어입니다. 그리고 국회는 우리나라 헌법 제40조에서 입법 기관인 의회를 이르는 용어이고요. 즉, 의회는 일반 명사이고, 국회는 고유 명사입니다.

국회가 할 수 있는 일

우리 헌법에서 국회는 다양한 권한을 갖고 있습니다. 그중 법을 만드는 권한, 즉 입법권은 가장 기본적인 권한이지요. 국회는 '법률'이라는 형식의 법을 제정하거나 개정합니다. 여기에는 국가를 구성하고 운영하는 데 본질적인 사항을 담습니다(본질성 이론). 국민의 권리와 의무에 관한 사항, 국가 기관의 구성과 운영에 관한 기본적인 사항 등입니다.

이에 반해 행정부의 대통령과 국무총리, 행정 각부의 장이 제정하는 '명령'은 국가를 구성하고 운영하는 데 비본질적이고 좀더 구체적인 사항을 담습니다(헌법, 법률, 명령 등 법의 종류와 단계적 구조에 관해서는 1장 참고).

법률의 제정 및 개정 절차는 다음과 같습니다. 첫째, 국회의원 10인 이상과 행정부가 법률안을 제출합니다(제52조).

둘째, 법률안의 심의와 의결은 상임 위원회 중심주의와 본회의 의결주의에 따릅니다. 따라서 국회 의장은 제출된 법률안을 소관 상임 위원회에 회부해서 심의하게 합니다(국회법 제81조).

셋째, 상임 위원회에서는 법률안이 회부된 후 원칙적으로 15일 또는 20일이 지난 후 상정하고, 심의하여 의결합니다. 그리고 그 법률안을 법제 사법 심사 위원회에 회부하여 체계·자구 심사를 거쳐야 합니다.

넷째, 본회의에 부의된 법률안은 재적 의원 과반수의 출석과 출석 의원 과반수의 찬성으로 의결합니다. 가부 동수인 때에는 부결된 것으로 봅니다(제49조).

다섯째, 국회에서 의결된 법률안은 정부에 이송되어 15일 이내에 대통령이 서명·공포합니다. 이 서명·공포에는 국무 회의의 심의와 국무총리, 관계 국무 위원의 부서가 필요합니다. 법률은 특별한 규정이 없는 한 공포한 날로부터 20일이 지나면 효력이 발생합니다.

여섯째, 만약 대통령이 법률안에 이의가 있을 때에는 기간 내에 이의서를 붙여 국회로 되돌려 보내고, 재의를 요구할 수 있습니다. 이를 재의 요구권 또는 거부권이라고 하지요. 대통령은 법률안의 일부에 대하여 또는 법률안을 수정하여 재의를 요구할 수 없습니다. 재의 요구는 폐회 중에도 할 수 있지요.

재의 요구가 있을 때에는 국회는 재의에 붙이고, 재적 의원 과반수의 출석과 출석 의원 3분의 2 이상의 찬성으로 전과 같은 의결을 하면 그 법률안은 법률로서 확정됩니다. 대통령이 정부에 이송되어 15일 이내에 공포나 재의의 요구를 하지 않은 때에도 그 법률안은 법률로서 확정됩니다.

대통령은 확정된 법률을 지체 없이 공포해야 합니다. 법률이 확정된 후 또는 확정 법률이 정부에 이송된 후 5일 이내에 대통령이 공포하지 않을 때에는 국회 의장이 이를 공포합니다.

국회가 법률의 제정 및 개정 절차를 제대로 거치지 않은 이른바 '날치기' 의결은 위헌일까요? 우리 헌법재판소는 그와 같은 의결은 위헌이라고 지금까지 수차례 결정했습니다.

예를 들어 '한국 정책 금융 공사 법안'과 '신용 정보의 이용 및 보호에 관한 법률 전부 개정 법률안'의 심사 과정에서 일부 국회의원이 반대 토론을 신청했습니다. 그러나 국회 의장은 반대 토론을 허가하거나 토론 절차를 생략하기 위한 의결을 거치지도 않은 채 법률안들에 대한 표결 절차를 진행하여 통과시켰지요. 이에 대해 반대 토론을 신청했던 국회의원이 국회 의장을 상대로 권한 쟁의 심판●을 청구했습니다. 이 사건에서 헌법재판소는 국회 의장이 국회의원의 법률안 심의·표결권을 침해했다고 결정했지요.[7]

그렇다면 위헌 또는 위법인 입법 절차에 따라 만들어진 법률은 무효일까요? 이에 대해 우리 헌법재판소는 입법 절차에 관한 헌법의 규정을 명백히 위반한 흠이 있는 경우에만 무효라고 판단했습니다. 즉, "국회의 입법과 관련하여 일부 국회의원들의 권한이 침해되었다 하더라도 그것이 다수결의 원칙(제49조)이나 회의 공개의 원칙(제50조)과 같은 입법 절차에 관한 헌법의 규정을 명백히 위반한 흠에 해당하는 것이 아니라면 그 법률안의 가결 선포 행위를 곧바로 무효로 볼 것은 아닌데, 피청구인의 이 사건 법률안들에 대한 가결 선포 행위는 그것이 입법 절차에 관한 헌법 규정을 위반했다는 등 가결 선포 행위를 취소 또는 무효로 할 정도의 하자에 해당한다고 보기는 어렵다"라고 결정했지요.[8]

최근 들어 국회의 국정 통제 기능이 강조되고 있습니다. 이를 위해 국회는 예산 심의 확정 및 결산 승인권을 갖고 있지요. 예산은 1년 동안 국가가 수입과 지출을 행할 예정표입니다. 행정부가 예산을 편성하면 국회는 이를 심의·확정합니다. 이러한 과정에서 국회는 예산을 사용하는 정책의 타당성을 검토하고, 우선순위와 내용을 확정하고 사후에 평가하고 통제하는 계기를 갖게 됩니다. 수입의 대부분을 차지하는 조세 부과에 관한 사항도 법률로 정하지요(헌법 제59조, 조세 법률 주의).

또한 국회는 국정 감사권과 국정 조사권을 가집니다. 국정을 감사하거나 특정한 국정 사안에 대해 조사할 수 있으며, 이에 필요한 서류 제출 또는 증인 출석과 증언이나 의견 진술을 요구할 수 있습니다.

한편, 국회는 인사권과 인사 통제권도 갖습니다. 대통령은 국민이 직접 선출하지만, 예외적으로 대통령 선거에서 최고 득표자가 2인 이상인 때에는 국회의 재적 의원 과반수가 출석한 공개회의에서 다수표를 얻은 자를 당선자로 합니다(제67조). 헌법재판소 재판관 3인, 중앙 선거 관리 위원회 위원 3인의 선출권도 있지요(제111조 제3항, 제114조 제2항).

국회는 대통령의 국무총리, 대법원장, 대법관, 헌법재판소장, 감사원장의 임명에 대한 동의권을 갖습니다(제86조 등). 이 동의권은 대통령의 인사권을 견제하는 수단입니다. 국무총리와 국무 위원에 대한 해임을 대통령에게 건의할 수도 있지요(제63조). 대통령·국무총리·국무 위원·행정 각부의 장·헌법재판소 재판관·법관·중앙 선거 관리 위원회 위원·감사원장·감사 위원 등 법률이 정한 공무원이 그 직무 집행에 있어서 헌법이나 법률을 위배한 때 탄핵 소추를 의결할 수도 있습니다(제65조). 인사 청문회를 통해 대법원장 등의 인사를 검증하기도 하고요.

또한 국회는 중요한 조약의 체결에 대한 동의권, 대통령의 긴급권 행사에 대한 승인권, 대통령의 일반 사면에 대한 동의권, 국무총리 및 국무 위원 출석·답변을 요구할 수 있는 권한 등도 가집니다.

더 알아보기

동의권과 승인권

헌법에서 '동의'란 어떤 일이 있기 전에 그에 대한 사전 허락을, '승인'이란 어떤 일이 있은 후에 그에 대한 사후 허락을 의미합니다. 따라서 대통령의 긴급권 행사에 대한 국회 승인권은 대통령이 긴급권을 행사한 후에 허락을 하는 국회의 권한을, 대통령의 일반 사면에 대한 국회 동의권은 대통령이 일반 사면을 하기 전 허락을 하는 국회의 권한입니다.

국회의원은 국민의 대표이며, 국가 이익을 우선하여 양심에 따라 직무를 행합니다(제46조 제2항). 이는 민주주의 원리를 구현하기 위한 대의제의 구성 요소라고 주장되는 '자유 위임'을 확인하고 있는 것으로 해석됩니다(2장 참고).

국회의원은 불체포 특권과 면책 특권이 있습니다. 현행 범인인 경우를 제외하고는 회기 중 국회의 동의 없이 체포 또는 구금되지 않습니다. 회기 전에 체포 또는 구금된 때에는 현행 범인이 아닌 한 국회의 요구가 있으면 회기 중 석방됩니다(제44조). 또한, 국회의원은 국회에서 직무상 행한 발언과 표결에 관하여 국회 외에서 책임을 지지 않습니다(제45조).

국회의원의 전횡이 국민의 눈총을 받아 특권의 폐지 또는 제한이 주장되기도 합니다. 그러나 두 특권은 야당이나 무소속 국회의원이 독립하여 활동할 수 있는 기반을 제공하므로 정치 문화가 성숙되기 전까지는 존속하는 것이 바람직합니다.

함께 이야기해 봅시다

1. 의회주의와 의원 내각제는 어떻게 다를까요? 의원 내각제 정부 형태를 취하지 않는 나라는 의회주의에 충실하지 못한 것일까요? 대통령제 정부 형태를 취한 나라에서 의회주의는 어떤 의미가 있을까요?

2. 면책 특권은 1689년 권리 장전 제9조에서 명문으로 규정하면서 시작되었습니다. 그러나 '국회의원 특권 제한' 관점에서 국회의원의 면책 특권을 폐지해야 한다며 개헌을 주장하는 이들도 있지요. 우리 헌정에서 국회의원이 면책 특권을 남용한 사례를 조사해 보고, 면책 특권의 역사와 취지를 고려하여 이를 폐지하는 것이 타당한지 생각해 봅시다.

국회가 만든 법을 집행한다
대통령과 행정부

전통적으로 행정권은 입법부가 제정한 법을 집행하는 권한으로 정의됩니다. 소극적 질서 유지 기능에서 출발해 적극적 급부 기능까지 수행하게 된 현대 입헌 민주 국가에서 행정권은 더욱 중요해졌지요. 우리 헌법은 이러한 행정권을 대통령을 수반으로 하는 행정부에 부여하고 있습니다.

대통령은 대한민국을 대표하는 국가 원수이면서 행정부의 수반입니다. 국무총리는 대통령을 보좌하며, 행정에 관하여 대통령의 명을 받아 행정 각부를 통할하는 행정부의 2인자이지요. 행정 각부의 장은 국무 위원 중에서 국무총리의 제청으로 대통령이 임명합니다.

국무 회의는 대통령·국무총리를 비롯하여 15인 이상 30인 이하의 국무 위원이 모여 정부의 권한에 속하는 중요한 정책을 심의하는 회의입니다.

우리 헌법은 그 밖에 감사원과 중앙 선거 관리 위원회를 헌법 기관으로 규정하고 있습니다.

집행권과 행정권

행정부가 가진 권한을 집행권 또는 행정권이라고 표현합니다. 그런데 이 두 용어가 어떤 관계인지에 관해서는 논란이 있습니다. 우선 많은 견해는 집행권과 행정권을 구별하지 않고 혼용합니다. 그러나 일부는 이 두 용어를 구별하여 사용합니다. 또 다른 견해는 집행권을 법을 집행하는 권한으로 정의하고, 여기에는 통치 행위와 행정권이 있다고 합니다.[9] 이 책에서는 집행권과 행정권을 구별하지 않고 사용하고 있습니다.

헌법 기관

국가 기관 중 헌법에 의해 설치된 기관을 말합니다. 법령에 의하여 설치된 기관에 대비되는 개념이지요. 국회, 대통령, 국무총리, 법원, 헌법재판소, 중앙 선거 관리 위원회 등은 헌법에 의해 설치된 기관입니다. 헌법 기관의 폐지와 권한 변경을 위해서는 헌법 개정이 필요하므로 법령에 의하여 설치된 기관에 비하여 존속과 독립을 보장 받을 수 있습니다.

⚖️ 진정한 국가 대표, 대통령

우리나라를 대표하는 사람은 누구일까요? 바로 대통령입니다. 대통령은 국민의 보통·평등·직접·비밀에 의한 선거에서 다수 득표한 사람이 됩니다. 공교롭게도 이 선거에서 최고 득표자가 2인 이상인 때에는 국회의 재적 의원 과반수가 출석한 공개회의에서 다수표를 얻은 자를 당선자로 합니다. 현행 헌법은 대통령의 민주적 정당성의 관점에서 헌법은 대통령 후보자가 1인일 때 그 득표수가 선거권자 총수의 3분의 1 이상이 아니면 대통령으로 당선될 수 없도록 규정하고 있습니다.

그러나 대통령의 헌법상 지위에 비추어 보았을 때 과연 이 정도의 민주적 정당성만으로 충분한 것인가는 의문이지요. 이러한 이유로 일부에서는 결선 투표제를 주장하기도 합니다. 1차 투표에서 과반수 득표자가 없으면, 1차 투표 때 다수 득표자 2인을 대상으로 2차 투표를 실시하여 절대 다수를 얻은 자를 당선자로 결정하자는 것이지요. 프랑스식 결선 투표제나 그와 유사한 결선 투표제가 대통령제를 취하고 있는 입헌 민주 국가 중 가장 많은 나라에서 채택하고 있는 선거 유형이기도 합니다.[10] 헌법은 대통령의 선거에 관한 그 밖의 사항은 법률로 정하도록 규정하고 있습니다. 이에 따라 입법자는 '공직 선거법'을 제정하여 이를 구체화하고 있지요.

대통령의 정체성은 크게 두 가지입니다. 대한민국을 대표하는 국가 원수이자 행정부의 수반이지요. 국가 원수로서의 대통령은 국가 이익을 위하여 양심에 따라 국가 의사를 결정해야 합니다. 이러한 행위는 고도의 정치적 성격을 가지므로 재량이 인정되지요. 따라서 상대적으로 사법적 통제의 가능성이 줄어듭니다. 우리 헌법재판소는 국군의 해외 파병에 대해 이와 같이 판시한 바 있습니다.[11]

한편, 행정 수반으로서 대통령은 국회의 입법에 대한 집행 기능을 수행합니다. 따라서 집행 과정에서 분쟁을 야기하면 사법적 통제를 받게 되지요.

대통령은 국가의 원수이며, 외국에 대하여 국가를 대표합니다(제66조). 이러한 지위에서 조약을 체결·비준하고, 외교 사절을 신임·접수 또는 파견하며, 선전 포고와 강화를 하지요(제73조). 대통령은 헌법과 법률이 정하는 바에 의하여 국군을 통수하고(제74조), 국가의 위기 시에 계엄 선포, 긴급 명령 등 국가 긴급권을 발동할 수 있습니다.

또한 대통령은 법률이 정하는 바에 의해 사면·감형 또는 복권을 명할 수 있고(제79조), 훈장 등의 영전을 수여합니다(제89조). 대통령은 헌법 개정안을 발의할 수 있으며(제128조 제1항), 필요하다고 인정할 때에는 외교·국방·통일 등 국가 안위에 관한 중요 정책을 국민 투표에 붙일 수 있습니다(제72조).

대통령은 일부 국가 기관을 구성하는 권한을 가집니다. 우선 대법원장, 대법관, 헌법재판소장을 임명할 수 있습니다. 그리고 헌법 재판관 3인을 실질적으로 임명하며, 다른 6인을 형식적으로 임명합니다. 또 헌법과 법률이 정하는 바에 의해 공무원을 임면합니다(제78조). 법률에서 구체적으로 범위를 정하여 위임 받은 사항과 법률을 집행하기 위하여 필요한 사항에 관하여 대통령령을 발할 수 있습니다(제75조). 국회에 출석하여 발언하거나 서한으로 의견을 표시할 수 있고(제81조), 국회에서 의결한 법률안에 대하여 재의를 요구할 수 있습니다(제53조).

대통령의 권한 행사는 문서로써 하며, 이 문서에는 국무총리와 관계 국무 위원이 부서합니다(제82조). 국가 의사 결정에 누가 참여했는지 명확하게 하여 이에 대한 책임을 분명하게 하기 위한 것입니다.

대통령은 국무총리·국무 위원·행정 각부의 장, 기타 법률이 정하는 공사의 직을 겸할 수 없는 의무가 있지만(제83조), 내란 또는 외환의 죄를 범한 경우를 제외하고는 재직 중 형사상의 소추를 받지 않는 특권이 있습니다(제84조). 한편, 전직 대통령의 신분과 예우에 관하여는 법률로 정하고 있습니다(제85조).

더 알아보기

권한

권한이란 타인의 이익을 위하여 행위할 수 있는 법적인 자격입니다. 공법상 국가 기관의 각종 권한, 민법상 대리인의 대리권 등이 권한입니다. 권한을 가진 자는 타인의 이익을 위하여 행위하며, 법은 그러한 권한을 가진 자가 자신의 이익을 위하여 이를 남용하지 않도록 감시해야 합니다. 이러한 의미에서 자신의 이익을 관철할 수 있는 법적인 힘인 권리와 구별해야 합니다.

⚖️ 행정부의 구성과 운영

그렇다면 대통령은 누구와 함께 일할까요? 여러분도 잘 알다시피 국무총리와 장관 등과 일합니다. 앞서 말했듯 국무총리는 대통령을 보좌하고, 행정에 관하여 대통령의 명을 받아 행정 각부를 통할하는 행정부의 2인자입니다. 국무총리는 국회의 동의를 얻어 대통령이 임명하지요.

구체적인 행정 사무는 행정 각부에 의해 이루어집니다. 이 행정 각부의 장인 장관은 국무 위원 중에서 국무총리의 제청으로 대통령이 임명하지요. 장관은 소관 사무를 집행하고, 부령을 발합니다.

국무 회의는 행정부의 중요한 정책을 심의하는 회의입니다. 의장인 대통령, 부의장인 국무총리와 15인 이상 30인 이하의 국무 위원으로 구성되지요. 국무 위원은 국무총리의 제청으로 대통령이 임명하며, 이 국무 위원 중에서 행정 각부의 장, 즉 장관을 임명합니다. 그러니까 우리나라에서 장관이 되는 사람은 사실 헌법에 따르면 먼저 국무 위원으로 임명된 후 각 소관 사무를 가지는 장관이 됩니다.

국무 회의는 국정의 기본 계획 등 헌법 제89조에 나열한 사항을 반드시 심의해야 합니다. 대통령은 심의와 다르게 판단하여 집행할 수 있습니다. 이러한 의미에서 국무 회의가 대통령이 국정에 관하여 말하는 것을 국무 위원이 수첩에 빼곡히 받아 적는 자리가 되어서는 안 됩니다. 그것은 국무 회의의 의미를 퇴색시키는 예산 낭비에 지나지 않지요. 국무 회의는 국정의 중요 쟁점에 대하여 서로 다른 생각을 말하고 토론하는 자리가 되어야 합니다.

우리 헌법은 그 밖에 감사원과 중앙 선거 관리 위원회를 헌법 기관으로 규정하고 있습니다. 감사원은 국가의 세입·세출의 결산, 국가 및 법률이 정한 단체의 회계 검사와 행정 기관 및 공무원의 직무에 관한 감찰을 하는 기관으로, 대통령에 소속되어 있지만 업무상 독립되어 있습니다. 일부 국가는 국회의 국정 통제 기능을 강화하기 위하여 감사를 하는 기관을 국회 소속으로 두고 있습니다.

중앙 선거 관리 위원회는 선거와 국민 투표의 공정한 관리 및 정당에 관한 사무를 처리하기 위한 독립 기관입니다. 대의제에서 선거의 중요성, 1960년에 치러진 대통령 선거에서 부정 선거 논란을 배경으로 하여 헌법에 명시되었습니다.

함께 이야기해 봅시다

1. 역대 행정부의 국무 회의가 어떤 모습이었는지 인터넷에 게재된 뉴스를 찾아 봅시다. 각 행정부의 국무 회의 모습에서 공통적인 특징은 무엇인가요? 어느 행정부의 국무 회의 모습이 우리 헌법이 국무 회의를 설치한 이유와 가장 가까운가요?

2. 국무 회의는 의원 내각제적 요소이거나 대통령제에서 이례적인 요소라고 여겨집니다. 대통령제를 유지한다는 전제에서 국무 회의는 유지하는 것이 좋을까요, 아니면 폐지하는 것이 좋을까요?

시민과 국회가 만든 법을 적용하여 분쟁을 해결한다

법원과 헌법재판소

사법권은 시민, 국회와 행정부가 제정된 법을 적용하여 분쟁을 해결하는 권한입니다. 이를 통하여 시민의 권리를 구제하고 법질서를 유지하지요. 사법은 법적 분쟁이 실제로 발생했을 때 발동되므로 소극적인 성격을 가지며, 당사자가 그 해결을 의뢰했을 때 발동되므로 수동적인 성격을 갖습니다.

현행 헌법은 사법권을 법원과 헌법재판소에 나누어 주고 있습니다. 마치 양원제 국가에서 상원과 하원이 입법권을 나누어 행사하는 것과 같지요. 권한을 나누는 기준이 무엇인지에 관해서는 견해가 나뉘지만, 적어도 이론적으로는 헌법을 기준으로 분쟁을 해결해야 할 경우는 헌법재판소에, 법률 이하의 법을 기준으로 분쟁을 해결해야 할 경우에는 법원에 권한을 주도록 하는 것이 그 취지에 적합합니다.

⚖️ 법원의 구성과 권한

법원은 최고 법원인 대법원과 각급 법원으로 조직됩니다(제101조 제2항). 구체적인 것은 '법원 조직법'으로 규정하고 있으며, 각급 법원에는 고등 법원과 지방 법원 등이 있습니다.

대법원은 대법관으로, 각급 법원은 법관으로 구성됩니다. 대법관은 대법원장의 제청으로 국회의 동의를 얻어 대통령이 임명하고, 법관은 대법관 회의의 동의를 얻어 대법원장이 임명하지요. 대법관은 임기가 6년이며 연임할 수 있으며, 법관은 임기가 10년이며 연임할 수 있습니다. 그 정년은 법률로 정합니다.

한편 대법원장은 국회의 동의를 얻어 대통령이 임명합니다. 임기는 6년이며 중임할 수 없습니다.

앞서 설명한 것처럼 법원은 헌법재판소의 권한을 제외한 사법권을 가집니다(제101조). 사법권을 독립적으로 행사하기 위해 사법 행정권도 갖지요. 사법 행정권은 대법원장이 통할하고 이를 위하여 대법원에 법원 행정처를 설치합니다('법원 조직법').

또한 대법원은 법률에 저촉되지 않는 범위 안에서 소송에 관한 절차, 법원의 내부 규율과 사무 처리에 관한 규칙을 제정할 수 있습니다(제108조). 여기서 말하는 규칙은 법률 하위, 즉 대통령령과 같은 효력을 갖는 헌법이 인정하는 독자적인 법형식입니다. "법률에 저촉되지 아니하는 범위 안에서" 제정할 수 있다고 규정하고 있기 때문입니다. 이 규칙은 행정 기관이 제정하는 고시, 예규, 통첩과 같은 행정 규칙, 지방 자치법에 따라 지방 자치 단체의 장이 제정하는 규칙과는 다른 것입니다.

⚖ 사법권의 독립

사법권의 조력을 구하는 시민은 이미 국가 기관으로부터 권리를 침해 받았다고 생각하여 그 구제를 구하는 것입니다. 그런데 사법부가 그런 국가 기관과 한통속이라면 그 시민은 어떤 심정일까요?

이런 이유로 사법부는 행정부, 입법부, 나아가 기업, 언론사 등 다른 권력으로부터 독립되어 있지 않으면 그 존재 의미가 없습니다. 따라서 사법권의 독립은 매우 중요하지요. 헌법은 사법권의 독립을 위하여 법관이 헌법과 법률에 의하여 독립하여 심판하도록 하고(제103조), 그 신분을 일반 공무원보다 더 강하게 보호하고 있습니다(제106조).

사법권 독립을 위한 몸부림, 1971년 사법 파동[12]

"부당한 검찰의 법관 수사에 항의하는 의미에서 사표를 제출합니다. 이런 공포 분위기에서 시민의 권리 보장을 위한 재판을 어떻게 할 수 있겠습니까?"

1971년 7월 28일, 서울 형사 지방 법원 판사 37명이 사표를 냈습니다. 그날 새벽 그 법원 항소 3부의 이범렬 부장 판사, 최공웅 판사, 이남영 서기 등 3명에게 뇌물 수수를 이유로 검찰이 구속 영장을 신청했기 때문입니다.

그 직전에는 국가 배상 청구권 위헌 판결 사건이 있었습니다. 1971년 당시 헌법은 공무원의 직무상 불법 행위로 손해를 입은 국민은 국가에 배상 청구를 할 수 있도록 규정하고 있었습니다(제26조). 그런데 이를 구체화하는 국가 배상법에서는 군인과 군무원이 피해자인 경우 배상 청구를 제한하고 있었지요. 대법원은 이 규정을 위헌이라고 판결했습니다.

많은 시민과 법원 구성원은 이범렬 부장 판사 사건이 국가 배상법 위헌 판결, 시국 사건을 잇달아 무죄 판결한 것에 대한 표적 수사라고 생각했습니다. '괘씸죄'가 적용되었다는 것이지요. 당사자인 이범렬 부장 판사도 시국 사건에 무죄 판결을 한 판사 중 한 명이었습니다.

결국 서울 민사 지방 법원 판사 40명의 사표에 이어 전국 법원에서 사표가 줄을 이었습니다. 당시 전국에 판사가 415명이었는데, 그중 153명이 사표를 제출하는 사태로 번졌지요. 당시 언론계에서는 이를 '사법 파동'으로 기록하고 있습니다.

이 사건은 정치권을 흔들었습니다. 좀처럼 탈출구가 보이지 않자 당시 박정희 대통령은 신직수 법무부 장관에게 사건을 수습하도록 지시하였고, 신 장관은 민복기 대법원장을 찾아가 수사 철회 등을 약속했습니다. 그리고 판사들도 8월 27일 사표를 철회함으로써 사건은 일단락되었습니다.

이 사건은 사법부 구성원이 주도가 되어 행정부에 의한 사법권 침해에 항의하고 사법권 독립을 사회에 호소한 사건으로 우리 현대사에 기록되었습니다. 비록 이들의 항의와 호소가 당장은 결실을 맺지 못했지만, 시간이 지나 사법권 독립 강화라는 결실을 맺어 우리가 그 혜택을 누리고 있지요.

헌법재판소의 구성과 권한

1988년에 출범한 헌법재판소는 법관의 자격을 가진 9인의 재판관으로 구성되며, 재판관은 대통령이 임명합니다. 이중 3인은 국회에서 선출하는 자를, 3인은 대법원장이 지명하는 자를 임명하지요(제111조). 결국 대통령은 형식적으로는 9인 모두를 임명하지만, 실질적으로는 3인만을 임명합니다. 재판관의 임기는 6년이며 연임할 수 있습니다(제112조). 헌법재판소장은 국회의 동의를 얻어 재판관 중에서 대통령이 임명합니다(제111조 제4항).

헌법재판소는 국민의 대표인 국회가 만든 법률을 무효로 만들 수 있는 권한이 있다는 점에서 매우 높은 수준의 민주적 정당성이 필요합니다. 그래서 사법권을 나누어 가지는 대법원장이 재판관 구성에 참여하는 것이 적절한지 의문이 제기되어 왔지요.

또한 헌법 사건이 정치성을 가지고, 이를 해결하는 헌법은 추상성·개방성·미완성성 등의 특징을 가지고 있다는 헌법 재판의 특성(1장 참고)을 고려해 볼 때, 헌법 재판관을 법관의 자격을 가진 자로 한정하는 것이 적절한지도 의문이 제기되어 왔습니다. 이와 같은 쟁점을 고려하여 헌법 재판관의 자격과 추천 방식을 다시 구상할 필요가 있습니다.

헌법재판소는 위헌 법률 심판, 탄핵 심판, 정당 해산 심판, 권한 쟁의 심판, 헌법 소원 심판을 할 수 있는 권한이 있습니다(제111조 제1항). 이 중 법률의 위헌 결정, 탄핵의 결정, 정당 해산의 결정 또는 헌법 소원에 관한 인용 결정을 할 때에는 재판관 6인 이상의 찬성이라는 가중 다수를 요구합니다(제113조 제1항). 따라서 권한 쟁의에서 인용 결정은 다수결로 결정할 수 있습니다.

헌법재판소는 독립을 위하여 사법 행정권도 가집니다. 사법 행정권은 헌법재판소장이 통할하고 이를 위해 사무처를 설치합니다(헌법재판소법). 또한 법률에 저촉되지 않는 범위 안에서 심판에 관한 절차, 내부 규율과 사무 처리에 관한 규칙을 제정할 수 있습니다(제113조 제2항). 헌법재판소의 조직과 운영 등에 필요한 사항은 '헌법재판소법'에서 정하고 있습니다.

헌법재판소가 가중 다수결을 요건으로 하는 것은 다른 나라에 비추어 이례적입니다. 아마도 헌법재판소가 현상을 변화시키는 결정은 신중하게 해야 한다는 취지라고 추측할 수 있지요. 그러나 헌법재판소의 의결을 재판관 6인 이상의 찬성이라는 가중 다수로 정할 필연적인 이유는 없습니다. 단순 다수결로 개정하기 위한 사회적 논의가 필요합니다.

한편, 우리 헌법은 명령·규칙 또는 처분이 헌법이나 법률에 위반되는 여부가 재판의 전제가 된 경우에는 법원이 심사하도록 규정하고 있습니다(제107조 제2항). 이중 명령·규칙 또는 처분의 헌법 위반 여부는 헌법을 기준으로 분쟁을 해결하는 것이므로 헌법재판소가 심판하는 것이 타당합니다.

함께 이야기해 봅시다

1. 박근혜 행정부 당시 이른바 '사법 농단' 중에는 재판 거래 의혹이 있었습니다. 모든 개인과 단체는 자신이 가진 권한 행사를 무기로 자신의 이익을 위한 행위를 하는 경향이 있으며 실제로 많은 개인과 단체가 그러한 행위를 합니다. 그런데 법원 행정처의 재판 거래 행위가 유독 사회적 주목을 받는 이유는 무엇일까요?

2. 헌법재판소가 국민의 대표인 국회가 만든 법률을 위헌이라고 선언할 권한은 우리 헌법의 기본 원리 중 어디에 근거하는 걸까요?

누가 헌법의 수호자인가?

바이마르 공화국과 대한민국

제1차 세계 대전을 일으켰지만 패전하고 다시 일어서려던 독일은 1929년 세계 경제 대공황을 맞으며 다시 주저앉고 맙니다. 미국에서 시작된 경제 대공황은 독일로 상륙하여 실업자가 급증하고 정부는 재정 적자를 기록하지요.

독일 행정부는 긴축 재정과 증세를 통해 이를 극복하려 했지만 실패하여 1930년 3월 내각이 무너지며 헌정 불안이 이어졌습니다. 이러한 헌정 위기에 베를린 대학교의 헌법학 교수 칼 슈미트(Carl Schmitt)는 이렇게 물었습니다.

"바이마르 공화국에서 누가 헌법의 수호자인가?"

스스로 독일 제국 헌법의 수호자라고 자칭하였던 국사 재판소는 법률을 해석하여 사건을 해결하는 기능을 수행할 뿐이므로 국사 재판소와 그 소속 법관이 그들에게 사법권을 부여한 헌법의 수호자가 될 수는 없으며, 당파적으로 행위하며 법률을 제정할 권한을 수행할 뿐인 의회도 그들에게 입법권을 부여한 헌법의 수호자가 될 수 없다고 주장합니다. 그리고 당시 바이마르 공화국 헌정에서 의회 다수당은 헌법의 수호자가 아니라 헌법을 위협하는 자가 되고 있음을 상기시키지요. 그는 결론적으로 주장합니다.

"바이마르 공화국 헌법은 대통령이 헌법의 수호자가 될 것을 예정하고 있습니다."

7년 임기로 선출되고 해임이 어려우며 변화하는 의회 다수당과 독립적인 헌법상 지위를 가지며 의회 해산권과 국민 투표 실시 권한, 법률 공포권, 헌법 수호권을 가진 대통령이야말로 헌법의 수호자라고요. 그는 대통령이 사회 여러 세력을 중개하고 그들로부터 중립적인 지위에서 행동할 수 있으므로 루소가 말하는 '일반 의지'를 대표할 수 있다고 이해했습니다.

그러나 오스트리아 출신의 쾰른 대학교 헌법학 교수인 한스 켈젠(Hans Kelsen)은 대통령뿐 아니라 의회, 헌법재판소 모두를 헌법의 수호자라고 주장했습니다. 그는 입헌 민주 국가인 바이마르 공화국에서 대통령은 입헌 군주제의 군주가 아니라는 것을 상기한다면 대통령만이 헌법의 수호자일 수는 없다고 주장합니다. 헌법을 구현하는 법률을 만들고 이를 집행하며 헌법에 위배되는 법률을 막는 것도 헌법의 수호이므로 그러한 기능을 수행하는 의회, 헌법재판소도 헌법의 수호자라는 것이었지요. 따라서 칼 슈미트가 헌법의 수호자라고 말한 대통령뿐 아니라 의회, 헌법재판소도 헌법의 수호자라는 것이 그의 주장이었습니다.

우리 현행 헌법에 따르면 헌법의 수호자는 누구일까요?

이에 관해서 우리 헌법재판소가 이를 본격적으로 판단한 적은 아직 없고 노동 조합법의 입법 하자와 관련한 위헌 법률 심판 사건[13] 등 여러 사건에서 헌법재판소가 헌법의 수호자임을 분명히 한 바가 있습니다.

그렇다면 헌법 이론적으로는 어떻게 대답해야 할까요? 헌법의 수호자가 최고 규범으로서 헌법의 효력을 유지하여 헌법의 규범력을 지키는 자라면, 우리 헌법에서 1차적 헌법의 수호자는 국회와 대통령, 헌법재판소, 법원이 될 것입니다.

이와 같은 헌법의 수호자가 제 역할을 못 하거나 간혹 '헌법의 파괴자'가 될 경우, 이들이 헌법의 수호자로서 제 역할을 하도록 독려하거나 헌법의 파괴자에 대항해 헌법을 지켜야 할 사람은 나라의 주인인 시민 한 사람, 한 사람입니다. 이렇게 보았을 때 시민은 최후의 헌법 수호자라고 할 수 있습니다. 독일의 헌법학자 콘라드 헤세(Konrad Hesse)는 이를 '헌법 실현 의지'를 가진 시민이라고 표현했습니다.

결론적으로 우리 헌법에서 1차적 헌법 수호자는 국회와 대통령, 헌법재판소, 법원이며, 최후의 헌법 수호자는 시민 한 사람, 한 사람입니다.

5장

헌법과 기본권이 침해되었다면? 헌법재판소로!

"하윤아, 뉴스 봤니? 국회에서 친일파와 그 후손들의 재산을 환수하는 법률을 제정했대."

"당연히 그래야 하는 것 아니야? 친일을 해서 얻은 재산을 가지고 지금까지 잘산다면 그건 문제가 있는 거잖아. 프랑스에서는 제2차 세계 대전이 끝난 후 나치에 부역한 사람을 철저히 단죄했는걸. 우리가 너무 미온적이고 늦은 것 아닌가?"

"그런데 우리 사회 시간에 소급 입법 금지 원칙 배웠잖아! 법은 내가 어떤 행위를 할 때 그 결과를 예측 가능하게 해 줄 수 있을 때 비로소 규범력을 가질 수 있는 거라고. 그런데 일제 시대에 차지했던 땅을 80년 넘게 지난 지금 와서 법을 만들어 환수하면 안 되지 않나?"

"음, 그런 문제가 있네. 소급 입법을 하자니 원칙에 어긋나고, 안 하자니 정의가 울고……."

여러분이 헌법 재판관으로서 이 법이 위헌인지 판단해야 한다면 어떻게 하겠습니까? 우리 헌법재판소는 이 법을 합헌이라고 판단하였습니다.[1] 이 사건이 왜 헌법재판소에서 다루어졌을까요? 헌법재판소는 무슨 일을 하는 기관일까요? 5장에서는 헌법을 해석해서 분쟁을 해결하는 헌법재판소에 대해서 살펴보겠습니다.

헌법재판소가
뉴스에 많이 등장하는 이유

우리나라의 사회적 갈등 수준은 심각한 것으로 알려져 있습니다. 2016년에 실시된 한국 보건 사회 연구원의 연구에 따르면, 국내 사회 통합 지수는 OECD 30개 회원국 중 사회적 포용 30위, 사회적 자본 22위, 사회 이동 24위, 사회 갈등과 관리 26위로 종합 29위를 나타냈습니다. 이 연구는 1995년부터 2015년까지 5년 단위로 사회 통합 지수 값을 산출하였는데, 우리나라는 계속 29위로 최하위권이었습니다.[2]

일찍이 독일의 유명한 공법학자인 루돌프 스멘트(Rudolf Smend)는 국가를 정치적 공동체로 상정하고, 헌법은 이러한 정치적 공동체로 통합되어 가는 과정의 법질서라고 설명했습니다. 우리 헌법도 이러한 기본 전략과 전술을 채택하여 이를 구조화하고 있습니다.

⚖ 사회 통합을 이루는 거대한 용광로

"헌법은 사회에서 발생하는 갈등과 대립을 녹여 사회 통합을 만들어 가는 거대한 용광로이다."

여기서 통합은 이 용광로가 만들고자 하는 생산물이며, 갈등과 대립은 이러한 목적물을 만들기 위한 소재입니다. 소재가 없이 생산물이 나올 수 없지요. 헌법에는 이러한 취지가 담겨 있습니다. 따라서 갈등과 대립을 부정적으로 인식하지 않고 이를 부단히 녹여 화학적 변용을 하여 통합이라는 생산물을 생산할 수 있습니다.

이러한 생산 과정에 헌법은 국회, 대통령을 수반으로 하는 행정부, 법원, 헌법재판소와 같은 국가 기관과 국민의 참여를 예정하고 있고, 이 행위자들이 행위하는 데 일정한 기준을 기본권과 기본 원리라는 이름으로 제공합니다.

여기서 우리가 좀더 세심하게 고려해야 할 것은, 헌법이 갈등과 대

립을 녹여 통합이라는 생산물을 만드는 것이 결코 일회적이고 쉬운 과정이 아니라는 점입니다. 또한 이는 고단하게 계속되어야 할 과정입니다.

한편, 헌법은 갈등과 대립을 녹여 화학적 변용을 하여 통합이라는 생산물을 생산할 수 있는 틀은 제시했지만, 이 틀에 의해 부여 받은 권한을 행사하여 타협을 이루고 실제 갈등을 해소하고 통합을 하여 행복한 사회를 가꾸는 일은 헌법의 몫이 아니라, 시민과 국가 기관의 몫입니다.

🔨 헌법재판소가 갈등과 대립을 해결하는 자세

현대 입헌 민주 국가에서 법원은 구체적 분쟁이 발생한 경우 국회와 행정부가 마련한 법령을 해석하여 분쟁을 해결하는 기능을 담당합니다. 헌법재판소는 국회가 마련한 법률이 헌법에 위반되는지 판단하지요. 행정부나 법원이 권한을 행사하면서 국민의 기본권을 침해했는데 이에 대한 구제 수단이 없을 때 이를 구제하는 일도 합니다.

헌법재판소와 법원은 사법의 속성상 갈등과 대립의 통합 과정에서 국회와 대통령을 수반으로 하는 행정부처럼 적극적으로 이를 주도할 수는 없고, 법을 선언하고 이에 따라 국민의 권리를 보장하는 과정에서 소극적으로 갈등과 대립의 통합 기능을 수행할 수 있을 뿐입니다. 다만, 입법권이 갈등과 대립을 발견하지 못하거나 이를 발견하고도 법률의 형식으로 이에 대해 적절히 대처하지 못했을 경우, 법원은 시민이 다른 시민에 대해 자기 기본권을 보호해 달라고 주장하면 좀더 적극적으로 이러한 갈등과 대립의 해결에 기여할 수 있을 것입니다. 법원이 갈등과 대립의 통합 과정에서 좀더 적극적인 역할을 수행하기 위해서는 재판에만 의존할 것이 아니라 화해, 조정, 중재와 같은 대안적 분쟁 해결 방법을 좀더 활용할 필요가 있습니다.

헌법재판소는 헌법을 유권적으로 해석할 수 있는 권한을 가진 기관이므로 갈등과 대립의 통합 과정에서 헌법의 기능을 충실히 구현할 권한과 임무를 가지고 있습니다. 그런데 헌법은 우리 정치 공동체를 만들 때 기본적인 약속이고, 정치 영역을 규율하는 법입니다.

정치란 무엇일까요? 정치란 공동체에서 일어나는 갈등을 해결하고 구성원의 이해관계를 조정하는 활동입니다. 돈, 명예 등 사람의 욕구를 채울 수 있는 한정된 자원을 누구에게 어떻게 분배할지 정하고, 갈등과 분쟁을 극복하고 사회를 통합하는 행위이지요. 이러한 의미에서 헌법재판소는 매우 중요한 기능을 수행합니다.

예를 들어 박근혜 대통령 탄핵 결정을 생각해 볼까요? 당시 박근혜 대통령이 세월호 사건을 잘 대처하지 못했고, 청와대의 주요 문건이 최○원(개명 전 최○실)에게 유출되었고 최○원이 비밀리에 국정에 개입했다는 보도가 있었습니다. 전국 경제인 연합회가 주도하여 만든 것으로 알려진 재단 법인 미르와 재단 법인 케이스포츠가 설립될 때 청와대가 개입하여 대기업으로부터 500억 원 이상을 모금했다는 의혹도 제기되었지요. 이와 같은 상황에서 많은 시민이 광화문 등에서 촛불 시위를 하며 대통령의 사퇴를 주장했습니다.

한편, 세월호 사건 당시 대통령은 사건의 심각성을 안 때부터 대통령으로서 충실하게 대처했고, 최○원의 국정 개입은 과장된 것이란 주장이 있었습니다. 미르와 케이스포츠의 설립도 대통령이 개입한 게 아니란 주장도 있었지요. 이와 같은 주장에 동조하는 시민은 촛불 시위에 대항하여 태극기 시위를 했습니다. 당시 야당에서는 청와대가 계엄령까지 준비하고 있다는 의혹을 제기하기도 했습니다.

헌법재판소는 이와 같은 정치적 갈등과 대립 상황에서 탄핵 결정을 하여 대통령을 파면함으로써 수습을 했지요. 이것은 갈등과 대립의 통합 과정에서 헌법재판소가 하는 기능을 상징적으로 보여 주는 대표적인 사건입니다.

또한 헌법에서 금지하는 소급 입법을 한 것이 아니냐는 사회적 논란이 있었던 '일제 강점하 반민족 행위 진상 규명에 관한 특별법'과 '친일 반민족 행위자 재산의 국가 귀속에 관한 특별법'의 친일 반민족 행위자의 재산 몰수 규정을 합헌이라고 판단하여 더 이상 사회적 논란이 되지 않게 했던 결정[3]도 헌법재판소의 기능을 상징적으로 보여 줍니다.

한편, 헌법재판소 기능의 중요성만큼 강조되어야 할 것이 헌법재판소의 한계입니다. 헌법재판소는 다루는 대상이 헌법이라는 정치성을 가진 규범일 뿐, 헌법재판소가 행사하는 권한의 본질은 여전히 사법 작용입니다.

따라서 사법의 속성상 갈등과 대립의 통합 과정에서 국회와 대통령을 수반으로 하는 행정부처럼 적극적으로 이를 주도할 수는 없습니다. 헌법을 선언하고 이에 따라 국민의 기본권을 보장하는 과정에서 소극적으로 갈등과 대립의 통합 기능을 수행할 수 있을 뿐입니다.

⚖️ 헌법 재판의 연혁과 입헌례

인류 최초의 헌법 재판은 미국에서 있었습니다. 미국 연방 대법원은 1803년 '마베리 대 매디슨 사건'에서 헌법은 법률 위에 있는 최고 규범으로서 법률이 헌법에 위반되면 법원은 그 법률의 적용을 거부해야 한다며 최초로 위헌 법률 심사를 했습니다. 이것은 미국 연방 헌법에 명시된 연방 대법원의 권한이 아니라, 헌법의 최고 규범성과 법률에 대한 헌법의 우위라는 연방 헌법의 해석에 근거한 권한 행사입니다.

당시에 영국, 독일, 프랑스 등 유럽에서는 성문 헌법을 가지고 있었지만 아직 헌법의 최고 규범성을 비롯해 법률에 대한 헌법의 우위라는 사상이 보편화되지 못했습니다. 이들 중 독일, 프랑스 등 대부분 나라는 제2차 세계 대전이 지나서야 헌법 재판 제도가 널리 퍼졌습니다.

이렇게 보편화된 헌법 재판은 누가 하느냐에 따라 일반 법원형과 독립 기관형으로 나뉩니다. 일본과 같은 나라는 미국의 예를 받아들여 사법권을 가진 일반 법원이 헌법 재판을 합니다. 이 유형은 법원 권한의 특성에 따라 헌법 재판이 구체적 규범 통제, 즉 우리나라의 위헌 법률 심판을 하는 것에 국한되는 것이 일반적입니다.

일반 법원은 구체적인 사건이 발생하면 이를 해결하기 위하여 법령을 해석하여 사건에 적용하는데, 그 과정에서 당해 법령이 헌법에 위반되는지 판단하는 구조를 가지기 때문입니다. 그러므로 일반 법원형은 사전적 규범 통제, 추상적 규범 통제, 그리고 헌법 소원을 생각하기 어렵습니다.

한편 우리나라, 독일, 오스트리아, 이탈리아, 스페인과 같은 나라에서는 일반 법원과 구별되는 독립 기관, 즉 헌법재판소나 헌법 위원회가 헌법 재판을 합니다. 코로나19가 대유행하여 학교 방역에 관한 일이 새로 생겼을 때 그 일을 담당할 학교 임원을 새로 뽑아 일을 맡기면 그가 체계적으로 일을 처리할 확률이 높은 것처럼, 이 유형은 헌법 재판을 전담하는 독립 기관이 사전적 규범 통제, 추상적 규범 통제, 헌법 소원 등 여러 가지 헌법 재판을 하고, 각 헌법 재판 유형마다 그에 적합한 절차법을 형성하여 재판을 하는 경향을 보입니다.

더 알아보기

마버리 대 매디슨 사건[4]

미국 제2대 대통령 존 아담스가 임기 말에 연방 판사로 임명한 마버리가 제3대 토머스 제퍼슨 행정부에게 임명장을 줄 것을 청구했지만 국무성 장관 매디슨에 의해 거부당하자, 법원에 임명장을 줄 것을 행정부에 명령해 달라는 행정 집행 명령을 청구했습니다.

연방 대법원은 마버리가 당시 현행 법률인 사법부법에 근거해 행정 집행 명령을 청구할 수 있지만 그 근거법인 사법부법이 미국 헌법을 위반한 법률이어서 마버리의 청구를 인용할 수 없다고 판결했습니다.

이 사건은 미국 연방 헌법에 명시되지 않은 연방 대법원의 위헌 법률 심판권을 만든 최초의 판결이고, 이후 위헌 법률 심판 제도는 세계 여러 나라의 헌법 재판에 제도화되었습니다.[5]

한편 영국, 네덜란드, 스웨덴, 덴마크 같은 나라는 지금까지도 국민 주권과 의회 우위 사상이 강하여 사법부의 결정으로 의회가 만든 법률을 무효로 하는 헌법 재판을 부정합니다. 법관은 입법자가 제정한 법률을 해석하여 분쟁을 해결하는 기능을 하는 것이어야지 법관의 결정에 입법자가 구속되는 일은 받아들이기 어렵다는 의미입니다.

함께 이야기해 봅시다

1. 여러분이 가장 인상 깊게 기억하는 헌법재판소의 결정은 무엇인가요? 그 이유는 무엇인가요?

2. 헌법재판소는 국민의 대표인 국회가 만든 법률을 무효로 만들 수 있는 권한을 가지고 있습니다. 국민에 의해 직접 선출되지 않은 헌법재판소 재판관이 이러한 권한을 가지는 이유는 무엇일까요?

법률이 헌법에 위반되는지 밝힌다
위헌 법률 심판

근대 초기에는 절대 군주의 자의적인 권력 행사를 막는 일이 현안이었습니다. 자의적인 국가 권력의 행사는 시민의 자유와 권리를 침해하는 결과를 가져왔기 때문이지요. 이러한 행사로부터 시민의 자유와 권리를 보장하기 위해서는 새로운 전략이 필요했습니다. 그것이 시민의 대표로 구성된 의회에서 제정한 법 형식인 법률에 따라 국가를 구성하고 운영하도록 하는 법치주의입니다.

헌법 재판이라는 개념의 시작

19세기 후반부터 본격적으로 나타난 노동 문제, 빈곤 및 질병 등의 사회 문제를 해결하기 위해 국가가 나서야 한다는 복지국가 사상이 주장되었고, 현대에 와서 복지국가 원리가 기본 원리로 자리 잡았습니다. 그리고 사회 영역의 문제를 치유하기 위한 법인 노동법, 사회 보장법, 공정 거래법, 소비자 보호법 등의 사회법을 만들어 복지국가 원리를 실현하려고 노력했습니다.

이에 따라 시민은 행정부뿐 아니라 시민의 대표자로 구성된 의회도 시민의 자유와 권리를 침해할 수 있다는 새로운 위협을 느꼈습니다. 이에 대응하기 위해 법률의 형식에 의한 기본권 제한뿐 아니라, 그러한 법률의 내용도 정당해야 한다는 인식이 싹트기 시작했지요.

이러한 인식이 구체화된 것은 시민의 대표인 국회가 만든 법률을 헌법을 통해 통제해야 한다는 위헌 법률 심판 제도를 도입하면서입니다. 마버리 대 매디슨 사건을 판결한 미국 연방 대법원의 아이디어가 많은 나라의 제도로 정착된 것입니다.

⚖️ 법률이 헌법에 위반된다고?

우리 헌법은 헌법재판소가 위헌 법률 심판권을 행사하도록 하고 있습니다. 즉, 법률이 헌법에 위반되는지 여부가 재판의 전제가 된 경우에는 당해 사건을 담당하는 법원은 직권 또는 당사자의 신청에 의한 결정으로 헌법재판소에 위헌 여부 심판을 제청하며, 헌법재판소는 제청된 법률의 위헌 여부를 결정합니다.

한편, 법률의 위헌 여부 심판의 제청 신청이 기각된 때에는 그 신청을 한 당사자는 헌법재판소에 헌법 소원 심판을 청구할 수 있습니다.

이것은 헌법재판소법 제68조 제2항에 근거한 헌법 소원입니다. 형식적으로는 헌법 소원이지만 그 실질은 법률의 위헌 여부를 다투는 것이므로 위헌 심사형 헌법 소원이라고도 합니다.

위헌 법률 심판을 제도적으로 구체화하는 방법에는 크게 세 가지가 있습니다. 첫째, 법률로 확정되기 전 법률안을 대상으로 당해 법률의 위헌 여부를 심사하여 위헌인 내용을 바로잡도록 하는 방법입니다. 이를 '사전적 규범 통제'라고 하는데, 프랑스와 같은 나라에서 채택한 방법입니다. 이러한 제도를 고안한 배경에는 국민의 대표인 의회가 만든 법률에 손을 대는 것은 불손하다는 사상이 깔려 있습니다.

둘째, 확정된 법률을 대상으로 당해 법률의 위헌 여부를 심사하여 위헌인 내용을 바로잡도록 하는 방법입니다. 이를 '사후적 규범 통제'라고 합니다. 여기에는 재판의 전제성●을 필요로 하느냐를 기준으로 다시 '추상적 규범 통제'와 '구체적 규범 통제'로 나뉩니다.

추상적 규범 통제는 확정된 법률이면 충분하며, 그것이 현재 구체적 사건에 적용되는 법률일 것까지는 요구하지 않습니다. 헌법 재판 기관에서 위헌 여부를 판단할 수 있도록 하는 방법으로, 독일과 같은 나라에서 채택한 방법입니다. 구체적 규범 통제는 확정된 법률인 것만으로는 충분하지 않고 구체적 사건에 적용되는 법률에 대해서만 헌법 재판 기관에서 위헌 여부를 판단할 수 있도록 하는 방법입니다. 우리나라에서 채택한 방법이지요.

이 세 가지 방법은 서로 배타적인 것이 아닙니다. 따라서 둘 이상의 방법을 함께 채택하여 사용할 수 있지요. 프랑스 같은 나라에서는 전통적으로 사전적 규범 통제를 해 오다 지난 2008년 헌법 개정을 통해 구체적 규범 통제도 채택하여 두 방법을 함께 운영하고 있습니다.

우리도 앞으로 사전적 규범 통제와 추상적 규범 통제를 추가로 채택하여 운영하는 것을 검토할 필요가 있습니다. 특히 조약이 헌법에 합치하는지 통제하는 것은 그 특성상 사전적 규범 통제를 하는 것이 타당합니다. 왜냐하면 헌법재판소가 조약을 체결한 사후에 구체적인 사건에서 당해 조약의 위헌성이 문제되었을 때 비로소 위헌 여부를 심사하여 위헌 결정을 하면, 국내적으로는 국가 기관이 조약에 따른 권한 행사를 할 수 없습니다. 그런데 국제적으로는 그 조약이 여전히 유효하므로 그에 따른 권한 행사가 요구되는 모순적인 상황이 벌어집니다. 프랑스, 스페인, 포르투갈, 독일 등이 조약에 대해 사전적 규범 통제를 하는 이유입니다.[6]

위헌 법률 심판을 청구하기 위해서는 다음과 같은 요건과 절차가 필요합니다. 첫째, 우리나라에서 위헌 법률 심판을 청구하기 위해서는 "법률이 헌법에 위반되는지 여부가 재판의 전제가" 되어야 합니다. 즉, 구체적 규범 통제를 채택하고 있습니다.

둘째, 법원은 직권 또는 당사자의 신청에 의한 결정으로 헌법재판소에 위헌 여부 심판을 제청해야 합니다. 당사자는 자기 사건에 적용될 법률이 위헌이라고 판단하면 당해 사건을 담당하는 법원에 위헌 제청을 신청할 수 있습니다. 이 신청을 받은 법원은 그 법률이 당해 소송에 전제가 되고, '위헌이라는 합리적인 의심'이 있으면 위헌 심판 제청을 결정합니다.

만약 재판의 전제성이 없거나 법원의 재판과 같이 현행법상 위헌 법률 심판의 대상이 되지 못하는 것에 대한 신청은 각하●합니다. '위헌이라는 합리적인 의심'이 들지 않고 합헌이라고 판단하면 기각●하지요. 이와 같이 법원이 각하하거나 기각하면 그 신청을 한 당사자는 헌법재판소에 헌법 소원 심판을 청구할 수 있습니다. 이를 전형적인 헌법 소원과 구별하여 '위헌 심사형 헌법 소원'이라고 합니다.

즉, 현행법은 당사자가 자기 사건에 적용될 법률이 위헌이라고 생각하는 경우 어떤 식으로든 헌법재판소에 그 판단을 구해 볼 수 있도록 허용하고 있습니다. 따라서 위헌 심사형 헌법 소원은 형식은 헌법 소원이지만 그 실체는 법률의 위헌 여부를 다투는 위헌 법률 심판입니다.

이와 같이 법원이 위헌 법률 심판을 제정한 때에는 당해 사건 재판은 헌법재판소의 결정이 있을 때까지 정지됩니다. 위헌 결정이 있으면 그에 따라 재판을 해야 하기 때문입니다.

⚖ 위헌 법률 심판의 심사 기준

위헌 법률 심판에서 위헌인지 판단할 때 기준은 헌법입니다. 여기서 헌법이란 원칙적으로 형식적 의미의 헌법●, 즉 대한민국 헌법입니다. 공직 선거법, 정부 조직법과 같은 실질적 의미의 헌법●은 이 경우 심사 대상이지 심사 기준일 수 없습니다.

각하

소송의 형식적인 요건을 갖추지 못하여 소송을 하지 않는다는 법원의 판단.

기각

소송의 형식적인 요건을 갖추어 사건을 들여다보니 원고의 주장이 타당하지 않아 소송을 종료한다는 법원의 판단.

관습 헌법이 헌법 심사의 기준이 될 수 있는지 문제가 된 적이 있습니다. 1장 '재미있는 헌법 판례'에서 본 것처럼 우리 헌법재판소는 관습 헌법이 헌법 심사의 기준이 된다고 했습니다. 그러나 많은 헌법학자는 대한민국 헌법에 쓰이지 않은 사항은 국민의 대표인 국회가 결정할 사항이지 헌법재판소가 관습 헌법을 발견하여 해결할 일은 아니라고 비판했습니다.

위헌 법률 심판의 경우 기본권 침해뿐 아니라 헌법의 기본 원리, 이를 구현하기 위한 제도와 질서 등도 심사 기준이 됩니다. 헌법 소원이 기본권만을 심사 기준으로 삼는 것과 구별되지요.

헌법재판소는 제청 법원이나 제청 신청인이 주장하는 법적 관점에만 국한되지 않고, 모든 헌법적 관점에서 심사합니다. 즉 제청 법원●이 법치주의 원리에 위배되어 제청 법률●을 위헌이라고 주장하더라도, 헌법재판소는 제청 법률이 민주주의 원리와 특정 기본권을 침해하여 위헌이라고 판단할 수 있다는 의미입니다.

⚖ 위헌 결정을 하면 법률의 효력이 사라진다

위헌 법률 심판 청구가 적법하지 않으면 헌법재판소는 각하 결정을 합니다. 이는 "이 사건 위헌 여부 심판 제청을 각하한다"와 같이 표현하지요.

위헌 법률 심판 청구가 적법하면 헌법재판소는 이제 본안 판단을 합니다. 그것이 위헌이면 위헌 결정("○○법률은 헌법에 위반된다"), 합헌이면 합헌 결정을 하지요("○○법률은 헌법에 위반되지 아니한다"). 그리고 경우에 따라서는 헌법 불합치 결정, 한정 위헌, 한정 합헌이라고 하는 변형 결정을 합니다.

우리 헌법은 법률을 위헌 결정하기 위해서는 재판관 6인 이상의 찬성을 요구합니다(제113조 제1항). 이와 같은 가중 다수●를 요구한 이유는 국민의 대표인 국회가 만든 법률을 위헌이라고 판단하는 데 신중을 기하라는 취지입니다.

그런데 그 결과 재판관의 다수인 5인이 위헌이라고 판단해도 합헌 결정을 해야 합니다. 저는 그것이 바람직한 것인지 의문입니다. 독일의 경우 위헌 결정에 있어 가중 다수가 아닌 단순 다수●만 요구하고 있습니다.

헌법 불합치 결정은 대상 법률이 위헌이라고 판단하지만 입법자의 형성권을 존중하여 단순 위헌이라고 하지 않고, "헌법에 합치하지 아니한다"라는 선언에 그치는 결정입니다. 이 경우 원칙적으로 법률은 형식적으로 존속하고 국회는 법률의 위헌성을 없앨 의무를 가집니다. 다른 국가 기관은 개선 입법이 있을 때까지 그 법률 적용을 중지하고 기다립니다.

헌법 불합치 결정을 하는 구체적인 경우는 그 법률을 위헌 결정하면 법적 공백이나 혼란이 발생하는 경우, 수혜적 법률이 평등 원칙에 위반되는 경우 등입니다.

예를 들어 소득 하위 20퍼센트에 속하는 가정의 초등학생에게만 무상 급식을 하도록 규정한 법률의 위헌 여부가 문제되었다면 어떨까요? 복지국가 원리, 교육의 특성, 무상 의무 교육의 요청, 평등권에 비추어 모든 초등학생에게 무상 급식을 하는 것이 헌법에 합치하므로 그 법률은 위헌이라고 모든 재판관이 판단했습니다.

이때 그 법률을 위헌이라고 선언하면 어떻게 될까요? 무상 급식을 할 수 있는 근거가 없어져 소득 하위 20퍼센트 가정의 초등학생에게도 무상 급식을 중단할 수밖에 없습니다. 헌법재판소는 이와 같은 법적 공백 상태가 위헌 법률이 남아 있는 것보다 더 위헌적이라고 판단하고, 이와 같은 법적 공백 상태를 막고자 이 경우 단순 위헌 대신, 헌법 불합치 결정을 합니다.

헌법재판소가 헌법 불합치 결정을 하면 국회는 개선 입법을 하여야 합니다. 그래야 법적 공백을 막을 수 있지요. 국회는 그간 헌법재판소가 헌법 불합치 결정을 한 법률을 개정하여 위헌성을 제거해 왔습니다.

그러나 어떤 경우에는 개선 입법을 하지 않아 사회 문제가 되기도 합니다. 2014년 국민 투표법 헌법 불합치 결정에 대한 개선 입법을 2024년 현재까지 하지 않은 것이 대표적인 예입니다.

헌법재판소는 지난 2014년 공직 선거법 제218조의 4 제1항 등을 심사하며 국민 투표법의 일부(주민 등록이 되어 있지 않고 국내 거소 신고도 하지 않은 재외 국민에게 국민 투표권을 제한한 국민 투표법 제14조 제1항)에 대해 헌법 불합치 결정을 했습니다. 그리고 이 법률 조항은 2015년 12월 31일을 시한으로 입법자가 개정할 때까지 계속 적용하도록 하였지요.[7] 따라서 국회는 시한 내에 법을 개정했어야 했는데, 그 기간을 넘긴 것은 물론 지금까지도 법을 개정하지 않고 있습니다.

한정 합헌·한정 위헌 결정은 대상 법률의 문언을 여러 의미로 해석할 수 있는 경우 특정한 내용으로 해석하여 적용하는 한 합헌이라고 결정하거나, 위헌이라고 결정하는 형식입니다. 대상 법률의 내용을 A, B, C로 해석할 수 있는 경우 A, B라고 해석하여 적용하는 한 합헌이라고 결정하면 한정 합헌 결정이고, C라고 해석하여 적용하는 한 위헌이라고 결정하면 한정 위헌 결정입니다. 어떤 법률을 이와 같이 헌법에 합치하도록 해석하는 것을 '합헌적 법률 해석'이라고 합니다. 그 저변에는 헌법재판소가 국민의 대표인 국회의 입법 형성권을 존중하겠다는 생각이 깔려 있습니다.

함께 이야기해 봅시다

1. 위헌 법률 심판은 헌법재판소가 어떤 국가 기관을 견제하기 위한 수단일까요?
2. 헌법재판소법은 헌법재판소가 법률의 위헌 결정을 할 수 있다고 명문으로 규정할 뿐 헌법 불합치 결정, 한정 위헌, 한정 합헌과 같은 변형 결정을 명문으로 규정하고 있지 않습니다. 그렇다면 헌법재판소가 변형 결정을 하는 것은 정당할까요? 정당하다면 그 근거는 무엇인가요?

기본권이 침해된 사실을 알았을 때

헌법 소원 심판

고등학생인 상원은 친구들과 당구를 치러 갔다가 당구장 입구에 '18세 미만 자의 출입을 금지합니다'라는 안내문이 붙어 있는 표지판을 보았습니다.

"무슨 일이지? 일단 한번 올라가서 사장님께 여쭤 보자!"

아이들의 질문을 받은 사장은 이렇게 말했습니다.

"나도 너희들이 당구를 칠 수 있게 하고 싶지만 법으로 18세 미만인 사람은 당구장 출입을 금지하고 있으니 어쩔 수 없단다."

상원은 이러한 법령이 있다는 사실을 이해할 수 없었습니다. 그래서 헌법재판소에 헌법 소원을 제기하여 이 법령이 기본권을 침해한다고 주장했습니다. 그러자 헌법재판소는 이 법령이 상원과 당구장 경영자의 기본권을 침해한다고 선언했지요.

"당구장에 18세 미만 자의 출입을 금지하는 '체육 시설의 설치·이용에 관한 법률 시행 규칙'은 당구장 경영자의 영업의 자유와 청소년의 행복 추구권을 침해하므로 헌법에 위배된다."

며칠 후 상원은 친구들과 당구장에서 마음껏 당구를 칠 수 있었습니다.[8]

공권력이 기본권을 침해할 때

이 사례와 같이 공권력의 행사 또는 불행사로 인하여 헌법상 보장된 권리인 기본권을 침해 받은 자는 법원의 재판을 제외하고는 헌법재판소에 헌법 소원 심판을 청구할 수 있습니다. 다만, 다른 법률에 구제 절차가 있는 경우에는 그 절차를 모두 거친 후에 청구할 수 있습니다(헌법재판소법 제68조 제1항).

이를 '헌법 소원'이라고 합니다. 현행 헌법은 시민이 국가 기관에 의하여 기본권을 침해 받으면 이를 구제하고자 헌법 소원을 인정하고 있습니다. 이 제도는 1818년 독일 바이에른주 헌법에서 기원하여 독일, 오스트리아 등에서 확립된 것으로, 우리 헌정사에서는 현행 헌법이 처음 인정한 제도입니다.

⚖️ 헌법 소원의 요건과 절차

현행법에서 헌법 소원을 하려면 '공권력의 행사 또는 불행사가 있었을 것' '기본권을 침해 받았을 것' '다른 법률에 구제 절차가 있는 경우에는 그 절차를 모두 거쳤을 것'이라는 세 가지 요건이 필요합니다.

첫째, 헌법 소원을 하려면 공권력의 행사 또는 불행사가 있어야 합니다. 여기서 말하는 공권력은 입법권, 행정권, 사법권을 모두 포괄하는 용어입니다. 따라서 헌법 소원의 대상은 상당히 광범위합니다.

그러나 실제로는 이런저런 이유로 그 범위가 상당히 좁지요. 예를 들어 입법권의 행사인 법률의 제·개정에 따라 기본권을 침해 받더라도 늘 헌법 소원이 가능한 것은 아닙니다. 왜냐하면 법률은 그 법률이 직접 기본권을 침해하는 경우는 드물고, 그 집행을 통해 비로소 기본권 침해가 발생하는 것이 일반적이니까요.

이 경우 다음으로 설명하는 두 번째 요건인 침해의 직접성 요건을 충족하지 못하므로 법률에 대해 헌법 소원을 제기하는 것이 아니라 그에 근거한 행정 처분을 행정 소송으로 다투어야 합니다.

행정 소송의 결과인 판결은 법원의 재판을 헌법 소원의 대상에서 제외하고 있는 헌법재판소법 제68조 제1항에 의해 다툴 수 없습니다. 행정권의 행사인 행정 처분도 원칙적으로 행정 소송의 대상이어서 사실상 헌법 소원의 대상이 아닙니다. 사법권의 행사인 법원의 재판이 헌법 소원의 대상이 아닌 것과 같습니다.

결국 현행법으로는 공권력의 행사 또는 불행사 중 법률이나 명령 등의 법규가 직접 기본권을 침해하는 경우와 같이 매우 한정된 경우에만 헌법 소원을 청구할 수 있습니다. 앞의 당구장 사례가 그와 같은 예입니다. 앞으로 입법으로 개선할 필요가 있는 부분이지요.

둘째, 헌법 소원을 하려면 시민이 자신의 기본권을 직접, 현재 침해받고 있어야 합니다. 이를 차례로 '자기 관련성' '직접성' '현재 침해성'이라고 합니다.

자기 관련성이란 자신의 기본권이 침해된 것이어야 한다는 의미입니다. 따라서 다른 사람의 기본권이 침해된 것을 헌법 소원하면 헌법 재판소는 각하합니다.

또한 시민은 자신의 기본권이 직접 침해되어야 합니다. 따라서 자신의 기본권이 간접적으로 침해된 경우에 헌법 소원하면 헌법재판소는 각하합니다.

마지막으로 시민은 자신의 기본권이 현재 침해 받고 있어야 합니다. 자신의 기본권 침해가 이미 종료된 경우 헌법 소원하면 헌법재판소는 원칙적으로 각하합니다.

셋째, 다른 법률에 구제 절차가 있는 경우에는 그 절차를 모두 거친 후 헌법 소원을 제기해야 합니다. 이를 '보충성 요건'이라고 합니다. 보충성을 요구하지 않으면 기본권을 침해 받은 시민이 자칫 기존에 만들어 놓은 사법 절차를 모두 건너뛰고 헌법재판소에 헌법 소원을 제기할 수 있습니다. 그러면 법원과 같이 시민이 기본권 침해를 받았을 때 구제를 하도록 만든 국가 기관은 개점휴업 상태가 될 수 있습니다. 따라서 이 요건은 소송과 같은 기존의 기본권 구제 제도와. 새롭게 만든 헌법 소원이 공존하기 위한 타협입니다.

예를 들어 ○○ 교도소장이 수형자의 정보 공개 청구에 대해 비공개 결정을 한 것은 행정 소송을 할 수 있는 '처분'이므로 행정 소송이라는 구제 절차를 거쳐야 헌법 소원을 할 수 있습니다. 이를 거치지 않은 헌법 소원은 보충성의 요건을 갖추지 못해 부적법하므로 각하합니다.[9]

⚖ 청구인의 청구가 타당하면 인용, 아니면 기각

헌법 소원 심판 청구가 적법하지 않으면 헌법재판소는 각하 결정을 합니다. "이 사건 심판 청구를 각하한다"와 같이 표현하지요.

헌법 소원 심판 청구가 적법하면 헌법재판소는 이제 본안 판단을 합니다. 청구인의 청구가 타당하다고 판단하면 인용 결정("이 사건 심판 청구를 인용한다"), 청구가 타당하지 않다고 판단하면 기각 결정("이 사건 심판 청구를 기각한다")을 합니다.

필요한 경우 그 위헌성이 공권력의 근거가 되는 법령에 기인하는 경우 그 법령에 대한 위헌 결정도 할 수 있습니다. 앞의 당구장 사례에서 결정이 그 대표적인 예이죠.

226

체육 시설의 설치·이용에 관한 법률 시행 규칙(1989. 7. 12. 체육부령 제13호, 개정 1992. 2. 27. 문화 체육부령 제20호) 제5조의 체육 시설업의 시설, 설비, 안전 관리 및 위생 기준(별표1)에 수록되어 있는 "2. 안전 관리 및 위생 기준(체육 시설업자의 준수 사항)"의 "(2) 개별 기준" 중 "자. 당구장업" 란 3)에 기재된 "출입문에 18세 미만 자의 출입을 금지하는 내용의 표시를 하여야 한다"는 규정은 평등권과 직업 선택의 자유를 침해한 것이므로 헌법에 위배된다.[10]

⚖️ 위헌 심사형 헌법 소원

현행법은 법률이 헌법에 위반되는지 여부가 재판의 전제가 된 경우에는 당해 사건을 담당하는 법원은 직권 또는 당사자의 신청에 의한 결정으로 헌법재판소에 위헌 여부 심판을 제청하며, 헌법재판소는 제청된 법률의 위헌 여부를 결정합니다. 그런데 법원이 신청인의 신청을 각하하거나 기각하면 신청인은 헌법재판소에 헌법 소원 심판의 형식으로 당해 법률의 위헌 여부를 물을 수 있습니다.

헌법학계와 헌법재판소는 이를 '헌법 소원' '위헌 심사형 헌법 소원'이라고 부릅니다. 이 헌법 소원은 헌법 소원의 형식을 취하고 있지만 그 실질은 위헌 법률 심판입니다. 이러한 이유로 헌법재판소는 이 헌법 소원을 제68조 제1항의 헌법 소원과 구별하여 '헌바'라는 별도 유형의 사건 번호를 부여하고 있습니다.

이 헌법 소원을 청구하기 위해서는 법원이 위헌 법률 심판 제청 신청을 기각해야 하고, 당해 법률이 헌법에 위반되는지 여부가 재판의 전제가 되어야 합니다.

헌법재판소는 이 청구가 적법하지 않으면 각하 결정을 하고, 적법하면 이제 본안 판단을 합니다. 그리고 그것이 위헌이면 위헌 결정("○○ 법률은 헌법에 위반된다"), 합헌이면 합헌 결정을 합니다("○○ 법률은 헌법에 위반되지 아니한다"). 경우에 따라서는 헌법 불합치 결정, 한정 위헌, 한정 합헌이라고 하는 변형 결정을 합니다.

 **함께 이야기해 봅시다**

1. 헌법 소원은 헌법재판소가 어떤 국가 기관을 견제하기 위한 수단일까요?
2. 헌법재판소법이 '법원의 재판'을 헌법 소원에서 제외한 것은 헌법재판소가 어떤 기관을 견제하는 것을 가로막는 것일까요?

고위 공무원으로부터
헌법을 지킨다

탄핵 심판

"피청구인 대통령 박근혜를 파면한다."

2017년 3월 10일, 헌법재판소의 결정에 따라 박근혜 대통령이 그 직을 상실했습니다. 법치주의 원리에 따르면, 국가는 법에 따라 구성되고 운영되어야 하며, 누구도 법 위에 군림할 수 없어야 합니다. 그런데 법을 어긴 왕이나 왕의 비호를 받는 고위직은 비리와 부정을 저질러도 법에 따른 제재를 받지 않는 일이 생겼습니다.

"어라, 왕이나 고위 공무원은 일반적인 형사 절차나 징계 절차에 따라 제재를 하기 곤란하네."

"이들에게는 일반 시민과 별도의 제재 절차를 만들어야겠군."

고위 공무원에 대해서 일반 시민과 다른 제재 절차를 구상하게 된 배경입니다. 이와 같은 탄핵 제도는 영국에서 유래했습니다.

⚖️ 고위 공무원이 헌법을 침해했을 때

영국에서는 1376년 의회에서 국왕을 보좌하는 대신을 대상으로 하원에서 소추를, 상원에서 심판을 하여 탄핵 받으면 형벌을 부과하는 정치적, 형사 재판적 탄핵을 했습니다.[11]

이를 이어받은 미국은 대통령·부통령·장관 등의 고위 공무원이 반역죄, 수뢰죄●, 또는 그 밖의 중요한 범죄를 범하면 하원에서 소추를, 상원에서 심판을 하여 탄핵 받으면 면직하는 정치적, 징계적 성격의 탄핵 제도를 연방 헌법에 명문으로 규정했습니다.

우리 헌법은 "대통령·국무총리·국무 위원·행정 각부의 장·헌법재판소 재판관·법관·중앙 선거 관리 위원회 위원·감사원장·감사 위원 기타 법률이 정한 공무원이 그 직무 집행에 있어서 헌법이나 법률을 위배한 때에는 국회는 탄핵의 소추를 의결할 수 있다(제65조 제1항)"라고 규정하고, 헌법재판소가 탄핵 심판하도록 규정하여(제111조 제1항), 국회가 탄핵 소추를, 헌법재판소가 탄핵 심판을 하도록 사법적 제도 설계를 하고 있습니다. 앞서 설명한 영국, 미국이 소추와 심판을 모두 의회에서 하도록 정치적 성격의 탄핵 제도를 설계한 것과 비교됩니다.

수뢰죄

공무원 또는 중재인이 직무와 관련하여 뇌물을 받거나 받기로 약속했을 때 성립하는 범죄.

⚖️ 탄핵 심판의 요건과 절차

우리 헌법은 국회에 탄핵 소추권을, 헌법재판소에 탄핵 심판권을 맡기고 있습니다. 탄핵 심판의 사유는 "그 직무 집행에 있어서 헌법이나 법률을 위배한 때"인데, 이에 대해 좀더 자세히 살펴봅시다.

첫째, 우리 헌법이 정한 탄핵의 대상은 대통령·국무총리·장관 등 행정부 고위 공무원, 헌법재판소 재판관, 법관 등 사법부 고위 공무원입니다. 이러한 의미에서 우리 탄핵 제도는 국회와 헌법재판소가 행정부와 사법부를 견제하는 수단으로 설계되어 있다고 할 수 있습니다.

그리고 "기타 법률이 정한 공무원"으로 명시되어 있어 탄핵 대상을 국회의 입법 형성권에 맡겨 놓고 있는데, 현행 검찰청법은 검사를 이에 해당하는 공무원으로 규정하고 있습니다. 이론적으로는 각 군 참모 총장, 경찰청장 등이 이에 해당한다고 제시되어 있습니다. 그렇다고 이 범위가 무한정 확장되어서는 안 됩니다. 이 제도의 취지에 비추어 법을 위반하였는데 일반 시민과 달리 형사 절차나 징계 절차에 따라 제재하기 어려워 그의 헌법 침해에 효과적으로 대응하기 어려운 고위 공무원에 한정되어야 합니다.

둘째, 탄핵의 사유는 "그 직무 집행에 있어서 헌법이나 법률을 위배한 때"입니다. 헌법학계에서는 이 사유가 너무 광범위하여 해석론적으로 제한해야 한다는 것이 일반적인 견해입니다. '직무 집행에 있어서'라고 규정하였으므로 대통령이 개인적으로 큰 금액의 채무를 지고 이를 갚지 않는 민법 위반을 하더라도 이것이 탄핵 사유가 될 수는 없습니다.

탄핵이 헌법 보호 수단인데도 법률 위반을 그 사유로 규정한 것은, 고위 공무원의 경우 직무 집행에 있어 법률 위반이 곧 헌법 위반을 의미하는 경우가 많기 때문입니다. 이런 의미에서 결정 단계에서는 이 헌법과 법률 위반은 헌법적 관점에서 중대한 위반일 때로 좁게 해석해야 합니다. 그리고 탄핵 대상자가 대통령이냐, 법관·검사냐에 따라

법 위반의 중대성은 각기 다르게 해석해야 합니다.

대통령 파면을 결정하는 일은 국민이 선거를 통하여 대통령에게 부여한 민주적 정당성을 임기 중 박탈하는 것으로서 국정 공백과 정치적 혼란 등 국가적으로 큰 손실을 가져올 수 있으므로 신중하게 이루어져야 합니다. 따라서 대통령을 탄핵하기 위해서는 대통령의 법 위배 행위가 헌법 질서에 미치는 부정적 영향과 해악이 중대하여 대통령을 파면함으로써 얻는 헌법 수호의 이익이 대통령 파면에 따르는 국가적 손실을 압도할 정도로 커야 합니다. 즉, '탄핵 심판 청구가 이유 있는 경우'란 '대통령의 파면을 정당화할 수 있을 정도로 중대한 헌법이나 법률 위배가 있는 경우'를 말한다고 판시한 바 있습니다.[12]

셋째, 국회가 탄핵 소추하려면 국회 재적 의원 3분의 1 이상의 발의가 있어야 하며, 그 의결은 국회 재적 의원 과반수의 찬성이 있어야 합니다. 탄핵 대상 중 대통령에 대한 탄핵 소추는 국회 재적 의원 과반수의 발의와 국회 재적 의원 3분의 2 이상의 찬성으로 가중 다수를 규정하고 있습니다.

이렇게 탄핵 소추의 의결을 받은 사람은 탄핵 심판이 있을 때까지 그 권한 행사가 정지됩니다. 이를 두고 학계에서는 탄핵을 받으면 형벌을 부과하는 형사 재판적 탄핵 제도를 설계한 영국과 대조하여 '징계적 제도'라고 부릅니다.

결론적으로 현행 헌법은 영국, 미국과 달리 사법적, 징계적 제도로 설계하였습니다.

⚖️ 고위 공무원을 공직에서 파면한다

　탄핵 심판 청구가 적법하지 않으면 헌법재판소는 각하 결정을 합니다. 적법하다면 헌법재판소는 이제 본안 판단을 합니다. 청구가 타당하다고 판단하면 탄핵 결정("피청구인 ○○○을 파면한다")을 하고, 탄핵 결정을 하면 그 사람은 공직으로부터 파면됩니다. 탄핵 결정에 의하여 파면된 사람은 결정 선고가 있은 날부터 5년이 지나지 않으면 공무원이 될 수 없습니다.

　청구가 타당하지 않다고 판단하면 기각 결정("이 사건 심판 청구를 기각한다")을 합니다. 피청구인이 결정 선고 전에 해당 공직에서 파면되었을 때에는 헌법재판소는 심판 청구를 기각해야 합니다. 박근혜 대통령 파면 사례에서 알 수 있는 것처럼, 탄핵 결정을 받았다고 민사상이나 형사상의 책임이 면제되지는 않습니다.

 **함께 이야기해 봅시다**

1. 헌법재판소장이나 헌법 재판관이 탄핵 소추될 경우, 헌법재판소는 탄핵 결정을 위해 재판을 합니다. 이때 탄핵 소추된 헌법재판소장이나 헌법 재판관은 그 탄핵 결정에 참여할 수 있을까요?
2. 헌법재판소는 지난 2017년 박근혜 대통령 탄핵 결정 당시 대통령을 탄핵하기 위해서는 "대통령의 파면을 정당화할 수 있을 정도로 중대한 헌법이나 법률 위배가 있"어야 가능하다고 판시한 바 있습니다. 그런데 헌법과 법률 어디에도 대통령 탄핵의 경우 헌법이나 법률 위배가 중대해야 한다고 규정한 것은 없습니다. 헌법재판소가 이와 같이 '중대성'을 덧붙인 이유는 무엇일까요?

위헌 정당으로부터
헌법를 지킨다
정당 해산 심판

"피청구인 통합 진보당을 해산한다."

2014년 12월 19일, 헌법재판소는 통합 진보당 정당 해산 심판에서 이와 같이 결정했고, 이에 따라 당시 국회의원 5명을 보유하고 있던 통합 진보당은 강제로 해산되었습니다.[13]

우리 헌법은 정당의 설립과 활동의 자유와 복수 정당제를 보장하고 있습니다(제8조 제1항). 그리고 국가는 정당을 법률이 정하는 바에 의하여 보호하고, 정당 운영에 필요한 자금을 보조할 수 있도록 규정하고 있지요(제8조 제3항). 이러한 헌법의 명령에 따라 우리 입법자는 '정당법'과 '정치 자금법'을 제정하여 국민의힘, 더불어민주당, 정의당 등 모든 정당을 보호하고 있습니다.

한편, "정당은 그 목적·조직과 활동이 민주적이어야 하며, 국민의 정치적 의사 형성에 참여하는 데 필요한 조직을 가져야 한다(제8조 제2항)"라고 규정하여 그 한계를 명시하고, "정당의 목적이나 활동이 민주적 기본 질서에 위배될 때에는 정부는 헌법재판소에 그 해산을 제소할 수 있고, 정당은 헌법재판소의 심판에 의하여 해산된다(제8조 제4항)"라고 규정하고 있습니다.

⚖ 왜 강제로 정당을 해산시킬까

사실 정당은 국가 기관이 아닙니다. 집권을 하고자 하는 사람들이 조직한 자발적인 정치적 결사이지요. 따라서 원칙적으로 사적 자치의 원리●에 따라 그 설립과 활동, 해산이 자유로워야 합니다. 국가의 통제를 받지 않아야 하는 것입니다.[14] 그러나 정당은 개인의 정치적 의사를 모아 책임 있는 정치적 주장이나 정책을 추진하고, 공직 선거에서 후보자를 추천하거나 지지하는 방식으로 국민의 정치적 의사 형성에 직접 참여하기 때문에 이러한 자율성은 제한되어야 합니다.[15]

정당은 어떻게 소멸해야 할까요? 사적 자치의 원리에 따라 스스로 설립한 단체이니 원칙적으로 스스로 해산을 결정해 해산하면 됩니다. 우리 정당법도 대의 기관의 결의에 따라 정당이 자진 해산할 수 있다고 규정하여 이를 확인하고 있습니다. 이렇게 자진 해산을 하는 주된 이유는 국민이 그 정당을 지지하지 않아서일 것입니다. 그렇다면 왜 자진 해산 외에 강제로 해산하는 제도를 구상했을까요?

> **사적 자치의 원리**
> 자기 의사에 따라 자유롭게 의사 결정하여 행위하고 그에 따르는 책임을 지는 것.

1930-1940년대 히틀러와 나치당에 의해 민주주의가 훼손되고 세계의 평화가 위협 받은 후 독일 국민은 반성했습니다. 민주주의를 부인하는 정치적 가치를 가진 정당이 '민주적 방법으로' 집권을 하여 민주주의를 훼손하는 결과를 가져왔는데도 이에 대한 견제가 실효적이지 못했다고 생각했습니다.

제2차 세계 대전 이후 제정된 독일 기본법은 이와 같은 배경에서 위헌 정당 해산 제도를 도입했습니다. 우리 헌법은 여기에 기원하고 있습니다. 따라서 정당 해산 제도는 나치당의 후계인 독일 사회주의 국가당과 같은, 헌법에 적대적인 정당으로부터 헌법을 보호하는 수단입니다.

한편, 왜 행정부가 제소하고 헌법재판소의 심판에 의하여 해산되도록 했을까요? 그것은 행정부가 쉽게 정당을 해산할 수 없도록 하기 위해서입니다. 우리 헌정사에는 행정부만의 결정에 의해 정권의 눈엣가시인 야당을 해산시킨 일이 있습니다. 1958년 남북 총선거를 통한 평화적 통일과 노동자의 단결을 주장하던 야당인 진보당은 이승만 행정부에 의해 정당 등록이 취소되어 강제로 해산되었습니다. 우리 헌법이 다른 나라와 비교해 입헌 사례가 많지 않은 정당 해산 제도를 채택한 계기가 된 사건입니다.

⚖ 정당 해산 심판의 요건과 절차

위헌 정당 해산 사유는 "정당의 목적이나 활동이 민주적 기본 질서에 위배될 때"이고, 그 절차는 행정부의 위헌 정당 해산 제소, 헌법재판소의 위헌 정당 해산 결정입니다. 좀더 자세히 알아볼까요?

첫째, 위헌 정당 해산 사유는 "정당의 목적이나 활동이 민주적 기본 질서에 위배될 때"입니다.

위헌 정당 해산 제도의 모국인 독일 연방 헌법재판소에 따르면, '민주적 기본 질서'란 "모든 폭력적 지배와 자의적 지배를 배제하고, 그때그때의 다수의 의사와 자유 및 평등에 의거한 국민의 자기 결정을 토대로 하는 법치 국가적 통치 질서"입니다.[16] 그것은 나치와 같은 극단적인 민주주의의 적이 합법적 수단을 통해 민주주의를 철폐하는 시도에 맞서 투쟁하기 위한 '투쟁적 민주주의' 또는 '방어적 민주주의'의 질서입니다.

우리 헌법재판소도 이와 비슷하게 "우리 헌법 제8조 제4항이 의미하는 민주적 기본 질서는, 개인의 자율적 이성을 신뢰하고 모든 정치적 견해들이 각각 상대적 진리성과 합리성을 지닌다고 전제하는 다원적 세계관에 입각한 것으로서, 모든 폭력적·자의적 지배를 배제하고, 다수를 존중하면서도 소수를 배려하는 민주적 의사 결정과 자유·평등을 기본 원리로 하여 구성되고 운영되는 정치적 질서를 말하며, 구체적으로는 국민 주권의 원리, 기본적 인권의 존중, 권력 분립 제도, 복수 정당 제도 등이 현행 헌법상 주요한 요소라고 볼 수 있다"라고 판시했습니다.

정당의 목적과 활동은 당헌, 정당 강령, 정당 지도자의 연설과 발언, 출판물, 당원의 행동과 발언 등으로 나타납니다. 정당 지도자를 포함한 당원의 행동과 발언은 늘 정당의 목적에 따른 것만은 아니므로 그 자체가 아니라 그에 대하여 정당이 어떤 태도를 취했는지 총체적으로 파악하여 민주적 기본 질서 위배 여부를 판단해야 합니다.

둘째, 위 요건이 충족되는 정당이 있으면 정부는 국무 회의의 심의를 거쳐 헌법재판소에 그 해산을 제소할 수 있습니다. 위헌 정당이 있으면 정부가 반드시 제소해야 하느냐, 제소 여부를 결정할 수 있느냐에 대한 대립이 있습니다. 이것은 정당 해산 제도의 본질과 연관된 문제입니다.

사회에 위헌 정당이 있다고 해서 반드시 정당 해산 제도를 통해 없어져야만 하는 것은 아닙니다. 시민의 지지를 얻지 못하면 스스로 해산할 것이니까요. 시민의 지지를 얻더라도 그것을 정당 해산 제도를 통해 해산하면 정치적 부담이 될 수 있습니다. 이런 의미에서 정당 해산 제소가 아닌 위헌 정당과 정치적으로 경쟁하는 것을 선택하는 일도 가능합니다.

셋째, 헌법재판소는 정당 해산 심판의 청구를 받은 때에는 직권 또는 청구인의 신청에 의해 종국 결정의 선고 시까지 피청구인의 활동을 정지하는 가처분 결정을 할 수 있습니다.

⚖️ 결국 위헌 정당은 해산된다

정당 해산 청구가 적법하지 않으면 헌법재판소는 각하 결정을 합니다. 적법하면 헌법재판소는 이제 본안 판단을 하지요. 청구가 타당하다고 판단하면 해산 결정("피청구인 ○○당을 해산한다")을 하고, 곧 그 정당은 해산됩니다. 청구가 타당하지 않다고 판단하면 기각 결정("이 사건 심판 청구를 기각한다")을 합니다. 만약 위헌 정당이 제소 후 해산 결정 전에 자진 해산했는데 위헌 정당이라고 판단하는 경우 '정당의 위헌 확인 결정'이라는 변형 결정을 인정하는 것이 타당합니다. 정당 해산 심판을 우회하여 이를 무력화하는 것을 막을 필요가 있기 때문입니다.[17]

우리 헌법과 헌법재판소법에는 정당 해산 결정 후 그 소속 국회의원의 자격에 관한 명시적인 규정이 없습니다. 이 경우 국회의원 자격을 어떻게 해야 할까요? 우리 헌법재판소는 통합 진보당 위헌 사건에서 "헌법재판소의 해산 결정으로 정당이 해산되는 경우에 그 정당 소속 국회의원이 의원직을 상실하는지에 대하여 명문의 규정은 없으나, 정당 해산 심판 제도의 본질은 민주적 기본 질서에 위배되는 정당을 정치적 의사 형성 과정에서 배제함으로써 국민을 보호하는 데에 있는데 해산 정당 소속 국회의원의 의원직을 상실시키지 않는 경우 정당 해산 결정의 실효성을 확보할 수 없게 되므로, 이러한 정당 해산 제도의 취지 등에 비추어 볼 때 헌법재판소의 정당 해산 결정이 있는 경우 그 정당 소속 국회의원의 의원직은 당선 방식을 불문하고 모두 상실되어야 한다"라고 판시한 바 있습니다.[18]

함께 이야기해 봅시다

1. 2013년 박근혜 행정부가 통합 진보당 해산 심판을 청구하게 된 과정에 대해 알아봅시다. 또 그 청구가 적절했는지에 대해 이야기를 나누어 봅시다.
2. 현재 중앙 선거 관리 위원회에 등록한 정당의 당헌과 활동을 알아보고 그중 위헌 정당 해산 사유에 해당하는 정당이 있는지 살펴봅시다. 여러분이 만약 법무부 장관이라면 헌법재판소에 그 정당의 해산을 청구하겠습니까? 만약 청구할 것이라면 그 이유는 무엇인가요? 또, 청구하지 않을 것이라면 그 이유는 무엇인가요?

국가 기관 간의 다툼을 해결한다

권한 쟁의 심판

"국회 의장이 2009년 3월 3일 본회의에서 '한국 정책 금융 공사 법안'과 '신용 정보의 이용 및 보호에 관한 법률 전부 개정 법률안'의 가결을 선포한 행위는 국회의원인 청구인의 법률안 심의·표결권을 침해한 것입니다. 단, 가결 선포 행위에 관한 무효 확인 청구는 기각합니다."[19]

우리 헌법에서 국회의원은 국민에 의해 직접 선출되는 국민의 대표로서 헌법과 법률에 따른 여러 권한을 가집니다. 그중에서 입법권은 가장 중요한 권한입니다. 국회는 입법권을 행사하는 기관이고, 국회의원은 그 국회의 구성원이니 너무나 당연한 이야기이지요. 법률안 제출권과 법률안 심의·표결권은 이 입법권의 핵심적 내용입니다.

⚖️ 정치적으로 말고 사법적으로 싸우기

과거 우리 국회에서는 이른바 '날치기'라고 불리는 나쁜 입법 관행이 있었습니다. 다수당이 통과시키기로 결정한 법률안을 본회의에 부의하고 토론 절차를 열지 않은 채 표결하여 통과시키는 것입니다. 본회의는 안건을 심의함에 있어 그 안건을 심사한 소관 상임 위원장의 심사 보고를 듣고 질의·토론을 거쳐 표결하도록 하고, 소관 상임 위원회의 심사를 거치지 않은 안건에 대해서는 제안자가 그 취지를 설명하고 질의·토론을 거쳐 표결해야 한다는 국회법 제93조를 정면으로 위반한 것입니다.

앞의 인용문과 같이, 헌법재판소는 국회 의장이 본회의에서 '한국 정책 금융 공사 법안'과 '신용 정보의 이용 및 보호에 관한 법률 전부 개정 법률안'의 가결을 선포한 행위는 국회의원의 법률안 심의·표결권을 침해했다고 판단했습니다.

다른 사례를 한번 볼까요? 우리 헌법에 의하면 대통령이 국무총리를 임명하려면 국회의 동의를 얻어야 합니다(제86조). 그런데 대통령이 국회의 동의 없이 국무총리를 임명하면 어떻게 해결해야 할까요? 1998년 김영삼 대통령이 김종필을 국회의 동의 없이 국무총리로 임명하자, 헌법을 위배했다는 논란이 있었습니다.[20]

이런 경우 대통령과 국회, 국회의장과 국회의원이 이에 관해 시민에게 설명하고 정치적 해결을 하는 것이 일반적입니다. 그런 정치적 해결은 정치력에 의존하기 때문에 어느 한쪽이 정치력이 부족한 경우 헌법의 입장에서 보았을 때 헌법에 합치하지 않는 해결이 될 수도 있습니다. 또, 해결 과정에서 대통령과 국회, 국회의장과 국회의원의 극한 대립 그 자체가 헌법에 합치하지 않는 모습일 수도 있지요.

이와 같이 권한 쟁의 심판은 국가 기관 간 권한 다툼의 과정과 결론이 헌법을 침해하는 것을 막고, 헌법을 보호하기 위해 사법적 해결을 하도록 하는 제도입니다. 이러한 의미에서 권한 쟁의 심판은 기관 간 다툼을 정치적으로 해결하기보다 사법적으로 해결하는 제도이며, 헌법을 보호하기 위한 목적을 달성하기 위해 분쟁 당사자에게 권한을 다툴 수 있도록 허용하는 제도입니다.[21]

우리 헌법과 헌법재판소법은 헌법재판소가 "국가 기관 상호 간, 국가 기관과 지방 자치 단체 간 및 지방 자치 단체 상호 간의 권한 쟁의에 관한 심판"을 하도록 권한 쟁의 심판을 규정하고 있습니다. 그리고 행정 소송법상 기관 소송과 충돌할 경우 헌법재판소 권한 쟁의 심판에 의하여 해결하도록 함으로써 헌법 분쟁뿐 아니라 법률 분쟁의 일부까지 헌법재판소가 담당하도록 했습니다(행정 소송법 제3조 제4호).

⚖ 권한 쟁의 심판의 요건과 절차

국가 기관 상호 간, 국가 기관과 지방 자치 단체 간, 지방 자치 단체 상호 간에 권한의 유무 또는 범위에 관하여 다툼이 있을 때에는 해당 국가 기관 또는 지방 자치 단체는 피청구인의 처분 또는 부작위가 헌법 또는 법률에 의하여 부여 받은 청구인의 권한을 침해하였거나 침해할 현저한 위험이 있는 경우에 헌법재판소에 권한 쟁의 심판을 청구할 수 있습니다(헌법재판소법 제61조).

헌법재판소의 권한 쟁의 심판은 세 가지 유형으로 나뉩니다. 첫째,

국가 기관 상호 간 권한 쟁의입니다. 헌법재판소법은 국회, 정부, 법원, 중앙 선거 관리 위원회를 나열하고 있지만 이것은 예시일 뿐이며, 헌법과 법률에 의하여 독자적인 권한과 의무를 부여 받은 자는 이를 청구할 수 있습니다. 그러므로 헌법에 의하여 설치된 헌법 기관은 당연히 권한 쟁의 심판을 청구할 수 있습니다.

나아가 헌법 기관 그 자체는 아니지만 헌법 기관의 일부분이라도 헌법에 의하여 독자적인 권한과 의무를 부여 받았다면 청구할 수 있습니다. 국회의원, 국회 상임 위원회, 국회의장, 원내 교섭 단체 등이 그 예입니다.

둘째, 국가 기관과 지방 자치 단체 간, 셋째, 지방 자치 단체 상호 간 권한 쟁의가 있습니다. 지방 자치제를 정착하기 위한 관점에서 보면 지방 자치 단체를 당사자로 인정한 것은 매우 적절한 입법입니다. 지방 자치 단체가 중앙 정부 또는 다른 지방 자치 단체와 권한 분쟁을 정치적 또는 행정적 방법으로 해결하지 않고 법적으로 해결하는 과정에서 위헌적이고 불법적인 관행이 많이 개선될 것이기 때문이지요.

남양주시와 경기도 권한 쟁의 사건에서 헌법재판소는 "경기도가 2020년 11월 16일부터 2020년 12월 7일까지 남양주시에 대해 한 감사 중 일부는 감사의 개시 요건을 갖추지 못해 헌법과 지방 자치법에 의하여 부여된 남양주시의 지방 자치권을 침해한 것"이라고 판단한 바 있습니다.[22] 이 결정으로 앞으로 광역 지방 자치 단체가 기초 지방 자치 단체를 감사할 때 감사 개시 요건을 갖추지 않은 경우 그 감사를 막을 수 있을 것으로 기대됩니다.

그런데 지방 자치 단체 상호 간 권한 쟁의는 원칙적으로 헌법에서 부여한 권한 분쟁이 아니라 법률에서 부여한 권한 분쟁입니다. 그러므로 이것은 헌법의 최종 해석권을 가진 헌법재판소가 아니라 법률의 최종 해석권을 가진 법원이 담당하는 것이 이론적으로 타당합니다. 앞으로 개선되어야 할 부분입니다.

참고로 권한 쟁의의 심판은 그 사유가 있음을 안 날부터 60일 이내에, 그 사유가 있은 날부터 180일 이내에 청구해야 합니다(헌법재판소법 제63조).

⚖️ 권한 쟁의 심판의 효과

권한 쟁의 심판 청구가 적법하지 않으면 헌법재판소는 각하 결정을 합니다. 적법하면 이제 본안 판단을 하지요. 청구가 타당하다고 판단하면 인용 결정을 하고, 청구가 타당하지 않다고 판단하면 기각 결정을 합니다.

권한 쟁의 심판의 목적은 심판의 대상이 된 국가 기관 또는 지방 자치 단체의 권한의 유무 또는 범위에 관한 판단이므로 결정 주문●은 "청구인은 ○○ 권한을 가지고 있다"와 "청구인은 ○○ 권한이 피청구인의 행위로 침해되었다"와 같은 형식이 됩니다. 이 경우에 헌법재판소는 부수적으로 권한 침해의 원인이 된 피청구인의 처분을 취소하거나 그 무효를 확인할 수 있습니다.

헌법재판소의 권한 쟁의 심판의 결정은 모든 국가 기관과 지방 자치 단체를 기속합니다. 따라서 헌법재판소가 부작위●에 대한 심

결정 주문
헌법재판소 결정문에서 그 결론을 말한다.

부작위
특정한 행위를 해야 할 의무가 있는데도 하지 않고 있는 것을 말한다.

판 청구를 인용하는 결정을 한 때에는 피청구인은 결정 취지에 따른 처분을 해야 합니다.

국가 기관 또는 지방 자치 단체의 처분을 취소하는 결정은 그 처분의 상대방에 대하여 이미 생긴 효력에 영향을 미치지 않습니다.

 **함께 이야기해 봅시다**

1. 이른바 국회 날치기 결정에서 헌법재판소는 국회의장이 국회의원의 법률안 심의·표결권을 침해했다고 결정하면서도 그러한 가결 선포 행위는 유효하여 그 법률은 유효하다고 결정했습니다. 여러분은 '절차는 위법이지만 그런 절차를 통해 만든 법률은 유효하다'라는 논리에 대해 어떻게 생각하나요?

2. 지방 공무원 수당 지급과 관련하여 강남구청이 대통령에 제기한 권한 쟁의 심판 청구 사건 판례[23]를 찾아봅시다. 만약 권한 쟁의 심판과 같은 법적 해결 절차가 없었다면, 이와 같은 국가 기관의 분쟁은 어떻게 해결해야 할까요?

신념에 반하여 군대에 가지 않겠다고?

양심적 병역 거부

여기 '여호와의 증인'이라는 종교를 믿는 청년이 있습니다. 그는 병역법상 현역병 입영 대상자로서 2011년에 현역 입영 통지서를 받았습니다. 그러나 군에 입대해 총을 드는 것은 서로 사랑하라는 예수의 말씀을 부정하는 것이라는, 여호와의 증인의 교리를 굳은 신념으로 갖고 이에 충실히 따르는 그는 입영을 하지 않아서 병역법 위반죄로 기소되었습니다. 그는 형사 재판 중 대체 복무를 규정하지 않은 병역법에 위헌 법률 심판 제청 신청을 하였고, 법원은 위 신청을 받아들여 위헌 법률 심판을 제청했습니다.

이에 헌법재판소는 다음과 같이 판시하며, 과거 몇 차례의 합헌 결정을 번복하고 2018년 6월 28일 대체 복무제를 규정하지 않은 '병역법' 제5조 제1항에 대해 헌법 불합치 결정을 하고 2019년 12월 31일까지 입법자가 개정할 때까지 계속 적용하도록 결정했습니다.[24]

병역 종류 조항은, 병역 부담의 형평을 기하고 병역 자원을 효과적으로 확보하여 효율적으로 배분함으로써 국가 안보를 실현하고자 하는 것이므로 정당한 입법 목적을 달성하기 위한 적합한 수단이다.

병역 종류 조항이 규정하고 있는 병역들은 모두 군사 훈련을 받는 것을 전제하고 있으므로, 양심적 병역 거부자에게 그러한 병역을 부과할 경우 그들의 양심과 충돌을 일으키는데, 이에 대한 대안으로 대체 복무제가 논의되어 왔다. 양심적 병역 거부자의 수는 병역 자원의 감소를 논할 정도가 아니고, 이들을 처벌한다고 하더라도 교도소에 수감할 수 있을 뿐 병역 자원으로 활용할 수는 없으므로, 대체 복무제를 도입하더라도 우리나라의 국방력에 의미 있는 수준의 영향을 미친다고 보기는 어렵다. 국가가 관리하는 객관적이고 공정한 사전 심사 절차와 엄격한 사후 관리 절차를 갖추고, 현역 복무와 대체 복무 사이에 복무의 난이도나 기간과 관련하여 형평성을 확보해 현역 복무를 회피할 요인을 제거한다면, 심사의 곤란성과 양심을 빙자한 병역 기피자의 증가 문제를 해결할 수 있으므로, 대체 복무제를 도입하면서도 병역 의무의 형평을 유지하는 것은 충분히 가능하다. 따라서 대체 복무제라는 대안이 있음에도 불구하고 군사 훈련을 수반하는 병역 의무만을 규정한 병역 종류 조항은, 침해의 최소성 원칙에 어긋난다.

병역 종류 조항이 추구하는 '국가 안보' 및 '병역 의무의 공평한 부담'이라는 공익은 대단히 중요하나, 앞서 보았듯이 병역 종류 조항에 대체 복무제를 도입한다고 하더라도 위와 같은 공익은 충분히 달성할 수 있다고 판단된다. 반면, 병역 종류 조항이 대체 복무제를 규정하지 아니함으로 인하여 양심적 병역 거부자들은 최소 1년 6월 이상의 징역형과 그에 따른 막대한 유·무형의 불이익을 감수하여야 한다. 양심적 병역 거부자들에게 공익 관련 업무에 종사하도록 한다면, 이들을 처벌하여 교도소에 수용하고 있는 것보다는 넓은 의미의 안보와 공익 실현에 더 유익한 효과를 거둘 수 있을 것이다. 따라서 병역 종류 조항은 법익의 균형성 요건을 충족하지 못하였다.

그렇다면 양심적 병역 거부자에 대한 대체 복무제를 규정하지 아니한 병역 종류 조항은 과잉 금지 원칙에 위배하여 양심적 병역 거부자의 양심의 자유를 침해한다.

이 결정 이후 국회는 2019년 12월 '대체역의 편입 및 복무 등에 관한 법률'을 제정했고, 2020년 10월 26일부터 양심적 병역 거부자 제1기 대체 복무자 60명이 군대를 가는 대신 전국 15개 교정 시설에서 대체역으로 3년간의 복무를 이행했습니다.

6장

우리가 참여하고 만들어 갈 헌법

"상윤아, 오늘 학교 끝나고 뭐 할 거야?"

"'청소년 기후 행동'에서 기후 헌법 소송 대응 세미나를 한다고 해서 가 보려고."

"그래? 그런데 그거 2024년에 헌법재판소에서 헌법 불합치 결정하면서 끝난 거 아냐?"

"맞아. 일단 헌법 불합치가 되어 목적을 달성하긴 했는데, 법과 시행령이 정한 온실가스 감축량인 40퍼센트는 괜찮다고 해서 결정의 의미가 좀 퇴색했어. 그래서 어떻게 하면 이걸 바꿀 수 있는지 고민해 본다고 해서 가 보려는 거야."[1]

"그렇구나. 난 헌법재판소 결정으로 다 잘 해결된 줄 알았어."

"응, 나도 그랬어. 그런데 지난번 사회 시간에 선생님 설명을 듣고 다시 자료를 찾아봤더니 그렇더라고. 그 소송에 참여한 열 살 아이가 한 말이 계속 기억에 남아. '저희는 미래 세대라고 불리지만 지금 여기 존재하고 살아가고 있습니다. 우리는 자연스럽게 이 세상의 일원으로 태어났고, 기후 위기에서 안전하고 행복하게 살아갈 권리가 있습니다.' 이제 나도 조금 더 관심을 가져 보려고 해."[2]

여러분이 꿈꾸는 나라는 어떤 모습인가요? 현행 헌법은 그런 나라를 디자인하고 있나요? 그렇지 않다면 우리는 헌법을 어떻게 해야 할까요? 그리고 나는 무엇을 해야 할까요? 이번 장에서는 헌법학자는 어떤 눈으로 세상을 해석하고 행위하는지 살펴보면서 헌법 해석과 입법, 헌법 개정에 대해 살펴보겠습니다.

헌법학자의 체계화된
사고 방법

헌법학자는 헌법을 연구하는 사람입니다. 그중에는 저처럼 대학에서 가르치는 교수도 있고, 헌법재판소나 대법원 같은 헌법 기관에서 우리 사회의 쟁점에 대해 분석하고 논의하는 전문 연구자도 있지요. 이러한 헌법학자들은 어떻게 생각하고 논리를 가다듬을까요? 이번에는 그들의 사고 방법에 대해 살펴보겠습니다.

 ## 법학자의 법적 삼단 논법

법학자와 판사·검사·변호사라고 불리는 법 실무가는 모두 '법적 사고(legal mind)'에 바탕한 문제 해결 방법론을 가지고 법적 문제를 해

결합니다. 법학에서는 이를 '법적 삼단 논법'이라고 부르지요.

대전제	법조항 → 요건 + 효과로 구성
소전제	사건 → 사실 관계의 확정 필요
결론	사건의 결론 → 사건이 요건에 합치하면 효과를 결론으로 제시

법적 삼단 논법

다음과 같은 두 사건이 있다고 예를 들어 보겠습니다.

사건 1: 갑이 을을 죽인 사건이 발생했다.
사건 2: 갑이 개를 죽인 사건이 발생했다.

여기에서, 발생한 사건 1과 2를 소전제라고 합니다. 만약 이 문제를 형법적으로 해결해야 한다면, 법학자는 우선 갑이 을을 죽인 것이 맞는지, 갑이 사람이 아닌 개를 죽인 것인지 등을 탐색합니다.

다음으로는 탐색한 사실 관계를 해결할 수 있는 구성 요건을 가진 법 조항을 찾지요. "사람을 살해한 자는 사형, 무기 또는 5년 이상의 징역에 처한다(형법 제250조 제1항)"라는 살인죄 법 조항을 찾을 겁니다. 이 조항은 요건과 효과로 구성되는데, 이 경우 "사람을 살해한 자"가 요건이고 "사형, 무기 또는 5년 이상의 징역에 처한다"가 효과에 해당합니다.

이제 법학자는 사건 1과 사건 2가 형법 제250조 제1항의 요건 "사람을 살해한 자"에 해당하는 사건인지 사실 관계를 확정합니다. 이를 위해서는 "사람을 살해한 자"에서 '사람'과 '살해'가 무엇인지 '해석' 해야 합니다. 이 해석을 바탕으로 사건 1은 살인죄에 해당한다고 판단하고, 개는 '사람'에 해당하지 않으므로 사건 2는 살인죄에 해당하지는 않는다고 판단합니다. 이 해석 과정에서 의문이 들면 기존에 제시된 국내 학설과 판례를 참고합니다. 그것이 충분치 않은 경우에는 외국 학설과 판례를 살펴보기도 하지요.

이제 사건 1은 형법 제250조 제1항 살인죄 요건에 합치하므로 "사형, 무기 또는 5년 이상의 징역에 처한다"라는 결론을 제시합니다.

대전제	사람을 살해한 자는 사형, 무기 또는 5년 이상의 징역에 처한다.
소전제	갑이 을을 죽였다(사건 1).
결론	갑을 사형, 무기 또는 5년 이상의 징역에 처한다.

사건 1을 해결하기 위한 법적 삼단 논법

한편, 사건 2는 살인죄 요건에 합치하지 않으므로 형법적으로 해결할 수 있는 조항을 다시 찾아 앞에서와 같은 작업을 수행합니다. 이 경우에는 손괴죄(형법 제366조)를 찾아서 앞에서와 같은 작업을 한 다음, 손괴죄에 해당한다고 판단하고 손괴죄의 효과로 규정한 "3년 이하의 징역 또는 700만 원 이하의 벌금에 처한다"라는 결론을 제시할 것입니다. 법학에서는 이러한 일련의 과정을 '법의 적용'이라고 합니다.

대전제	타인의 재물, 문서 또는 전자기록 등 특수매체기록을 손괴 또는 은닉 기타 방법으로 기 효용을 해한 자는 3년 이하의 징역 또는 700만 원 이하의 벌금에 처한다.
소전제	갑이 개를 죽였다(사건 2).
결론	갑을 3년 이하의 징역 또는 700만 원 이하의 벌금에 처한다.

사건 2를 해결하기 위한 법적 삼단 논법

⚖️ 헌법학자의 문제 해결 방법

이제 헌법학자가 어떤 사고를 하는지 살펴볼까요? 다음은 법학자가 모두 공통적으로 가진 '법적 사고'에 바탕한 문제 해결 방법론을 헌법 사건에 적용한 것입니다.

박근혜 대통령은 갑이 추천한 인사를 다수 공직에 임명했고 이렇게 임명된 일부 공직자는 갑의 이권 추구를 돕는 역할을 했다. 박 대통령은 사기업으로부터 재원을 마련하여 재단 법인 미르와 재단 법인 케이스포츠를 설립하도록 지시했고, 대통령의 지위와 권한을 이용하여 기업들에게 출연을 요구했다. 박 대통령의 지시와 묵인에 따라 갑에게 대통령의 일정·외교·인사·정책 등에 관한 내용이 포함된 많은 문건이 유출되었고, 공직자가 아닌 갑의 의견을 비밀리에 국정 운영에 반영했다.

국회는 민간인에 의한 국정 농단 의혹 사건에 대한 국정 조사를 진행했고 특별 검사의 임명도 이루어졌습니다. 이어 국회는 헌법 제65조에 따라 탄핵 소추를 했습니다. 이제 헌법 제111조에 따라 공은 헌법 재판소로 넘어갔습니다.

헌법재판소는 이 사건을 해결하기 위하여 헌법 제65조와 헌법 제111조를 찾았습니다.

제65조 ① 대통령·국무총리·국무 위원·행정 각부의 장·헌법재판소 재판관·법관·중앙 선거 관리 위원회 위원·감사원장·감사 위원 기타 법률이 정한 공무원이 그 직무 집행에 있어서 헌법이나 법률을 위배한 때에는 국회는 탄핵의 소추를 의결할 수 있다.

② 제1항의 탄핵 소추는 국회 재적 의원 3분의 1 이상의 발의가 있어야 하며, 그 의결은 국회 재적 의원 과반수의 찬성이 있어야 한다. 다만, 대통령에 대한 탄핵 소추는 국회 재적 의원 과반수의 발의와 국회 재적 의원 3분의 2 이상의 찬성이 있어야 한다.

③ 탄핵 소추의 의결을 받은 자는 탄핵 심판이 있을 때까지 그 권한 행사가 정지된다.

④ 탄핵 결정은 공직으로부터 파면함에 그친다. 그러나, 이에 의하여 민사상이나 형사상의 책임이 면제되지는 아니한다.

제111조 ① 헌법재판소는 다음 사항을 관장한다.

1. 법원의 제청에 의한 법률의 위헌 여부 심판.

2. 탄핵의 심판.

3. 정당의 해산 심판.

4. 국가 기관 상호 간, 국가 기관과 지방 자치 단체 간 및 지방 자치 단체 상호 간의 권한 쟁의에 관한 심판.

5. 법률이 정하는 헌법 소원에 관한 심판.

이에 따르면 헌법재판소가 "대통령이 그 직무 집행에 있어서 헌법이나 법률을 위배"했는지(요건) 판단하여 이에 해당하면 탄핵 결정하도록 하고 있습니다. 탄핵 결정을 하면 공직으로부터 파면됩니다(효과).

이에 따라 헌법재판소는 위 사례에서 박 대통령이 임명에 관여한 공직자가 갑의 이권 추구를 돕고 사기업에서 돈을 마련하여 미르와 케이스포츠를 설립하도록 지시한 것 등의 일련의 행위가 탄핵 결정의 요건인 "그 직무 집행에 있어서 헌법이나 법률을 위배"했는지 판단하여 이를 위배했다고 판단하여 탄핵을 결정했습니다. 따라서 그 효과로 대통령은 공직으로부터 파면되었습니다.[3] 또 다른 사례를 볼까요?

갑은 유튜브와 오마이뉴스의 게시판에 익명으로 댓글을 달려고 했으나 게시자 본인 확인을 하지 않으면 게시할 수 없었다. 정보 통신망 이용 촉진 및 정보 보호에 관한 법률(이하 정보 통신망법)에서 인터넷 게시판을 운영하는 정보 통신 서비스 제공자에게 이용자가 본인임을 확인할 조치를 취할 의무를 부과했기 때문이다. 갑은 표현의 자유 침해를 이유로 정보 통신망법 조항에 대해 헌법 소원 심판을 청구했다.[4]

이 문제를 해결하기 위해 헌법학자는 헌법 제21조와 제37조 제2항을 찾을 것입니다.

제21조 ① 모든 국민은 언론·출판의 자유와 집회·결사의 자유를 가진다.

제37조 ② 국민의 모든 자유와 권리는 국가 안전 보장·질서 유지 또는 공공복리를 위하여 필요한 경우에 한하여 법률로써 제한할 수 있으며, 제한하는 경우에도 자유와 권리의 본질적인 내용을 침해할 수 없다.

이를 해석하면, 모든 국민은 헌법 제21조에 따라 언론·출판·집회·결사의 자유(이하 '표현의 자유')를 가집니다. 이 기본권은 헌법 제37조 제2항의 요건(공익을 위하여, 필요한 경우에 한하여, 법률로써, 본질적인 내용 침해 금지)을 지키며 제한할 수 있습니다. 만약 요건을 지키지 않고 기본권을 제한했다면, 그것은 기본권 침해이며 위헌입니다(효과). 즉, 위 두 조항을 해석하면 위 정보 통신망법 조항이 헌법 제37조 제2항의 충족 여부('요건'에 해당)를 판단하여 이를 지키지 않았을 경우 기본권 침해이며 위헌이라고 판단할 것입니다('효과'에 해당).

이제 헌법학자는 이 사건의 정보 통신망법 조항이 헌법 제37조 제2항이 규정하고 있는 "국가 안전 보장·질서 유지 또는 공공복리를 위하여 필요한 경우에 한하여 법률로써 제한할 수 있으며, 제한하는 경우에도 자유와 권리의 본질적인 내용을 침해할 수 없다"라는 요건을 충족했는지 판단합니다. 그리고 이 사건의 정보통신망법 조항은 헌법 제37조 제2항 "필요한 경우에 한하여"에 근거한 과잉 금지 원칙을 위배하여 이용자의 표현의 자유와 개인 정보 자기 결정권, 게시판 운영자의 언론의 자유를 침해한 위헌 조항이라고 할 것입니다.[5] 즉, 정보통신망법 조항이 헌법 제37조 제2항 요건을 충족하지 못하면 그 효과로 위헌이라고 판단하는 것입니다.

이렇게 헌법학자는 민법, 형법 등과 같이 다른 법학을 연구하는 학자와 마찬가지로 법적 삼단 논법이라고 불리는 법적 사고를 통해 문제를 해결합니다. 그러나 이를 살펴보며 우리가 느낄 수 있는 것처럼 헌법에서 법적 삼단 논법을 통해 문제를 해결하는 것과, 형법에서 법적 삼단 논법을 통해 문제를 해결하는 것이 완전히 같지는 않습니다. 지금까지 우리가 살펴본 것처럼 헌법은 민법, 형법 등과 비교하면 그 기능과 특징이 다르기 때문입니다.

우리는 헌법이 정치 영역을 규율하는 규범이라서 규범성을 잃지 않으면서도 지속 가능하도록 개방성·추상성·미완성성 등이라는 입법 기술을 사용한다는 것을 알고 있습니다.

⚖ 헌법 해석의 특성

헌법은 일반적인 법률과는 다른 기능과 특성을 가지고 있으므로 이를 고려하여 헌법을 해석해야 합니다. 박근혜 대통령 사례를 해결하기 위한 헌법 제65조 제1항의 해석에 있어서 많은 헌법학자와 헌법재판소는 공무원이 직무 집행에 있어서 "헌법이나 법률을 위배한 정도가 중대하였을 때만" 탄핵을 할 수 있다고 해석합니다. 탄핵 결정의 효과가 그 직에서 파면하는 것이므로 그에 비례하는 정도로 중대한 위법이 있어야 하기 때문입니다.

그런데 이것은 헌법 제65조 제1항 "대통령·국무총리·국무 위원·행정 각부의 장·헌법재판소 재판관·법관·중앙 선거 관리 위원회 위원·감사원장·감사 위원 기타 법률이 정한 공무원이 그 직무 집행에 있어서 헌법이나 법률을 위배한 때에는 국회는 탄핵의 소추를 의결할 수 있다."라는 규정을 문리 해석하여 도출될 수 있는 해석은 아닙니다.

또한 인터넷 게시판 본인 확인 사례를 해결하기 위해 많은 헌법학자는 헌법 제37조 제2항에 명시적으로 표현하지 않은 '과잉 금지의 원칙'을 도출하여 이를 헌법 원칙으로 제시한 후 이에 근거하여 헌법 판단을 합니다.

이와 같이 헌법 사건의 해결에는 민법, 형법의 해석과는 달리 당해 사건을 해결하는 데 적절한 '관점(topos)', 법의 일반 원리 등을 동원해 해석합니다.[6] 헌법이 정치 영역을 규율하는 규범이어서 개방성·추상성·미완성성 등이라는 입법 기술을 사용하기 때문이라고 할 수 있습니다. 이와 같은 특성이 헌법재판소라는 별도의 사법 기관의 설립과 운영을 정당화할 수 있는 논거 중 하나라고 할 수 있습니다.

결론적으로 헌법학자는 ① 어떤 사건이 발생하면 우선 사건의 사실관계를 정확하게 파악합니다. ② 그리고 그 사건을 해결하기 위해 헌법적 쟁점을 도출합니다. ③ 그다음 이와 같은 헌법적 쟁점을 해결할 현행 헌법의 조문은 무엇인지, 그것이 어떻게 해석되어야 하는지 자신의 견해를 정립합니다. 이 과정에서 민법, 형법의 해석과 같이 기존에 제시된 국내 학설과 판례, 외국 학설과 판례를 살펴봅니다. 민법, 형법의 해석과 달리 그 사건을 해결하는 데 적절한 '관점', 법의 일반 원리 등을 해석에 동원하기도 합니다. 즉, 헌법 해석은 문리 해석, 논리 해석, 체계적 해석, 역사적 해석 등과 같은 일반적인 법령 해석 방법은 물론 헌법의 특성을 반영한 다양한 방법을 사용합니다. ④ 그다음 이러한 해석에 비추어 이 사건을 어떻게 해결해야 하는지 결론을 제시합니다.

⚖ 헌법학자의 중립성

헌법은 정치 영역을 규율하는 정치 규범입니다. 따라서 헌법은 정치 영역에서 활동하는 여러 정치 집단을 규율합니다. 그러므로 헌법학자에게는 자연스럽게 정치 집단에 속한 정치인과 교류할 기회가 생깁니다. 이 과정에서 자연스럽게 특정 정치 집단에 대한 선호가 생길 수 있습니다. 한편, 특정 정치 집단에 속한 정치인도 자신에게 유리한 규율을 유도하기 위해 헌법학자에게 영향을 끼치고 싶은 욕구가 생길 수 있습니다. 일반 사람들은 헌법학자가 자신이 속한 집단, 자신의 정치적 선호 등에 대해 중립을 유지하면서 활동을 하고 있는지 의문을 가질 수 있습니다.

만약 김영삼 대통령이 김종필을 국무총리 서리로 임명한 사건에 대해 헌법학자 갑이 방송에 출연해 이를 비판했다고 가정해 봅시다. 그렇다면 여러분은 갑의 비판을 신뢰할 수 있을까요?

이에 대한 결론은 비교적 명확합니다. 우선 헌법학자는 자신이 속한 집단, 자신의 정치적 선호 등에 대해 중립을 유지하면서 활동을 해야 합니다. 만약 그렇지 않다면 우리가 현실에서 발생하는 헌법 문제를 어떻게 해결해야 할지 고민이 될 때 시민이나 언론은 헌법학자에게 이를 물을 수 없습니다. 이들이 하는 대답이 '당파적인 대답'일 것이 뻔하기 때문이지요.

따라서 '적어도 규범적인 관점에서 대답하면' 헌법학자는 자신이 속한 집단, 자신의 정치적 선호 등에 대해 중립을 유지하면서 '활동을 해야' 합니다. 이러한 자세로 '당파적인 대답'이 아닌 '이론적인 대답', 즉 헌법 이론에 입각한 결론을 제시해야 합니다. 정치가 헌법에 영향을 미친다는 의미가 헌법이 정치적 목적이나 동기에 따라 해석·적용될 수 있다거나 정치적 이해관계에 따라 헌법 문제의 결론이 달라진다는 의미는 아닙니다.

그러나 '현상적으로' 헌법학자가 자신이 속한 집단, 자신의 정치적 선호 등에 대해 중립을 유지하면서 활동을 하고 있느냐는 다른 차원의 문제입니다. 이미 서술한 것처럼 헌법은 정치 규범이므로 헌법학자는 사회 활동을 하면서 대통령, 여야 국회의원과 정치인, 정당, 노동조합과 시민 단체의 구성원 등 다양한 정치 세력을 만날 계기가 많습니다. 헌법학자도 인간인 이상 자신이 성장한 가정, 자신이 속한 집단의 정치적 선호에 영향을 받을 수밖에 없고요.

따라서 '현상적으로' 헌법학자는 자신이 속한 집단, 자신의 정치적 선호 등에 따라 헌법 문제에 대해 대답할 수 있습니다. 그러나 '규범적으로' 그래도 괜찮다거나, 하물며 그래야 한다는 것을 의미하는 것은 결코 아닙니다. 헌법학자는 헌법 이론에 입각하여 세상을 보고, 헌법 이론에 따라 헌법 문제에 대해 대답해야 합니다.

함께 이야기해 봅시다

1. 헌법학자와 법 실무가인 판사, 검사, 변호사, 헌법 재판관, 헌법재판소 헌법 연구관은 어떤 점이 같고, 어떤 점이 다를까요?

2. 헌법을 전공한 학자와 민법 또는 형법을 전공한 학자의 차이점은 무엇일까요?

3. 헌법학자와 정치학자는 모두 정치를 대상으로 한다는 공통점을 가지고 있습니다. 이 둘의 차이점에 대해 알아봅시다.

청소년이 주체가 되는 헌법

청소년은 청년과 소년을 아우르는 말입니다. 어떤 나이가 청소년인가는 법마다 다르지만 대체로 10대를 청소년으로 보고 있습니다.[7]

청소년은 헌법상 기본권의 주체이며, 대부분의 법에서 권리와 의무의 주체입니다. 그러나 성인과 비교하여 공동체 내에서 독립한 한 주체로서 전적으로 자율적으로 행동하고 책임지기에는 신체적·정신적으로 미성숙하여 미성년자라 불리지요. 청소년은 아직 자기가 하는 행동에 대한 법적 책임을 온전히 지기 어려울 수 있어 법적 책임을 제한하거나 면제하고, 부모를 비롯한 보호자와 국가가 이들이 올바르게 성장할 수 있도록 보호하고 있습니다.

⚖️ 청소년이 가진 법적 지위의 특수성

민법에서는 19세 미만 사람을 미성년자로 정하고 법률 행위를 할 때 부모와 같은 법정 대리인의 동의를 받도록 합니다. 만약 법정 대리인의 동의 없이 행위를 하면 그 행위를 취소하여 스스로를 보호할 수 있지요.

형법에서는 14세 미만의 사람을 형사 미성년자로 정하고 범죄를 저질렀을 때 형사 책임을 면제합니다. 청소년 보호법은 19세 미만의 청소년이 술이나 담배를 살 수 없도록 하고, 술집이나 유해 숙박업소에 출입하는 것을 제한합니다.

또한 경험이 부족하고 완전히 성숙하지 않은 청소년을 보호하고 공익을 해하는 행위를 막기 위해 청소년의 행위를 제한하기도 하지요. 예를 들어 도로 교통법은 18세 미만의 청소년에게 자동차 운전 면허를 취득할 수 없도록 하고, 공직 선거법은 18세 이상의 청소년에게만 대통령, 국회의원, 지방 자치 단체장, 지방 의회 의원을 선출할 수 있는 선거권을 주고 있습니다.

청소년이 중고등학교에 재학하는 경우, '학생'이라는 신분으로 포착됩니다. 그동안 학생과 학교의 재학 관계가 법적으로 어떤 본질을 갖고 있는지가 학생의 기본권 제한의 근거와 관련해 다투어져 왔습니다. 종래에는 이른바 '특별 권력관계'로 파악하여 목적 달성에 필요한 합리적인 범위 내에서 구체적인 법적 근거 없이 복종해야 하는 관계로 이해했으나, 현재는 헌법과 각종 교육법에 의해 맺어진 특수한 계약 관계로 파악하여 기본권을 제한하는 경우 성인과 같이 법률에 의해야 한다는 것이 일반적인 견해입니다.

학생은 학교라는 공간에서 공동체 생활을 합니다. 이러한 공동체 생활을 유지하기 위해 규율이 필요하며, 규율을 위반한 경우 징계합니다. 우리 초중등 교육법에서는 "학교의 장은 교육을 위하여 필요한 경우에는 법령과 학칙으로 정하는 바에 따라 학생을 징계"할 수 있도록 규정하고 있습니다(제18조 제1항). 이와 같은 법률의 위임을 받아 학교의 학칙에서 학생 징계에 관해 정하거나, 학칙의 위임을 받아 학생 징계 규정 등에서 학생 징계에 관하여 정하고 있습니다.

학생 징계 규정은 일종의 자치 규범으로서 법규적 효력이 있으므로, 이에 위반되는 징계 행위는 위법하거나 무효입니다. 그리고 학교의 학칙도 헌법을 위반하면 위헌이 되고, 모범의 한계를 일탈하면 위법합니다. 학칙의 징계 규정에 의한 징계는 앞서 서술한 '보호 받을 권리' '양육 받을 권리'에 의한 기본권 행사 능력의 제한과는 다르게, 특수한 신분 관계를 유지하기 위한 기본권 제한이라는 점에 그 특색이 있습니다. 한편, 청소년은 성인에 비하여 특별한 권리를 더 누리기도 합니다. UN 아동 권리 협약은 생존과 발달을 위해 필요한 권리를 보호하도록 규정하고 있습니다.[8]

⚖ 청소년에게 선거권을 허하라

우리나라에서 18세 선거권 인정 여부는 일찍이 1987년 제9차 개헌 과정에서 여야가 첨예하게 대립하던 끝에 현행 헌법과 같이 선거권 연령은 법률에 위임한 것이었으니, 이미 30년이 넘은 논쟁입니다.

그간 이 논쟁에서 18세 선거권을 인정하여야 한다는 견해는 다음

우리에게도 선거권을 주세요
- 대한민국 만18세 일동 -
선거권
우리도 시민이다!
우리에게도 선거권을 주세요
- 민국 만18세 일동 -
교육? 진로? 정책?
우리에게도 선거권을 주세요
- 대한민국 만18세 일동 -
우리에게도 선거권을!!
우리도 판단할 줄 안다구!
선거권
유권자가 되고 싶어요!

과 같은 논거를 제시했습니다.[9]

첫째, 원칙적으로 모든 국민에게 선거권을 인정해야 한다는 보통 선거의 원칙 하에서 선거권 연령의 제한은 국민의 정치의식 수준, 교육 수준, 민주화 정도, 비교법적 관점 등을 참작하여 필요 최소한에 그쳐야 하는데, 현재 교육 수준의 현격한 향상과 더불어 국가와 사회의 민주화가 진행됨에 따라 국민의 정치의식 수준도 향상됨으로써 전통적인 성인 연령 기준은 선거권 연령의 기준이 될 수 없다.

둘째, 사회가 변해 이제 18세부터 19세 사람은 정치적·사회적 판단능력을 가진 성인이다. 취업 문제나 교육 문제에 대한 이들의 관심과 판단 능력은 성인을 넘어선다. 우리 사회의 환경에 비추어 중등 교육을 마치는 연령인 18세 이상 사람들은 선거에 있어서 정치적 의사를 표현할 정도의 의식 수준을 가지고 있다.

셋째, 법은 체계 정합성을 갖추어야 한다. 그런데 현행 병역법, 공무원 임용 시험령, 도로 교통법, 근로 기준법 등 다른 법령에서는 18세 이상의 국민을 성인과 같이 보고 있다. 그런데 유독 공직 선거법은 19세 이상으로 규정하고 있다. 의무를 줄 때는 18세를, 권리를 줄 때는 19세를 기준으로 하는 것은 적절치 않다.

넷째, 외국의 많은 국가에서는 18세 이상을 선거권 연령으로 규정하고 있다. 구체적으로 미국, 영국, 프랑스, 독일, 일본 등의 여러 나라가 18세 이상에게 선거권을 주고 있다.

한편, 이 논쟁에서 18세에게 선거권을 주는 것에 부정적인 견해는 다음과 같은 논거를 제시했습니다.[10]

첫째, 18세는 아직 인격이 성숙하지 않은 상태로, 정치적·사회적 판단 능력을 가진 성인이라고 보기 어렵다. 특히 우리나라의 경우 18세는 고등학교 3학년으로 대입에

매진할 시기로 정치적 결정을 하기에는 아직 준비가 되어 있다고 보기 어렵다.

둘째, 선거권 연령을 정하는 문제는 입법자가 우리나라의 역사, 전통과 문화, 국민의 의식 수준, 교육적 요소, 신체적·정신적 자율성의 인정 여부, 정치적·사회적 영향 등 여러 가지 사항을 종합하여 입법자가 정할 문제이다. 외국의 많은 국가에서는 18세 이상을 선거권 연령으로 규정하고 있으므로 우리도 그렇게 하여야 한다는 주장은 적절치 않다. 그 하나의 예로, 각 나라의 고등학교 졸업 연령이 다르다. 18세 이하 선거권을 규정하고 있는 국가 중 고등학생에게 선거권을 주는 국가는 훨씬 적다.

셋째, 생활을 영위하는 수단으로서의 근로 능력, 비교적 단순한 형태의 공무를 처리할 능력, 군 복무 능력, 민주 국가에서 선거권 행사 능력 등은 각 법령의 입법 취지와 당해 영역에서 고려해야 할 여러 사정, 대립되는 관련 이익들을 서로 비교하여 정할 문제이다. 이것이 같아야 할 이유는 없다.

넷째, 18세 청소년이 선거권을 가질 경우 학교가 정치판이 될 가능성이 있다. 일부 교사의 정치적 중립성에 위배되는 행위, 학교에서 여론을 주도하는 학생의 정치적 중립성에 위배되는 행위 등을 고려하면 주지 않는 것이 더 낫다.

그런데 2019년 12월 대통령 선거, 국회의원 선거, 지방 자치 단체의 장과 지방 의회 의원 선거 등 공직 선거에서 선거권을 행사할 수 있는 연령을 19세 이상에서 18세 이상으로 낮추는 공직 선거법이 개정되었지요.[11] 이제 18세 이상은 선거는 물론 선거 운동, 정당 참여도 할 수 있게 되었습니다.

1987년 제9차 개헌 과정에서의 논쟁 이후 32년이 넘어서야 주장이 현실이 된 것입니다. 그 사이 중앙 선거 관리 위원회는 2016년 국회에서 개최된 정치 관계법 개정 의견 여론 수렴 공청회에서 선거권 연령을 19세에서 18세로 낮추자고 제안했습니다.

한편, 헌법재판소는 2013년 7월 25일 결정[12] 등 여러 차례의 결정에서 이 법이 위헌은 아니라고 판단해 왔습니다. 그럼에도 불구하고 여야는 공직 선거법 개정에 합의했고, 국회는 법을 개정했지요.

18세 이상 청소년의 직접적인 정치 참여가 법적으로 보장되면서 18세 이상의 청소년은 물론이고 다른 청소년의 정치에 대한 관심과 간접적인 참여도 활발해질 수 있을 거라 예상할 수 있습니다.

우리는 18세 선거권 인정 과정을 보며 다음 몇 가지를 읽을 수 있습니다. 첫째, 세월이 변하면 우리가 사는 현실도 변하고, 우리 생각도 변합니다. 1987년과 2019년 사이에는 32년의 간극이 있습니다. 이 시간 동안 우리 삶을 둘러싼 많은 환경이 변화했지요. 그에 따라 청소년의 의식과 능력도 향상되었습니다. 그것이 청소년의 정치적 의식을 성숙하게 하였다고 말할 수 있습니다. '요즘 청소년들, 우리 때보다 훨씬 성숙하지'라고 어른들이 느낄 정도로 말이지요.

그와 함께 우리의 생각도 많이 변했습니다. 우린 과거보다 청소년을 존중하고 그들의 의견을 존중하는 환경을 갖게 되었습니다. 그리고 성인 스스로 자신의 의식과 능력의 한계를 반성적으로 성찰하는 목소리도 들을 수 있습니다. 무엇보다 청소년 스스로 자신의 권리를 주장하는 데 주저하지 않지요. 자신이 옳다고 생각하면 그것을 표현하는 것이 미덕이라 생각합니다.

둘째, 근대 이후 입헌주의의 역사는 인권과 기본권 확대의 역사입니다. 입헌주의가 유지되는 한 인권과 기본권 확대는 어느 정도 확정적이라고 말할 수 있습니다. 헌법이라는 발명품이 정확히 그것을 조준하며 만들어졌고 운영되도록 프로그래밍 되었기 때문입니다. 1948년 제헌 의회 의원 선출 당시 21세였던 것이, 1960년 6월 15일 제3차 개정 헌법에서 20세로 낮춰졌습니다. 그리고 2005년 20세에서 19세로 낮춘 바 있습니다. 그로부터 15년이 흐른 2020년, 19세에서 18세로 낮아진 것이 이를 말해 줍니다.

미국, 영국, 프랑스, 독일, 일본 등 많은 선진국이 18세 이상에게 선거권을 주고 있는 현실을 감안하면 현재보다 낮추는 것이 앞으로 얼마나 빨리 가능할지 그 시기는 단언하기 어렵지만, 선거권 연령 하향이라는 방향은 확정적입니다. 따라서 우리는 대한민국의 시민으로서 그와 같은 감각을 가지고 살 필요가 있습니다.

셋째, 이 사례를 통해 헌법 쟁점에 대한 국회와 헌법재판소의 접근 방법의 차이도 눈여겨보아야 할 대목입니다. 헌법재판소는 법원과 더불어 사법권을 나누어 행사하는 국가 기관입니다. 그런데 사법부는 헌법 쟁점을 다룰 때 국회와 같이 적극적으로 해결하는 데 한계가 있습니다.

헌법재판소는 위헌 법률 심판에 있어서 위헌 여부를, 헌법 소원에 있어서 기본권 침해 여부를 판단하는 것이지 입법을 하는 것이 아닙니다. 입법은 헌법에서 입법권을 부여 받은 국회가 합니다. 우리 헌법재판소가 "선거권과 공무 담임권의 연령을 어떻게 규정할 것인가는 입법자가 입법 목적 달성을 위한 선택의 문제"라고 반복적으로 말하는 이유도 바로 이 때문입니다.

헌법재판소가 "[입법 재량권의 행사는] 국민의 기본권을 보장하여야 한다는 헌법의 기본 이념과 연령에 의한 선거권 제한을 인정하는 보통 선거 제도의 취지에 따라 합리적인 이유에 근거하여 이루어져야 할 것이며, 그렇지 아니한 자의적 입법은 헌법상 허용될 수 없다"라고 하며 "종합해 볼 때 선거권 연령을 19세 이상으로 정한 이 사건 법률 조항이 입법부에 주어진 합리적인 입법 재량의 범위를 벗어난 것으로 볼 수 없으므로, 19세 미만인 사람들의 선거권이나 평등권을 침해하였다고 볼 수 없다"라고 결론지은 것도 이와 같은 맥락에서 이해할 수 있습니다. 결국 시민의 기본권 보호를 위하여 헌법재판소가 가진 사법권도 중요하지만, 1차적으로는 국회의 입법권 행사가 중요합니다.

넷째, 마지막으로 인권과 기본권 보장을 위해서는 당해 인권과 기본권의 주체인 시민의 적극적인 권리 주장이 중요하다는 점을 인식하여야 합니다. 이것은 인권과 기본권이 확대되어 왔던 입헌주의가 명백히 보여 주고 있습니다. 따라서 여러분도 이제 자신이 가진 인권이 무엇인지 알고 이를 적극적으로 주장하는 시민이 되어야 합니다.

아마도 청소년 참정권 확대의 다음 순위는 교육감 선출에 있어 선거 연령 하향이 될 것입니다.[13] 이에 대한 사회적 논의도 필요합니다. 마지막으로 학교는 학생이 민주주의를 배우는 곳이므로 학교를 좀 더 민주화하는 것도 필요합니다. 학교가 학생을 교육하는 곳이라는 본질과 조화되는 범위에서 말이지요.

⚖ 청소년의 정당 가입과 시민 교육

18세 청소년의 선거권 인정과 관련해 정당 가입 인정도 쟁점이었습니다. 과거 정당법은 "국회의원 선거권이 있는 자는 공무원 그 밖에 그 신분을 이유로 정당 가입이나 정치 활동을 금지하는 다른 법령의 규정에 불구하고 누구든지 정당의 발기인 및 당원이 될 수 있다"라고 규정하여 정당 가입 여부를 국회의원 선거권과 결부했습니다. 이에 따라 '18세 이상 국민'만 정당에 가입할 수 있었지요.

이것이 정당화되려면 정당의 당원이 되기 위한 정치적 판단 능력과 국회의원 선거권을 갖기 위한 정치적 판단 능력이 동일하다는 점이 전제되어야 합니다. 그런데 정당은 '공적인 결사가 아니라 개인의 자율적인 결사(사적 결사)'이므로 정당은 공적 기능을 저해하지 않는 범위 내에서 자율적인 판단에 따라 다양한 정당의 기능을 수행할 수 있습니다. 반면 국회의원 선거권은 국가의 중요하고 본질적인 의사 결정을 해야 하는 중심 기관인 국회를 구성하는 국회의원을 선출할 수 있는 권리입니다.

우리 정당법은 당원이 당직자와 공직 선거의 후보자를 직접 선출할 권리도 규정하고 있지 않습니다. 오히려 이러한 중요한 의사 결정도 대표에 의하여 간접적으로 행해질 수 있는 가능성을 보장하고 있지요. 이는 정당이 사적인 결사이므로 그 의사 결정의 방식도 자유롭게 채택할 수 있어야 한다는 원칙을 되도록 존중하려는 것입니다.

정당은 국가에 적용되는 민주주의 원리를 그대로 적용하거나 만장일치를 채택하는 등 그 의사 결정의 방식을 자유롭게 채택할 수 있어야 합니다. 정당법은 그 밖에 당원에 대하여 당비 납부 의무, 강요에 의한 가입 또는 탈당 보장과 이중 당적 금지 의무, 무자격자의 당원에 대한 처벌을 규율하고 있을 뿐 많은 권리와 의무를 규율하고 있지는 않습니다.

정당법의 이러한 태도는 사적인 결사라는 정당의 본질에 비추어 보면 너무나도 당연합니다. 따라서 당헌에 의한 당원의 권리·의무는 별개의 논의로 하고 정당법에 의한 당원의 권리·의무는 국회의원 선거권을 행사할 수 있을 정도의 정치적 판단 능력을 전제하지 않고 있습니다. 이는 입법자가 정당법을 제·개정하면서 같은 법 내에서 체계 정합적이지 않은 태도를 드러낸 것입니다.

입법자는 정당법 제22조를 제정하면서 더 세심해야 했습니다. 적어도 각기 다른 능력을 요구하는 것이라면 정당의 당원이 될 자격을 규정하면서 국회의원 선거권자를 원용하는 방법을 사용하지는 않았어야 했습니다. 다시 말하면 과거 정당법 제22조는 19세 미만자에게 정당의 당원이 될 수 있는 자격을 부여하지 않은 내용상 문제에 앞서 정당의 당원이 될 자격을 규정하면서 국회의원 선거권자를 원용하는 방법으로 규정하는 방법상의 문제를 드러내고 있었습니다.

많은 사람들은 현대 대의제 민주 정치 체제에서 정당의 중요성과 정당의 민주 시민 교육 기능을 고려했을 때 정당 가입 연령 하향은 선거권 연령보다 더 낮게 정할 필요가 있다고 주장했습니다.[14] 이러한 주장을 반영하여 2021년 5월 중앙 선거 관리 위원회가 정당 가입 연령을 현행 18세 이상에서 16세 이상으로 낮추자는 의견을 국회에 제출하기도 했습니다.

이러한 노력에 따라 2022년 정당법은 마침내 "16세 이상의 국민은 공무원 그 밖에 그 신분을 이유로 정당 가입이나 정치 활동을 금지하는 다른 법령의 규정에 불구하고 누구든지 정당의 발기인 및 당원이 될 수 있다"라고 규정하여 '16세 이상 국민'은 정당에 가입할 수 있고 정당 가입 여부를 국회의원 선거권과 결부하지 않는 방식으로 개정되었습니다.

우리는 이와 같이 정당에 가입할 수 있는 연령이 16세로 낮춰진 과정에서 다음의 두 가지 시사점을 찾을 수 있습니다. 먼저, 우리 삶을 둘러싼 많은 환경이 변화했고, 청소년의 의식과 능력도 향상되었다는 것입니다. 법은 변화하는 현실을 반영하며 적응해야 합니다. 이와 같은 변화 방향은 인권과 기본권의 확대이지요. 이것은 인권과 기본권을 보장 하기 위한 헌법의 기능상 예정된 행로입니다.

그리고 인권과 기본권을 보장 받기 위해 시민은 지속적이고 적극적으로 자신의 권리를 주장해야 합니다. 적극적인 질서 형성의 1차적 권한은 국회에 있으므로 국회에 자신의 권리를 적극적으로 반영해 달라고 주장하는 것이 효과적입니다.

정당에 가입하고 활동하는 연령이 낮아지면서 다음의 네 가지가 새로운 과제로 등장했습니다. 첫째, 학생이 정당에 가입하여 활발하게 활동하려면 학교에서 시민 교육이 좀더 넓고 깊게 이루어져야 한다는 것입니다. 정치 교육을 사회과에서 수행하면 충분하다는 전통적인 생각에서 벗어나 모든 교과에서 강화되어야 합니다. 이를 위해서는 다양한 내용과 형식의 계기 수업 자료를 개발하고, 교과 수업과 창의적 체험 활동에 연계할 수 있는 교과서, 학습 자료를 개발하는 노력이 필요합니다.

이와 관련한 현행 교육 과정은 다루는 내용의 범위, 수직적 연계성, 통합성의 관점에서 다소 문제가 있습니다. 16세 이상 학생이 정당에 가입하여 활발하게 활동할 수 있도록 더 넓고, 깊게 학습하는 기회를 제공해야 합니다.

둘째, 학생의 정치적 경험이 늘어나면서 학생들은 학교에 새로운 요구를 할 것입니다. 쉬는 시간을 이용해 교실에서 자신이 소속된 정당의 대통령 후보나 국회의원 후보에 대한 선거 운동을 하거나, 급식실 앞에서 급식을 먹으러 가는 학생들에게 자신이 지지하는 지방 자치 단체장 후보나 지방 의회 후보에 대한 선거 운동을 하게 해 달라는

요구, 자신이 속한 정당의 정책을 홍보하기 위해 1인 시위를 하겠다
는 요구, 자신과 다른 정당 소속의 학생이 위와 같은 행위를 하지 못
하도록 학교에 요구하는 것 등입니다.

이에 적절히 대처하기 위해서는 좀더 정교한 학칙이 필요합니다.
학내에서 학생이 다른 학생에게 언제, 그리고 어느 장소에서 선거 운
동을 할 수 없는지, 선거 운동이 아닌 정치적 표현을 위해 집회 또는
1인 시위는 언제, 그리고 어느 장소에서는 할 수 없는지, 이를 위반하
면 어떻게 징계 받는지 등을 알 수 있도록 학칙을 구체적으로 개정해
야 합니다.

이를 통하여 학생이 어떤 장소에서 어떤 시간에 어떤 정치적 표현
이 허용되는지 알 수 있도록 하여 예측 가능성과 법적 안정성을 높이
고 학칙의 규범력을 향상하는 것이 타당합니다. 이러한 학칙 개정은
학칙 마련의 주체인 학교장의 수준에서는 쉽지 않으므로 교육청 수준
에서 표준 학칙 안을 마련하여 제시하고 학칙에 반영하도록 유도하는
노력이 필요합니다.

셋째, 정당에서 교육적으로 바람직한 내용과 방법으로 청소년을 대
상으로 한 시민 교육을 할 수 있도록 가꾸어야 합니다. 청소년의 정당
가입을 통해 얻을 수 있는 가장 큰 효과 중 하나는 정당이 청소년에게
시민 교육을 통하여 정치 사회화 기능을 수행할 수 있다는 것입니다.

정당이 행하는 시민 교육의 양태는 나라마다 각각 차이를 보입니다.
프랑스의 경우에는 객관적인 관점에서 시민 교육은 학교에 맡기고, 정
당은 미래 당원을 확보하고 당세를 확장하기 위해 자기 정당의 홍보에
충실합니다. 독일은 정당이 설립하였지만 그와 법적·재정적으로 독립
한 정치 재단(예를 들어 기독 민주 연합이 설립한 콘라드 아데나워 재단, 사

회 민주당이 설립한 프리드리히 에버트 재단, 기독 사회 연합이 설립한 한스 자이델 재단 등)이 시민 교육을 합니다.

또한, 스웨덴은 지역 평생 학습과 연계하여 객관적이고 초당적인 시민 교육을 하지요. 한국 정당은 시민 교육을 한 경험이 거의 없어서 앞으로 어떻게 내용과 방법을 기획하여 실행할지가 매우 중요합니다. 저는 프랑스, 스웨덴과 같은 방식이 아니라 독일과 같은 방식으로 기획하고 실행하는 것이 타당하다고 생각합니다.

넷째, 학교 시민 교육이 지속 가능하도록 하기 위하여 교사의 정당 가입과 활동을 허용해야 합니다. 이제 교사가 학교 현장에서 정당에 관한 수업을 하면, 그 수업을 듣는 학생 중에는 정당에 가입하고 활동해 봄으로써 구체적 현황을 말할 수 있는 학생이 있을 수 있습니다. 실제로는 아직 많지 않겠지만, 적어도 법적으로는 가능성이 열려 있는 상태이지요. 반면 교사는 법에 의해 막혀 있기 때문에 자신이 수업에서 다루고 있는 정당의 구체적인 경험을 할 수 없는 상황입니다. 교실의 모습이 이렇다면 수업이 적절히 이루어지긴 어렵지 않을까요?

⚖️ 대통령과 국회의원의 출마 연령 제한

2021년 6월, 많은 시민을 놀라게 한 일이 있었습니다. 바로 제1야당인 국민의힘 대표로 당시 36세이던 정치인 이준석이 당선된 일이었습니다.

이 일을 전후로 대통령과 국회의원이 될 수 있는 자격을 낮추어야 한다는 주장이 강하게 제기되었습니다. 이준석 대표가 다음 대통령 선거에 나가지 못하도록 규정하고 있는 현행 헌법은 '장유유서(長幼有序) 헌법'으로 불합리하다는 것이었지요. 더 이상 나이를 기준으로 대통령 선거 출마를 제한하는 것은 시대적 적실성이 없어졌다는 의미입니다.

프랑스의 마크롱 대통령도 이 논의에 소환되었습니다. 그는 당선 당시 39세였기 때문입니다. 이를 구조적으로 수용할 수 있는 프랑스 헌법과 우리 헌법을 비교하며 개헌을 주장하는 사람은 우리 헌법이 구조적으로 문제가 있다는 주장을 펼쳤습니다.

이와 함께 현행 공직 선거법상 국회의원에 출마할 수 있는 연령이 25세인 것도 문제가 되었지요. 여야 국회의원 중 뜻을 같이하는 사람 은 여러 논거를 제시하며 출마 자격 제한 개정을 주장했습니다.

대통령 출마 연령 제한은 1952년에 처음 만들어졌습니다. 당시 이 승만 대통령이 대통령 선출 방식을 간선제에서 직선제로 바꾸는 제1차 개헌을 하면서 대통령·부통령 선거법에서 대통령 출마 자격을 40세 이상으로 정했지요. 그것은 5·16 쿠데타 후 만들어진 1963년 제5차 개정 헌법에 규정되어 현재까지 이어지고 있습니다.

국회의원 출마 연령 제한은 1947년에 처음 만들어졌습니다. 당시 민선 의원의 주류를 차지하던, 이승만을 중심으로 한 한국 민주당은 선거법 제정 과정에서 선거권과 피선거권 연령을 25세, 30세 이상으 로 할 것을 주장했습니다. 그러나 관선 의원은 이에 반대하며 23세, 25세 이상을 주장했습니다. 참고로 한국 민주당은 보수 세력이었고, 관선 의원은 미군정의 정책에 따라 중도 세력이 대부분이었습니다. 이러한 정치적 다툼 끝에 23세, 25세로 타협이 되었지요.

그러고 보면 대통령과 국회의원 출마 제한 연령이 현재와 같이 설정 된 지도 70년 정도 지났습니다. 세월이 변하면 우리가 사는 현실도 변

276

하고, 우리 생각도 변합니다. 1947년과 1952년부터 지금까지 70년의 세월은 삶의 환경이 근본적으로 변화하기에 충분한 시간입니다. 그 사이 시민의 의식과 능력도 향상되었지요.

그런 것을 고려하면 대통령과 국회의원 출마 연령 제한과 관련한 이번 논쟁은 뒤늦은 감이 있어 저는 변화가 있을 것이라 예상했습니다. 결국 2022년 법 개정을 통해 18세 이상이면 국회의원 등에 출마할 수 있도록 법이 개정되었지요.

⚖️ 청소년 의회를 아시나요

우리나라에 청소년 의회가 있다는 이야기를 들어 본 적이 있나요? 청소년 의회는 청소년이 의원이 되어 의회를 구성하고 활동하는 의회를 말합니다.

현재 우리나라에는 비영리 법인인 '대한민국청소년의회', 한국청소년단체협의회에서 운영하는 '청소년회의' 등이 있습니다.

대한민국청소년의회는 2003년에 출범하여 청소년이 자기 목소리를 사회에 드러내고 의견이 정책에 반영될 수 있도록 다양한 활동을 하고 있는 사단 법인입니다. 이 단체의 목적은 다음과 같습니다.

청소년에게 정치적 권리 실현 및 사회 참여, 진로 체험, 자원 봉사의 기회를 제공하고 이 사회의 공익과 청소년의 인권 보호 및 권익 신장을 위한 활동을 진행함으로써 청소년이 민주적 참여 의식을 함양하고 지역 사회 구성원으로서 자율성을 갖도록 하는 것을 목적으로 함. 청소년(9~24세 아동·청소년·대학생)의 의견이 주장에 그치지 않고 정책에 반영될 수 있도록 다양한 활동들을 전개함으로써 청소년의 삶의 질을 제고. 전자 민주주의(e-democracy)와 4차 산업 혁명 시대에 맞는 청소년의 민주적 참여 의식 고양(홈페이지 참고).

대한민국청소년의회에서는 청소년의 제안을 받고, 이를 심의하여 개정 법률안을 의결합니다. 예를 들어 지난 2018년 제16회 정기 회의에서는 '잊힐 권리' 도입을 위해 현행 정보 통신망법 제44조의 2를 개정하는 법률안을 의결했고, 이를 대한민국 국회의장에게 다음과 같이 입법 청원을 했습니다.

제16회 정기 회의 청소년 국회 정치 법제 위원회입니다. 청원인 김노은은 2018년 8월 8일 정기 회의를 개최하여 본 위원회에서 발의한 안건 중 의결된 안건 하나가 '사생활 보호를 위한 정보 통신망법 개정 청원 안'입니다. 정보 통신 서비스 제공자가 해당 정보의 삭제 및 임시 조치 처리를 할 때에, 이를 정하는 기준이 법제화되어 있지 않아 판단할 시에 주관이 가미될 가능성이 상시에 존재하고 있습니다. 뿐만 아니라 최근에 불법 음란물이나 인권을 유린하는 게시물의 증가로 피해자가 급증하고 있어 해당 정보의 처리 절차에 대해 많은 논란이 일고 있습니다. 이러한 제도적 결함은 결국 법의 실효성을 떨어뜨리고 피해 구제에 대한 불신을 가중시키는 주요한 원인이 되고 있습니다. 하나의 인격체의 인권을 침해함이 명료한 게시물은 삭제되어야 함이 마땅하므로, 그 원칙과 기준은 법률로 규정되어야 합니다. 하지만 현행 법률에는 이러한 사항이 누락되어 있어 판단 기준을 보다 객관적으로 정립하고 절차를 간소화하고자, 임시 조치 전이나 판단이 어려울 시 방송 통신 심의 위원회에 알려 도움을 요청할 수 있도록 법률을 개정할 것을 제안하는 바입니다.

제16회 정기 회의 청소년 국회 정치 법제 위원회의 요구 사항은 다음과 같습니다. 다음과 같은 법안을 개정할 것을 요구합니다.

제44조의 2(정보의 삭제 요청 등)…… ④ 정보 통신 서비스 제공자는 제1항에 따른 정보의 삭제 요청에도 불구하고 권리의 침해 여부를 판단하기 어렵거나 이해 당사자 간에 다툼이 예상되는 경우에는 해당 정보에 대한 접근을 임시적으로 차단하는 조치(이하 "임시 조치"라 한다)를 할 수 있다. 이 경우 임시 조치의 기간은 30일 이내로 한다.…… ⑦ 임시 조치 기간 내 정보 통신 서비스 제공자는 권리 침해에 대한 판단 및 조정을 방송 통신 심의 위원회 내 심의 기구를 통해 진행하여야 하며, 그 세부 사항은 대통령령으로 정한다. 〈추가〉 (홈페이지 참고)

대한민국청소년의회는 그 밖에도 의회 매거진 발행, 청소년 라디오, 영상 방송 제작, 공익 캠페인, 지역 사회 발전을 위한 재능 나눔 봉사 활동 등의 활동을 합니다. 자, 어떤가요? 여러분도 이런 청소년 의회에 참여하여 의원이나 기자로 활동해 보고 싶지 않나요?

참고로 말하면 다른 선진 여러 나라에 비해 우리나라는 이러한 청소년의 사회 참여 활동이 상대적으로 잘 이루어지지 않고 있습니다. 이런 이유로 유엔 아동 권리 위원회는 지난 2009년과 2012년 반복적으로 '아동 의견의 존중' '언론·출판·집회·결사의 자유'를 존중하도록 권고한 바 있습니다.

혹시 청소년이 '보호의 대상'으로 취급된다고 느낀다면, 청소년 의회에 참여하여 '능동적인 권리 주체'로 대하도록 요구하고, 청소년의 견해가 제도적으로 보장 받지 못하고 있다면 이를 제도적으로 보장해 줄 것을 요구할 수 있습니다. 표현의 자유(헌법 제21조), 아동의 의견이 청취되어야 할 권리(유엔 아동 권리 협약 제12조), 청소년의 자치권 확대(청소년 기본법 제5조의 2), 유엔 아동 권리 위원회의 권고가 청소년의 주장을 정당화하는 강력한 근거가 되어 줄 것입니다.

유엔 아동 권리 협약 제12조

1. 당사국은 자신의 견해를 형성할 능력이 있는 아동에 대하여 본인에게 영향을 미치는 모든 문제에 있어서 자신의 견해를 자유스럽게 표시할 권리를 보장하며, 아동의 견해에 대하여는 아동의 연령과 성숙도에 따라 정당한 비중이 부여되어야 한다.

2. 이러한 목적을 위하여, 아동에게는 특히 아동에게 영향을 미치는 어떠한 사법적·행정적 절차에 있어서도 직접 또는 대표자나 적절한 기관을 통하여 진술할 기회가 국내법적 절차에 합치되는 방법으로 주어져야 한다.

청소년 기본법 제5조의 2(청소년의 자치권 확대)

① 청소년은 사회의 정당한 구성원으로서 본인과 관련된 의사 결정에 참여할 권리를 가진다.

② 국가 및 지방 자치 단체는 청소년이 원활하게 관련 정보에 접근하고 그 의사를 밝힐 수 있도록 청소년 관련 정책에 대한 자문·심의 등의 절차에 청소년을 참여시키거나 그 의견을 수렴하여야 하며, 청소년 관련 정책의 심의·협의·조정 등을 위한 위원회·협의회 등에 청소년을 포함하여 구성·운영할 수 있다.

③ 국가 및 지방 자치 단체는 청소년과 관련된 정책 수립 절차에 청소년의 참여 또는 의견 수렴을 보장하는 조치를 하여야 한다.

④ 국가 및 지방 자치 단체는 청소년 관련 정책의 수립과 시행 과정에 청소년의 의견을 수렴하고 참여를 촉진하기 위하여 청소년으로 구성되는 청소년 참여 위원회를 운영하여야 한다.

⑤ 국가 및 지방 자치 단체는 제4항에 따른 청소년 참여 위원회에서 제안된 내용이 청소년 관련 정책의 수립 및 시행 과정에 반영될 수 있도록 적극 노력하여야 한다.

⑥ 제4항에 따른 청소년 참여 위원회의 구성과 운영에 필요한 사항은 대통령령으로 정한다.

이 책을 읽는 여러분이 저와 함께하면서 얻은 헌법 마인드는 자신의 주장을 정당화하는 강력한 근거를 찾을 수 있도록 도와줄 것입니다.

 **함께 이야기해 봅시다**

1. 청소년의 기본권을 제한하는 이유는 무엇일까요?
2. 여러분이 사는 지방 자치 단체에는 인권 조례나 학생 인권 조례가 있나요?
3. 여러분이 사는 지방 자치 단체에 인권 조례나 학생 인권 조례가 없는 경우도 있을 겁니다. 그러나 우리는 이와 같은 조례가 없어도 우리가 사는 데 필요한 최소한의 인권을 보장 받고 있습니다. 그 이유는 무엇일까요?

대한민국의 주권은 국민에게 있다

국민 주권은 2장에서 살펴본 민주주의 원리의 '가치적인 핵심'입니다. 전통적으로 '주권'이란 국내에서는 최고이고, 외국에 대해서는 독립된 권력을 말합니다.

다시 말해 국내에서 주권이란 국가 의사를 결정하는 최고의 권력으로 모든 권력의 원천입니다(대내적 최고성). 그리고 국내에서 최고 권력을 다른 나라와의 관계에서 평등하게 인정하여 달라는 주장이 승인되면서 외국에 대해서 독립성이 인정되었습니다(대외적 독립성).

이런 의미에서 주권은 통치권이나 국가 권력보다 상위 개념입니다. 그러므로 국민이 주권을 가지고 있다는 것은 헌법을 제정하여 권력을 창설할 수 있는 힘이 있다는 의미이며, 대통령이나 국회가 가진 국가 권력은 이에 의해 만들어지고 권한을 부여 받은 권력입니다.

⚖️ 국민에게 주권이 있다는 것의 의미

이러한 주권을 군주, 즉 왕만이 가진다는 주장이 군주 주권론입니다. 군주 주권론은 교황과 왕이 권력을 분점하던 중세 질서를 벗어나 근대 절대주의 국가로 나아가는 신호탄이 되었습니다. 우리는 주권 개념이 군주 주권 개념과 함께 형성된 것이라는 점도 알 수 있습니다.

이러한 주권을 왕이 아닌 국민이 가지고 있다는 주장인 국민 주권이란 절대주의 국가를 벗어나 근대 입헌 민주 국가를 만드는 데 이론적인 뒷받침이 되는 이데올로기입니다.

국민 주권은 이제 하나의 이데올로기를 넘어 현대 입헌 민주 국가에서 보편적인 헌법의 기본 원리로서 확고하게 자리 잡았습니다. 우리 헌법도 전문에서 헌법 제정의 주체를 '국민'으로 밝히고, 제1조에서 "대한민국은 민주 공화국이다" "대한민국의 주권은 국민에게 있고, 모든 권력은 국민으로부터 나온다"라고 규정하여 국민 주권이 우리 헌법의 기본 원리임을 명확히 천명하고 있습니다.

따라서 우리나라의 헌법 질서를 구체화하고 실현하는 제도와 질서는 언제나 국민 주권에 합치해야 하고, 모든 국가 권력은 이를 존중하고 준수해야 합니다.

그런데 국민 주권에서 말하는 '국민'이란 군주 주권에서 '왕'과 같이 한 사람이 아니라 '추상적이고 이념적인 통일체인 국민'일 뿐입니다. 그러므로 왕과 달리 '국민'은 모든 순간 즉각적으로 통일된 명확한 의사를 만들 수 없습니다. 따라서 현대 입헌 민주 국가에서 국민이 주권자라는 확인은, 나라의 구성과 운영을 국민의 뜻에 따라 해야 한다는 민주주의를 달성하는 목표를 제시한 것일 뿐, 그것을 구체화하는 기준이 되기에는 미흡합니다. 그것은 우리가 헌정에 참여하면서 끊임없이 구체화하고 채워 나가야 합니다. 그 방법은 대의제일 수도 있고, 직접 민주제일 수도 있습니다.[15]

이렇게 볼 때 헌법 전문에서 헌법 제정의 주체로 국민을 제시하고, 우리나라가 민주 공화국임을 선언하면서 "대한민국의 주권은 국민에게 있고, 모든 권력은 국민으로부터 나온다"라고 규정한 것은, 국민이 나라의 주인이라는 가슴 설레는 선언인 동시에 국민이 나라의 주인일 수 있도록 정치·경제·사회·문화를 가꾸어야 한다는 과제를 안겨 주는 것입니다.

⚖️ 촛불 집회로 확인한 시민의 힘

우리는 2장에서 민주주의를 구현하기 위해 헌법이 원칙적으로 채택하고 있는 대의제는 전문 지식과 빅 데이터 분석과 같은 근거로 무장하고 더 도덕적으로 보이는 일반 시민, 다수 시민의 생각과 동떨어진 결정을 내리는 대표자라는 딱지 등으로 인하여 빈번하게 그 정당성을 의심 받고 있다는 것을 알 수 있었습니다. 이런 이유로 일반 시민의 참여와 숙의가 유력한 보완 방법으로 제시되고 있지요.

우리 헌정사에서도 최근에만 세 차례의 촛불 집회가 국정의 물줄기를 바꾸어 놓았습니다.

우선 2008년 5월 이명박 행정부 당시 미국산 쇠고기 수입 재개와 관련한 촛불 집회입니다. 그해 2월 취임한 이명박 대통령은 국어·영어·수학 강화, 대학 입학 논술 고사 폐지, 0교시 보충 수업 허용, 우열반 편성 허용 등 다양한 신자유주의 교육 정책을 추진했습니다. 곧 10대 학생들의 비판에 직면했고 그들 중 일부가 촛불 문화제를 진행했습니다.

그 와중에 한동안 금지되었던 미국산 쇠고기 수입을 재개하기로 하는 한미 협상이 타결되었지요. 그 직후 MBC 〈PD수첩〉에서 미국산 쇠고기의 안전성에 문제가 있다는 취지의 '긴급 취재, 미국산 쇠고기, 과연 광우병에서 안전한가?'라는 프로그램이 방영되었습니다. 곧이어 행정부에서는 미국산 쇠고기가 안전하다는 취지의 기자 회견을 했지요.

그럼에도 이미 많은 시민들은 그 안전성을 의심하였고, 당시 야당인 민주당, 민주노동당 등 정당과 많은 시민 단체가 모여 이 문제에 대처하기 위한 국민 대책 회의를 결성했습니다. 이를 전후로 하여 광화문에서 촛불 집회가 시작되었고 그것은 몇 달 동안 계속되었습니다.

촛불 집회에서 최초의 의제는 미국산 쇠고기 수입 재개였습니다. 그러나 그 의제는 신자유주의 교육 정책 반대, 대운하 건설 반대, 급기야 정권 퇴진으로 확장되었습니다. 참여자는 유모차를 끈 부녀자, 교복을 입은 학생, 자녀를 동반한 가족까지 다양했고, 예술가·연예인이 함께 즐기는 문화제 또는 축제와 같은 형태로 발전하기도 했습니다.

한편, 집회가 시위로 이어져 경찰과 충돌을 빚기도 했지요. 그 과정에서 폭력 시위가 문제냐, 과잉 진압이 문제냐가 사회적 논쟁이 되기도 했습니다.

이 촛불 집회로 인해 이명박 행정부는 미국과의 협상을 통해 30개월 이상의 쇠고기나 30개월 미만의 특정 위험 물질(SRM)을 수입하지 않는 방향으로 정책을 선회했습니다. 집회와 시위 과정에서 야간 옥외 집회의 위헌성이 문제되었고, 헌법재판소에서 그 위헌성을 확인하여 시위 시간의 연장과 함께, 집회 및 시위에 관한 법률이 개정되었습니다. 또한 음식점 원산지 표시제가 시행되었지요.

두 번째 촛불 집회는 2016년 9월부터 시작되었습니다. 이 집회의 간접적 원인은 2014년 4월 16일 세월호 사건 당시 박근혜 행정부가 이에 적절히 대응하지 못했다는 것과, 2016년 9월 25일 농민 운동가 백남기가 시위 도중 과잉 진압으로 사망하는 사고가 있었다는 것이었습니다. 직접적 원인은 이른바 최○원 사건입니다. 결국 이 촛불 집회의 주장과 같이 박근혜 대통령은 헌법재판소의 탄핵 결정으로 파면되었습니다.

가장 최근에는 윤석열 대통령 탄핵을 위한 집회가 있었습니다. 그 원인은 2024년 12월 3일 비상계엄 선포로, 시민들은 이에 항의하며 대통령의 퇴진을 요구하였습니다. 그리고 국회의 탄핵 소추 촉구와 헌법재판소의 탄핵 결정을 요구하였습니다. 결국 윤석열 대통령은 헌

법재판소의 탄핵 결정으로 파면되었습니다.

이와 같은 촛불 집회는 시민의 참여를 통해 실질적 민주주의를 구현하고자 하는 참여 민주제, 시민이 직접 국가 의사를 결정하고자 하는 직접 민주제와 그 맥을 같이하고 있습니다. 그 정신은 우리 헌법이 전문에서 명시한 "3·1 운동으로 건립된 대한민국 임시 정부의 법통과 불의에 항거한 4·19 민주 이념을 계승"한다는 점과 일맥상통합니다.

따라서 우리 헌법이 민주주의 원리를 구현하기 위해 대의제를 원칙으로 삼고 있다는 이유로 이와 같은 촛불 집회 등을 부정적으로 볼 이유는 없습니다. 오히려 국민 주권을 구체화하고 실질화하는 행위라고 긍정적으로 볼 필요가 있지요.

⚖️ 헌법이 현실을 따라오지 못할 때

헌법의 규범적 기능을 높이기 위해서 헌법을 고치는 것을 '헌법 개정'이라고 합니다. 즉, 현실이 변하거나 국민의 생각이 변하여 헌법이 더 이상 현실을 규율하는 데 적절치 못하니 헌법을 바꾸는 것이지요.

현행 헌법에 대해서는 쿠데타와 그에 이은 군사 독재, 1인 장기 집권을 막기 위하여 채택한 대통령의 5년 단임제로는 장기 국가목표를 설정하고 이를 실천하기 어렵다는 비판이 있습니다. 따라서 이러한 문제를 해결하기 위해 대통령의 임기를 4년으로 줄이고 중임을 허용하자는 주장이 있습니다.

한편, 현행 헌법은 지난 1987년에 최종 개정된 것으로, 미디어 환경 변화는 물론 디지털 기술의 발전으로 촉발된 정보 사회의 심화가 반영되어 있지 않습니다. 이를테면 신문·잡지 등 전통적인 매체의 침체, 인터넷 포털을 중심으로 한 뉴스 소비 절차의 변경, 인터넷 신문 등 인터넷 매체의 부상, 개인 정보를 활용한 맞춤형 뉴스 제공, 타깃 광고 등이 그것입니다.

이러한 이유로 변화된 정보 환경을 헌법에 반영해야 한다는 주장이 예전부터 학계에 있었습니다. 지능 정보 사회 또는 제4차 산업 혁명으로 불리는 심화된 정보 사회를 고려하여 이러한 헌법 개정의 필요성은 더욱 강화되었지요. 이에 따라 2018년 문재인 대통령 제안 헌법 개정안 등을 비롯한 여러 개정안에서는 정보 기본권의 신설 등을 제안하고 있습니다.

따라서 이번 헌법을 개정한다면, 자신에 관한 정보가 언제 누구에게 어느 범위까지 알려지고 이용되도록 할 것인지를 그 정보 주체가 스스로 결정하고, 이를 통해 이익을 얻을 수 있는 개인 정보권, 정보원에 접근하여 필요한 정보를 수집할 수 있는 자유, 국가가 가진 정보를 공개하여 달라고 청구할 수 있는 알 권리(정보 접근권, 정보 공개 청구권), 정보의 기밀성(비밀성), 무결성 및 가용성(이용 가능성)을 유지하기 위해 권한 없는 접속·이용·공개·방해·변경 및 파괴로부터 정보, 정보 시스템 및 정보 통신망을 보호하도록 요구할 수 있는 정보 보안권은 기본권 형식으로 신설하는 것이 타당합니다.

또한 정보 문화 향유와 정보격차 해소에 관한 내용은 "국가는 모든 국민이 정보 문화를 향유할 수 있도록 노력하여야 한다" "국가는 정보 격차를 해소하기 위하여 노력하여야 한다"는 표현과 같이 국가 목표 조항으로 규정한 후 시간이 좀더 흐른 후에 기본권 형식으로 전환할 필요가 있습니다.

우리 헌법은 다음과 같은 절차로 헌법 개정을 하도록 규정하고 있습니다(제128조~제130조). 첫째, 헌법 개정안은 국회 재적 의원 과반수 또는 대통령이 제안합니다. 둘째, 대통령은 제안된 헌법 개정안을 20일 이상 공고합니다. 헌법 개정안에 대해 시민들이 숙지하고 그 타당성에 대해 토론하고 비판하기 위해 필요한 최소 기간을 헌법이 규정한 것입니다.

셋째, 시민의 대의 기관인 국회의 의결이 필요합니다. 구체적으로 보면 국회는 헌법 개정안이 공고된 날로부터 60일 이내에 의결해야 하며, 국회의 의결은 재적 의원 3분의 2 이상의 찬성을 얻어야 합니다.

넷째, 국민 다수의 동의가 필요합니다. 구체적으로 보면 국회가 의결한 후 30일 이내에 국민 투표에 붙여 국회의원 선거권자 과반수의 투표와 투표자 과반수의 찬성을 얻어야 합니다. 헌법 개정안은 이때 확정됩니다.

다섯째, 대통령은 이렇게 확정된 헌법 개정안을 즉시 공포하여야 합니다.

현행 헌법은 "대통령의 임기 연장 또는 중임 변경을 위한 헌법 개정은 그 헌법 개정 제안 당시의 대통령에 대하여는 효력이 없다"라고 그 효력을 제한하고 있습니다. 집권을 하고 있는 대통령이 자신의 집권 연장을 위하여 헌법을 개정하는 것을 막기 위한 것이지요.

이에 따라 지난 2018년 3월 문재인 대통령은 제10차 헌법 개정안을 발의했습니다. 이 개헌안은 모두 11장 137개 조 9개 부칙으로 구성되었고, 다음과 같은 내용이 담겨 있었습니다.[16]

첫째, 시민의 기본권을 강화했습니다. 생명권과 안전권, 알 권리, 자기 정보 통제권 등 기존에 해석을 통해 인정하던 기본권을 명시적으로 인정했습니다.

둘째, 직접 민주제를 구현하기 위한 제도를 신설했습니다. “국민은 법률로 정하는 바에 따라 배심 또는 그 밖의 방법으로 재판에 참여할 수 있다(제101조)”라고 국민의 재판 참여제를 헌법에 명시했습니다.

셋째, 우리나라의 지속 가능한 성장을 위해 지방 자치를 강화했습니다. ‘지방 자치 단체’라는 표현 대신 ‘지방 정부’라는 표현을 사용했고, 지방 정부에 자주 조직권을 주고 자치 행정권, 자치 입법권, 자치 재정권을 보장했습니다. 또한 “정부와 지방 정부 간 협력을 추진하고 지방 자치와 지역 간 균형 발전에 관련되는 중요 정책을 심의하기 위하여 국가 자치 분권 회의를” 헌법 기관으로 신설했습니다.

넷째, 사법 제도를 개선했습니다. 국민의 재판 참여제를 헌법에 명시하여 사법부의 국민 통제를 강화했고, 평시 군사재판과 비상계엄 하의 단심제를 폐지함으로써 국민의 기본권이 침해되지 않도록 했습니다.

다섯째, 경제 질서에서 평등 이념을 더 강화했습니다. 경제 주체 간의 상생을 강조하고(제125조 제2항), “국가는 토지의 공공성과 합리적 사용을 위하여 필요한 경우에만 법률로써 특별한 제한을 하거나 의무를 부과할 수 있다(제128조 제2항)”라고 규정하여 이른바 토지 공개념을 명시했습니다.

“국가는 지역 간의 균형 있는 발전을 위하여 지역 경제를 육성할 의무를 진다(제125조 제3항).”라는 내용을 신설했습니다. 또한 국가에 농어민 지원, 사회적 경제 진흥, 소비자 운동, 기초 학문 장려 등의 의무를 부과했습니다.

1948년 대한민국을 세우기 위하여 당시 국민이 헌법을 제정한 것처럼, '오늘'을 사는 우리는 지금의 헌법이 우리 삶을 적절히 규율하지 못한다고 판단한다면 헌법을 바꿀 수 있습니다. 헌법 개정 절차를 통해서이지요. 그런 의미에서 헌법 개정은 국민 주권 원리에 따라 시민이 국민 주권을 구체화하는 한 방법입니다.

함께 이야기해 봅시다

1. 국민 주권이 나라의 의사 결정을 나 혼자 할 수 있다는 것이 아닐 수밖에 없는 이유는 무엇인가요? 군주 주권이 나라의 의사 결정을 군주 혼자 할 수 있는 것을 정당화하는 이데올로기라는 것과 비교하여 생각해 봅시다.
2. 국민이 나라의 주인으로서 행동하지 않으면 결국 나라는 어떻게 될까요?

학생에게 종교 행사 참여를 강요한다고?

사립 고등학교의 종교 교육

고등학교 평균화 정책에 따른 학생 강제 배정 제도에 의해 특정 종교 재단이 운영하는 사립 고등학교에 배정을 받은 학생에게 학교가 특정 종교의 교리를 가르치는 종교 행사에 참석하도록 강제하고 이를 거부한 학생을 퇴학 처분하는 것은 위법한 것으로 이와 같은 행위를 한 학교는 민법의 손해 배상을 해야 할 수도 있다.[17]

서울, 부산, 대전과 같이 우리나라 주요 도시에서는 중학교 교육 정상화와 고등학교 입시 과열을 막기 위해 평준화 정책을 시행하고 있습니다. 그런데 이로 인하여 자신의 뜻과 관계없이 특정 종교 재단에서 운영하는 고등학교에 간 한 학생이 있었습니다.

학교에서는 매주 수요일마다 한 시간 정도의 종교 행사에 참석하도록 했고, 참석하지 않으면 청소를 시키는 등 불이익을 주었지요.

이 학생은 종교 행사에 참석하는 것에 거부감을 표시하고 임원 자격 요건을 시정해 달라고 요구했지만, 학교에서는 아무 변화가 없었습니다. 마침내 이 학생은 교내 방송을 통해 학교 정책을 비판하고 1위 시위를 했지요. 그러자 학교 측은 담임 교사에게 불손한 반항을 하였고 교내 급식과 관련하여 학교 명예를 실추한 것 등을 사유로 이 학생을 퇴학시켰습니다.

이 학생은 학교가 부당한 징계를 했으므로 민법에서 규정하고 있는 불법 행위에 해당하니 손해 배상을 해 달라고 민사 소송을 제기했지요. 이에 대해 고등 법원은 학교의 징계는 정당하므로 민법에서 규정하고 있는 불법 행위에 해당하지 않아 손해 배상을 할 필요가 없다는 취지로 판결했습니다.[18]

그러나 대법원은 판단이 달랐습니다. 대법원은 ① 이 사건은 종립 학교(종교 단체에서 설립해 경영하는 학교)가 갖는 종교 '교육의 자유'와 학생이 갖는 '소극적 종교 행위의 자유'가 서로 충돌하는 경우이므로 구체적인 사정을 종합적으로 고려해 조화롭게 해결해야 한다, ② 이렇게 보았을 때 이 학교는 학생의 종교의 자유, 즉 교육 기본권이 존중될 수 있도록 종교 행사 불참을 인정하거나 이를 대체할 수 있는 과목을 개설해야 하는데 이렇게 하지 않은 위법이 있으며, ③ 학생이 담임 교사에게 불손한 반항을 하는 것 등은 무거운 잘못이지만 퇴학은 지나친 것으로 그 징계는 그 효력이 없어지는 것에 그치지 않고 위법하게 상대방에게 정신적 고통을 가하는 것이 되어 그 학생에 대해 불법 행위를 한 것이라는 취지로 판시했습니다.[19]

공권력의 행위로 기본권이 침해되었을 때 우리는 헌법재판소에 헌법 소원을 제기하여 구제 받을 수 있습니다. 그러나 기업, 사립학교, 일반 시민의 행위로 기본권이 침해되었을 때는 헌법소원을 제기할 수 없습니다. 이 경우 우리는 법원에 민사소송을 제기하여 이로 인한 손해를 구제 받을 수 있습니다.

기본권은 헌법에서 보장하는 권리이므로 국가뿐 아니라 기업, 사립 학교, 일반 시민도 타인의 기본권을 존중해야 하며 그것을 존중하지 않을 경우 위법하여 손해 배상을 해야 하는 경우도 있을 수 있습니다.

헌법의 바다에서 자유롭게 헤엄치자[1]

어느덧 헌법을 주제로 떠난 여러분과 저의 동행을 마무리할 때가 되었습니다. 여러분이 이 책의 첫 장을 넘길 때 헌법에 대해 가졌던 느낌과 마지막 장을 마주한 지금의 기분은 매우 다를 것입니다.

이 책을 써야겠다고 생각한 즈음, 신문에서 개그맨 임하룡 씨의 인터뷰 기사를 보았습니다. 기사는 다음과 같이 시작됩니다.

코미디 프로그램의 인기가 하늘을 찌르던 '좋은 시절', 방송사마다 공채 개그맨을 뽑고, 이들이 내뱉은 콩트 속 대사가 금세 전 국민의 유행어가 되던 때가 있었다. 하지만 어느 새 코미디는 '리얼 버라이어티'나 '예능'에 밀려 하나둘 자취를 감췄다. 누군가는 "개그계의 암흑기"라며 좌절하고, 누군가는 "코미디가 설 자리가 없어졌다"며 한탄했다.[2]

현재의 상황을 이렇게 진단한 기자의 질문에 그는 이렇게 대답했습니다.

그의 답변을 읽던 저는 무릎을 탁 치며 감탄했습니다. 그렇죠, 헌법도 이와 마찬가지입니다! 우리가 이 책을 통해 알게 된 것처럼, 헌법은 처음에 왕의 절대 권력을 제한하기 위해 고안되었습니다. 그래서 그 수범 대상을 왕의 부하, 즉 행정부 공무원으로 상정하고 출발했지요.

그러나 국가의 적극적인 기능을 요청하는 현대 복지국가 헌법은 그 수범자를 국민의 대표인 국회로 확장하고, 마침내 회사, 노동조합 등 국가만큼 큰 권력을 가지고 있는 개인에게도 확장했지요.

이제 시민의 한 사람인 나와 또 다른 시민 간의 관계는 더 이상 전통적인 민법·상법과 같은 사법만이 아니라 헌법 같은 공법에 의해서도 규율됩니다. 헌법은 더 이상 대한민국 헌법전에만 머무는 추상적인 법이 아니라, 우리 생활 속에 스며들어 우리 생활을 좀더 인권적이고 민주적으로, 예측 가능성 있으며 실질적으로 자유롭고 평등하게 만들 수 있는 구체적인 법으로 기능해야 합니다. 헌법학에서 말하는 '헌법의 생활 규범성'이 바로 그런 것입니다. 세상 곳곳에 헌법이 스며드는 것이지요.

그런데 눈을 돌려 학교와 사회, 정치를 보면 어떤가요? 여전히 비인권적인 일이 일어나고 있습니다. 비민주적이고 예측 가능하지 않으며, 실질적으로 자유롭고 평등하지 않은 일이 우리 주변에 많지요.

이 책을 함께 읽었으니 여기서 얻은 헌법 마인드를 가지고 주변의 현실로 눈을 돌려 봅시다. 헌법의 눈으로 보면 보이는 문제가 여기저기에 있지 않나요? 나의 인권을 침해하는 국가 기관과 개인, 국민의 뜻이나 법을 무시하며 나라를 운영하는 정치인·공직자, 이러한 문제를 해결하기 위해 국가를 다시 디자인하는 문제 등 이 모든 것이 우리의 관심과 헌법적 처방을 기다리고 있습니다. 자, 이제 헌법이라는 드넓은 바다에서 자유롭게 헤엄쳐 볼까요?

슬기로운 민주 시민이 되기 위한 대한민국 헌법 읽기

"대한민국은 민주 공화국이다.
대한민국의 주권은 국민에게 있고,
모든 권력은 국민으로부터 나온다."
-헌법 제1조-

출처_법제처 홈페이지

미주

들어가는 글

1 이에 관해서는 292쪽 이하 참고.

2 이에 관해서는 134쪽 이하 참고.

3 이에 관해서는 104쪽 이하 참고.

4 이에 관해서는 98쪽 이하 참고.

5 하광호, 『영어의 바다에 빠트려라: 기초실력 다지기편』, 반석출판사, 2009에서 가져온 표현.

1장 헌법의 정체를 알고 싶다고?

1 헌법재판소 2014. 7. 24. 2009헌마256 등.

2 전광석, 『한국헌법론』 집현재, 2023.

3 앞의 책.

4 허영, 『헌법이론과 헌법』, 박영사, 2021 참고.

5 전광석, 앞의 책.

6 이세희, 『풀어쓴 서양근대사 강의』, 삼영사, 2007; 이영림 외, 『근대 유럽의 형성: 16-18세 기』, 까치, 2011; 김장수, 『주제별로 살펴 본 서양근대사』, 북코리아, 2014.

7 알베르 소불 저, 최갑수 역, 『프랑스혁명사』, 교양인, 2018.

8 이세희, 앞의 책; 이영림 외, 앞의 책; 김장수, 앞의 책.

9 앞의 책.

10 J. M. 로버츠, O. A. 베스타 저, 노경덕 외 역, 『세계사 II』 까치, 2015.

11 백경남, 『바이마르 공화국』, 종로서적, 1985.

12 김효전, 「한국헌법과 바이마르헌법」, 《공법연구》 제14권, 1986.

13 이에 관해 자세한 것은 정필운, 『법 안의 사람 법 밖의 사람』, 드레, 2024 참고.

14 헌법재판소 2004. 10. 21. 2004헌마554·566(병합).

15 이상 전광석, 앞의 책.

2장 대한민국 헌법을 소개합니다

1 이상 한인섭, 『100년의 헌법』, 푸른역사, 2019.

2 앞의 책.

3 이상 강원택, 『한국 정치론』, 박영사, 2023.

4 이상 허영, 앞의 책.

5 이상 전광석, 앞의 책.

6 앞의 책.

7 손원혁, "주민조례발안 잇따라…"직접 민주주의로"", KBS 뉴스, 2023. 10. 26.

8 박정연, "주민발안 조례 2건 모두 부결시킨 창원시의회", 《경남도민일보》, 2024. 9. 18.

9 조의준, "하남시 시의원 2명 직위 상실", 《조선일보》, 2007. 12. 14.

10 강한, "靑, 국민청원 1호 답변은 '소년법'… "법 개정보다 예방·교화에 초점"", 《법률신문》, 2017. 9. 26.

11 이상 법치주의에 관한 서술은 정필운, 은지용, 「법치주의, 어떻게 가르칠 것인가?: 사회과에서 법치주의 관련 교육 내용에 대한 비판적 검토」, 《법과인권교육연구》 제10권 제2호, 한국법과인권교육학회, 2017 참고.

12 이상 양자의 관계에 관한 서술은 은지용, 정필운, 「민주주의와 법치주의의 관계, 어떻게 가르칠 것인가?: 사회과 교육 과정 및 교과서 내용 분석을 중심으로」, 《시민교육연구》 제49권 제3호, 한국사회과교육학회, 2017 참고.

13 헌법재판소 2002. 12. 18. 2002헌마52.

14 헌법재판소 2004. 5. 27. 2003헌가1 등.

15 앞의 판례.

16 헌법재판소 2009. 5. 28. 2007헌마369.

17 이상 은지용, 정필운, 「사회과에서 민주주의 개념과 관련된 국가 정체성 교육 내용에 대한 비판적 고찰」, 《시민교육연구》 제46권 제4호, 한국사회과교육학회, 2014 참고.

18 헌법재판소 2017. 3. 10. 2016헌나1.

3장 우리의 인권을 지키는 헌법

1 한수웅, 『헌법학』, 법문사, 2022.

2 장영수, 『헌법학』, 홍문사, 2020.

3 대법원 2006. 6. 22. 2004스42 전원 합의체 결정.

4 허영, 『한국헌법론』, 박영사, 2024.

5 헌법재판소 2017. 12. 28. 2016헌마649.

6 헌법재판소 1999. 12. 23. 98헌마363.

7 헌법재판소 2012. 8. 23. 2010헌마252.

8 국가 인권 위원회 결정 사건 09진인0001542 등(병합).

9 헌법재판소 1995. 5. 25. 91헌가7.

10 헌법재판소 2012. 8. 23. 2010헌마47.

11 헌법재판소 1997. 8. 21. 94헌바19.
12 헌법재판소 2016. 12. 29. 2013헌마142.

4장 헌법을 보면 나라가 보인다
1 허영, 『헌법이론과 헌법』, 박영사, 2021.
2 앞의 책.
3 앞의 책.
4 Nigel Bowles, Robert K. McMahon 저, 김욱 역, 『미국정치와 정부』, 명인문화사, 2016.
5 허영, 앞의 책; 전광석, 앞의 책; 김하열, 앞의 책.
6 허영, 『한국헌법론』, 박영사, 2024.
7 헌법재판소 2011. 8. 30. 2009헌라7.
8 앞의 판례.
9 권영성, 『헌법학원론』, 법문사, 2008.
10 안순철, 『선거체제 비교』, 법문사, 2016.
11 헌법재판소 2004. 4. 29. 2003헌마814.
12 류인하, "[사법부 창립 60주년] 사법부의 연혁·발자취", 《법률신문》, 2008. 9. 19. 등.
13 헌법재판소 1997. 9. 25. 97헌가4.

5장 헌법과 기본권이 침해되었다면? 헌법재판소로!
1 헌법재판소 2011. 3. 31. 2008헌바141 등.
2 한국보건사회연구원, 「사회통합지수 개발 연구」, 2016.
3 헌법재판소 2011. 11. 24. 2009헌바292.
4 Marbury v. Madison, 5 U.S. 137(1803).
5 자세한 것은 곽한영, 『청소년을 위한 법학 에세이』, 해냄, 2020, 75-80쪽 참고.
6 한수웅, 『헌법학』, 법문사, 2022.
7 헌법재판소 2014. 7. 24. 2009헌마256.
8 헌법재판소 1993. 5. 13. 92헌마80.
9 헌법재판소 2011. 2. 24. 2009헌마209.
10 헌법재판소 1993. 5. 13. 92헌마80. 실제 이 사건에서는 청소년이 아닌 당구장 경영자가 헌법소원을 청구하였으므로 헌법재판소는 주문에서 당구장 경영자의 평등권과 직업 선택의 자유를 침해하였다고 위헌 결정을 했다. 그러나 이유에서는 이 법령이 청소년의 행복 추구권도 침해하였다고 판단했다.

11 이승우, 정만희, 음선필, 「탄핵 심판 제도에 관한 연구」, 《헌법재판연구》 제12권, 헌법재판소, 2001 참고.

12 헌법재판소 2004. 5. 14. 2004헌나1; 헌법재판소 2017. 3. 10. 2016헌나1.

13 헌법재판소 2014. 12. 19. 2013헌다1. 1쇄에서 '통합 진보당'을 '민주 노동당'으로 표기하여 바로잡습니다. 이로 인해 상심하신 분이 계시다면 정중하게 사과드립니다.

14 전광석, 『한국헌법론』, 집현재, 2023.

15 앞의 책.

16 독일 연방 헌법재판소 판례 BVerfGE 2, 1(12); BVerfGE 12, 45(51).

17 한수웅, 앞의 책.

18 헌법재판소 2014. 12. 19. 2013헌다1.

19 헌법재판소 2011. 8. 30. 2009헌라7.

20 헌법재판소 1998. 7. 14. 98헌라1.

21 한수웅, 앞의 책.

22 헌법재판소 2023. 3. 23. 2020헌라5.

23 헌법재판소 2002. 10. 31. 2001헌라1.

24 헌법재판소 2018. 6. 28. 2011헌바379 등.

6장 우리가 참여하고 만들어 갈 헌법

1 헌법재판소 2024. 8. 29. 2020헌마389 등.

2 구유나, "'절반의 승리?' 국내 첫 정부 기후위기 대응에 대한 헌법소원, 그 판결 내용은", BBC News 코리아, 2024. 8. 29.

3 헌법재판소 2017. 3. 10. 2016헌나1.

4 헌법재판소 2012. 8. 23. 2010헌마47 등.

5 앞의 판례.

6 허영, 『헌법이론과 헌법』, 박영사, 2021.

7 자세한 것은 구정화, 『청소년을 위한 인권 에세이』, 해냄, 2020 참고.

8 자세한 것은 앞의 책 참고.

9 이상 헌법재판소 2013. 7. 25. 2012헌마174 청구인의 주장 참고.

10 이상 위 판례 헌법재판소 다수 의견 참고.

11 2020. 1. 14. 시행 법률 제16864호.

12 헌법재판소 2013. 7. 25. 2012헌마174.

13 이에 관해서는 임대우, 「청소년의 교육감 선거 참여에 관한 연구」, 한국교원대학교 대학원 석사 학위 논문, 2017 참고.

14 이상 양지훈, 염경미, 김현정, 정필운, 「선거 연령 하향에 따른 교육기관의 대응: 쟁점과 과
　제」《법과인권교육연구》 제10권 제1호, 한국법과인권교육학회, 2017 참고.
15 허영, 『헌법이론과 헌법』, 박영사, 2021.
16 이하 2018년 3월 26일 문재인 대통령 제출 대한민국 헌법 개정안 제안 이유 참고.
17 대법원 2010. 4. 22. 2008다38288 전원 합의체 판결.
18 서울고등법원 2008. 5. 8. 2007나102467 판결.
19 대법원 2010. 4. 22. 2008다38288 전원 합의체 판결.

나오는 글

1 하광호, 『영어의 바다에 헤엄쳐라: 중급실력 다지기편』, 반석출판사, 2010에서 가져온 표현.
2 김기윤, "코미디 설 자리 없다고? 세상 곳곳에 스며든 것 웃음은 늘 필요하잖아~",《동아일
　보》, 2021. 7. 6.
3 앞의 기사.

연구 논문

김효전, 「한국헌법과 바이마르헌법」, 《공법연구》 제14권, 한국공법학회, 1986.

양지훈, 염경미, 김현정, 정필운, 「선거 연령 하향에 따른 교육기관의 대응: 쟁점과 과제」, 《법과 인권교육연구》 제10권 제1호, 한국법과인권교육학회, 2017.

은지용, 정필운, 「민주주의와 법치주의의 관계, 어떻게 가르칠 것인가?: 사회과 교육 과정 및 교과서 내용 분석을 중심으로」, 《시민교육연구》 제49권 제3호, 한국사회과교육학회, 2017.

은지용, 정필운, 「사회과에서 민주주의 개념과 관련된 국가 정체성 교육 내용에 대한 비판적 고찰」, 《시민교육연구》 제46권 제4호, 한국사회과교육학회, 2014.

이승우, 정만희, 음선필, 「탄핵 심판 제도에 관한 연구」, 《헌법재판연구》 제12권, 헌법재판소, 2001.

이수경, 정필운, 「우리는 왜 권리를 가르치는가?: 2015 개정 교육과정 초등학교 사회에서 권리 교육의 문제점과 개선방안」, 《법교육연구》 제17권 제2호, 한국법교육학회, 2022.

임대우, 「청소년의 교육감 선거 참여에 관한 연구」, 한국교원대학교 대학원 석사 학위 논문, 2017.

정필운, 박선웅, 「갈등의 치유, 대립의 통합 과정에서 헌법의 기능」, 《연세법학》 제26권, 연세법학회, 2015.

정필운, 은지용, 「법치주의, 어떻게 가르칠 것인가?: 사회과에서 법치주의 관련 교육 내용에 대한 비판적 검토」, 《법과인권교육연구》 제10권 제2호, 한국법과인권교육학회, 2017.

한국보건사회연구원, 「사회통합지수 개발 연구」, 2016.

단행본

강원택, 『한국 정치론』, 박영사, 2023.

곽윤직, 김재형, 『민법 총칙』, 박영사, 2013.

권영성, 『헌법학원론』, 법문사, 2008.

곽한영, 『청소년을 위한 법학 에세이』, 해냄, 2020.

구정화, 『청소년을 위한 인권 에세이』, 해냄, 2020.

김남철, 『행정법 강론』, 박영사, 2023.

김장수, 『주제별로 살펴 본 서양근대사』, 북코리아, 2014.

김정오 외, 『법철학: 이론과 쟁점』, 박영사, 2022.
김철수, 『헌법학신론』, 박영사, 2009.
김하열, 『헌법강의』, 박영사, 2023.
박상기 외, 『법학개론』, 박영사, 2018.
배종대, 『형법총론』, 홍문사, 2020.
백경남, 『바이마르 공화국』, 종로서적, 1985.
이세희, 『풀어쓴 서양근대사 강의』, 삼영사, 2007.
이수경 외, 『새로운 시대의 인권』, 드레, 2024.
이영림 외, 『근대 유럽의 형성: 16-18세기』, 까치, 2011.
이재상 외, 『형법총론』, 박영사, 2023.
안순철, 『선거체제 비교』, 법문사, 2016.
임종률, 『노동법』, 박영사, 2017.
장영수, 『헌법학』, 홍문사, 2020.
전광석, 『사회 보장법』, 집현재, 2022.
전광석, 『한국헌법론』, 집현재, 2023.
정종섭, 『헌법학원론』, 박영사, 2012.
정필운, 『법 안의 사람 법 밖의 사람』, 드레, 2024.
정필운, 『전환기의 교육헌법』, 박영사, 2022.
한인섭, 『100년의 헌법』, 푸른역사, 2019.
한수웅, 『헌법학』, 법문사, 2022.
허영, 『한국헌법론』, 박영사, 2024.
허영, 『헌법이론과 헌법』, 박영사, 2021.

구스타프 라드브루흐 저, 윤재왕 역, 『법철학』, 박영사, 2021.
Nigel Bowles, Robert K. McMahon 저, 김욱 역, 『미국정치와 정부』, 명인문화사, 2016.
로렌스 레식 저, 김정오 역, 『코드 2.0』, 나남, 2009.
알베르 소불 저, 최갑수 역, 『프랑스혁명사』, 교양인, 2018.
J. M. 로버츠, O. A. 베스타 저, 노경덕 외 역, 『세계사 I 』, 까치, 2015.
J. M. 로버츠, O. A. 베스타 저, 노경덕 외 역, 『세계사 II 』, 까치, 2015.
장 자크 루소 저, 정성환 역, 『사회 계약론』, 홍신문화사, 1994.
칼 슈미트 저, 김효전 역, 『헌법의 수호자』, 법문사, 2000.

芦部信喜, 『憲法』, 岩波書店, 2019.

Erwin Chemerinsky, *Constitutional Law*, Wolters&Kluwer Law&Business, 2011.

Hilaire Barnett, *Constitutional and Administrative Law*, Routledge, 2017.

John Dunn, *Locke*, Oxford: Oxford University Press, 1984.

John Locke, ed. Thomas P. Peardon, *The Second Treatise of Government*, The Liberal Arts Press, 1952.

Thomas Hobbes, ed. C. B. *Macpherson, Leviathan*, Penguin Book, 1968.

사진 출처

16쪽 **마그나 카르타** 유네스코와 유산 홈페이지

17쪽 **미국 헌법 필사본** 아이스톡

66쪽 **대한민국 제헌헌법 사본** 국가기록원 홈페이지

66쪽 **대한민국 정부 수립 국민축하식 기념사** 국사편찬위원회 한국사데이터 베이스

청소년을 위한 헌법 에세이

초판 1쇄 2025년 6월 20일
초판 2쇄 2025년 10월 31일

지은이 | 정필운
펴낸이 | 송영석

주간 | 이혜진
편집장 | 박신애 **기획편집** | 최예은 · 이나연
디자인 | 박윤정 · 유보람
마케팅 | 김유종 · 한승민
관리 | 송우석 · 전지연 · 채경민

펴낸곳 | (株)해냄출판사
등록번호 | 제10-229호
등록일자 | 1988년 5월 11일(설립일자 | 1983년 6월 24일)

04042 서울시 마포구 잔다리로 30 해냄빌딩 5 · 6층
대표전화 | 326-1600 **팩스** | 326-1624
홈페이지 | www.hainaim.com

ISBN 979-11-6714-119-4

파본은 본사나 구입하신 서점에서 교환하여 드립니다.